Criminalidade Moderna e Reformas Penais
ESTUDOS EM HOMENAGEM AO PROF. LUIZ LUISI

Nº 1226

C929   Criminalidade moderna e reformas penais : estudos em homenagem ao Prof. Luiz Luisi / Ada Pellegrini Grinover ... [et al.]; org. André Copetti. — Porto Alegre: Livraria do Advogado, 2001.
198 p.; 16x23cm.

ISBN 85-7348-189-7

1. Criminologia. 2. Criminalidade. 3. Direito Penal. 4. Reforma Penal. I. Título.

CDU - 343.9

Índices para o catálogo sistemático:

Criminologia
Criminalidade
Direito Penal
Reforma Penal

(Bibliotecária responsável: Marta Roberto, CRB - 10/652)

Criminalidade Moderna e Reformas Penais

André Copetti (organizador)
Ada Pellegrini Grinover
Eugenio Raúl Zaffaroni
José Henrique Pierangeli
Luiz Carlos Rodrigues Duarte
Luiz Luisi
Luiz Regis Prado
Luiz Vicente Cernicchiaro
Manuel de Rivacoba y Rivacoba
Raúl Cervini

ESTUDOS EM HOMENAGEM AO PROF. LUIZ LUISI

Comemoração aos 30 anos da
Faculdade de Direito de Cruz Alta

livraria
DO ADVOGADO
editora

Porto Alegre 2001

© Ada Pellegrini Grinover, Eugenio Raúl Zaffaroni,
Luiz Carlos Rodrigues Duarte, Luiz Luisi, Luiz Regis Prado,
Luiz Vicente Cernicchiaro, José Henrique Pierangeli,
Manuel de Rivacoba y Rivacoba, Raúl Cervini e
André Copetti (organizador), 2001

Revisão de
Rosane Marques Borba

Capa, projeto gráfico e diagramação de
Livraria do Advogado Editora

Degravação
Luiz Gustavo Durigon

Direitos desta edição reservados por
Livraria do Advogado Ltda.
Rua Riachuelo, 1338
90010-273 Porto Alegre RS
Fone/fax 0800-51-7522
info@doadvogado.com.br
www.doadvogado.com.br

Impresso no Brasil / Printed in Brazil

Sumário

Apresentação
André Copetti (organizador) 7

PARTE I - Criminalidade Moderna

A Constituição e a responsabilidade penal das pessoas jurídicas
José Henrique Pierangeli 13

Princípio vitimológico e criminalidade organizada
Luiz Carlos Rodrigues Duarte 31

Notas sobre o Estatuto da Corte Penal Internacional
Luiz Luisi 43

Ambiente e Constituição: o indicativo criminalizador
Luiz Regis Prado 51

Criminalidad organizada y lavado de dinero
Raúl Cervini 65

PARTE II - Reformas Penais

As reformas processuais penais
Ada Pellegrini Grinover 83

Os Direito Humanos como fundamento epistemológico das reformas penais no Estado Democrático de Direito
André Copetti (organizador) 95

La globalización y las actuales orientaciones de la política criminal
Eugenio Raúl Zaffaroni 139

Reflexões sobre o Direito Penal no terceiro milênio
Luiz Vicente Cernicchiaro 167

Introducción al estudio de los principios cardinales del Derecho Penal
Manuel de Rivacoba y Rivacoba 181

Apresentação

No ano de 1999, Luiz Luisi completou 30 anos de docência universitária, ao mesmo tempo em que a Faculdade de Direito de Cruz Alta, por ele fundada e dirigida nos seus primeiros 12 anos, atingia três décadas de atividades voltadas à formação de bacharéis.

Tendo plena consciência do lugar histórico ocupado por seu mais ilustre professor, a comunidade acadêmica da UNICRUZ resolveu homenageá-lhe. Para tanto, instituiu um grupo de trabalho, do qual fiz parte, para organizar um seminário internacional de direito penal, como evento principal de uma série de atividades que marcaram uma semana recheada festiva e culturalmente.

A ocasião não poderia passar despercebida, mas, pelo contrário, tinha que acontecer em grande estilo. E assim o foi. Grandes nomes do penalismo mundial foram convidados para as conferências. Ao formularmos os convites, os pensadores cujos ensaios compõem este livro, sem exceção, mais do que convidados, sentiram-se homenageados, pela honra de terem sido lembrados a participar de um rol de atividades científicas em comemoração ao aniversário da vida docente de Luiz Luisi e da fundação da Faculdade de Direito de Cruz Alta.

Organizar este livro e apresentar Luiz Luisi é, antes de qualquer coisa, uma honra da qual poucos puderam e poderão desfrutar. Escrever sobre esta personalidade do mundo jurídico internacional, por mais incrível que pareça, é uma tarefa um tanto quanto fácil, especialmente por duas razões: primeiro, por ser ele uma figura humana profundamente comprometida com os valores éticos e solidários que marcaram toda sua vida e toda sua obra; segundo, pela sua robusta contribuição à literatura jurídica.

O reconhecimento de Luiz Luisi é de tal ordem, tanto nas novas quanto experientes gerações de juristas, que Lenio Streck, procurador de justiça no Rio Grande do Sul e acadêmico largamente reconhecido, ao ser indagado, em uma reunião de trabalho sobre pós-graduação, em alguma universidade gaúcha, por alguém que desconhecia o universo de pensadores e autores jurídicos, acerca de quem era Luiz Luisi, pronta e ironicamente respondeu: "Luiz Luisi é uma grife jurídica". E ele estava coberto de razão. O ilustre professor cruz-altense que o mundo acolheu é, sem dúvida alguma, utilizando um neologismo, uma grife jurídica.

A construção de sua brilhante carreira iniciou-se com a obtenção do título de bacharel na UFRGS. Posteriormente, entre 1949 e 1952, cursando o Instituto de Filosofia do Direito da Universidade de Roma, obteve o título de especialista, equivalente ao nosso doutorado. Na Itália mesmo, iniciou sua caminhada como escriba do Direito, ao publicar *Appunti sulla filosofia giuridica dei valori* e o ensaio "Giorgio Del Vechio. A obra e o homem", este último como estudo introdutório ao volume de ensaios do seu grande mestre italiano, denominado "Direito, Estado e Filosofia".

Em 1953, ao regressar ao Brasil, iniciou sua carreira de docente universitário como professor assistente da cadeira de filosofia do Direito da UFRGS.

Sua trajetória como advogado é iniciada em 1958, na sua terra natal, Cruz Alta, RS. Coberto de êxitos como prático forense, jamais abandonou a pesquisa científica, tendo participado de inúmeros Congressos Brasileiros de Filosofia.

Inquieto pelos pruridos acadêmicos que sempre lhe moveram, retorna à academia em 1967, passando a lecionar na Faculdade de Direito de Santo Ângelo. A partir deste ano, com a participação no Congresso Internacional de Filosofia Jurídica realizado na Itália, passa a se fazer presente em inúmeros congressos internacionais. Em 1971, marca presença no Congresso Internacional de Filosofia do Direito de Bruxelas, presidido por Chain Perelman. Dois anos depois, convocado por seu ilustre amigo Luiz Legaz y Lacambra, participa do Congresso Internacional Extraordinário de Filosofia do Direito que aconteceu em Madrid. Em 1975, em St. Louis, participa do Congresso Mundial de Filosofia Jurídica que integrou as comemorações do IV Centenário da Independência dos EUA. No Brasil, em 1973, atuou destacadamente no Congresso Interamericano de Filosofia realizado em Brasília e, posteriormente, como convidado especial, participou, nos anos de 1980, 1988 e 1990, em João Pessoa, e em 1986, em São Paulo, dos I, II, III, IV e V Congressos Brasileiros de Filosofia do Direito, nos quais fez importantes comunicações.

A fundação, em 1969, da Faculdade de Direito de Cruz Alta, é outro fato que, indubitavelmente, contribuiu de forma significativa para a perenização de seu nome. Nesta Instituição passa a lecionar direito penal, área na qual tem prestado inúmeras contribuições à sociedade brasileira, seja como membro de comissões para reformas legislativas, seja como escritor.

Em sua história literário-jurídica, é autor de pérolas como "O tipo penal e a teoria finalista da ação", tese com que conquistou o título do livre-docente da Faculdade de Direito da UFRGS, e "Os princípios constitucionais penais", obra que juntamente com seu opúsculo "A função de garantia do direito penal moderno", publicado em 1973, pela Editora Globo, o colocam na primeira posição como defensor do garantismo, corrente teórica hoje tão festejada.

O reconhecimento de tão marcante carreira se traduz contemporaneamente na presença de Luiz Luisi nos quadros docentes de importantes universidades brasileiras, tais como UFRGS, ULBRA, UNICRUZ, Cândido Mendes e Estadual de Maringá. Nelas, trabalha eminentemente na pós-graduação, âmbito onde repassa aos estudiosos os resultados de suas avançadas pesquisas científicas, particularizadamente no campo penal e epistemológico. Além do reconhecimento nacional, é permanentemente convidado para conferências no exterior, tendo marcado seu espaço, como poucos, por toda América e Europa.

A todo este currículo profissional, não podemos deixar de agregar a sua parcela afetiva: o Luiz Luisi pai, avô e esposo; o Luiz Luisi amigo, *gourmet* e gremista, a quem, penhoradamente, dedicamos este livro.

Porto Alegre, verão de 2000/2001.

André Copetti
Coordenador do Curso de
Direito da UNICRUZ

PARTE I
Criminalidade Moderna

A Constituição e a responsabilidade penal das pessoas jurídicas

José Henrique Pierangeli

1. Introdução

A Constituição de 1988, em dois dispositivos, estabeleceu a responsabilidade penal de pessoas jurídicas: arts. 173, § 5º, e 225, § 3º. O primeiro possui a seguinte redação: "A lei, sem prejuízo da responsabilidade individual dos dirigentes da pessoa jurídica, estabelecerá a responsabilidade desta, sujeitando-a às punições compatíveis com sua natureza, nos atos praticados contra a ordem econômica e financeira e contra a economia popular." O segundo diz, textualmente: "As condutas e atividades consideradas lesivas ao meio ambiente sujeitarão os infratores, pessoas físicas ou jurídicas, a sanções penais e administrativas, independentemente da obrigação de reparar os danos causados."

A responsabilidade penal das pessoas jurídicas continua sendo matéria candente em direito penal, pois a questão não se encontra em absoluto resolvida com a adoção, pela maioria da doutrina, da regra *societas delinquere non potest*. De qualquer maneira, o legislador constituinte reativou o problema ao estabelecer, em duas passagens, a responsabilidade penal dessas entidades, exatamente quando volta a sua preocupação para com as atividades que envolvem a ordem econômica e financeira e para o meio ambiente. E com isso criou uma séria preocupação para o penalista.

2. A conduta é objeto de regulamentação jurídica

Toda a estrutura da teoria do delito assenta-se na conduta, ou, como preferem alguns, na ação, mas esta não é criação da ciência jurídica. O direito apenas a toma do mundo da realidade e lhe atribui uma valoração, ou, por outras palavras, tipifica-a. Destarte, os tipos penais constituem apenas descrições abstratas de conduta, que recebem uma valoração do legislador.

A conduta, por conseguinte, é um conceito básico, fundamental e indispensável, sobre a qual se estruturará o conceito de delito,[1] fazendo sobre ela recair as características da tipicidade, da antijuridicidade e da culpabilidade.[2]

Bem o sabemos não estar esta conclusão isenta de críticas, pois alguns autores edificam o conceito do delito a partir da tipicidade, ou seja, é possível elaborar-se um conceito de delito puramente normativo, mas, para que tal ocorra, no nosso entendimento, não se pode escapar de uma confusão entre a ação (em sentido amplo) e o injusto, um ingressando como componente do outro.[3]

Posta assim a questão, duas conclusões se apresentam: a) a conduta humana é o fundamento comum de todas as espécies de injusto, sem que se opere uma confusão entre ambos; b) é absolutamente inadmissível a existência de um delito sem conduta.

Dentro dessa concepção ontológica ou realista da conduta, esta de nenhuma maneira se engendra com a proibição e tão-só se limita a assinalar o caráter antinormativo, razão pela qual não tem qualquer sentido averiguar-se se uma ação é típica, quando ainda não sabemos se se trata ou não de uma conduta.

Por conseguinte, o delito como espécie só pode ocorrer dentro do gênero conduta, esta formando a base daquele, vez que a inexistência de delito sem conduta, hodiernamente, constitui garantia do direito penal liberal, representando um requisito que provém a essência do fenômeno jurídico, pois, inclusive entre os autores liberais, sempre ocorreu a preocupação de interpretar o direito de maneira racional. Isto foi ressaltado por Moyart de Vouglans: "uma

---

[1] A conduta é a pedra angular da teoria do delito (Karl Engisch, *Der finale Handlungsbegrifl*, Kohlrauch Festschrift, 1944, p. 143). Em idêntico sentido, v. Biagio Petrocelli, *Principi di diritto penale*, Napoli, Eugenio Jovene, 1964, I, 247.

[2] Nesse mesmo sentido, Miguel Reale Júnior, ao escrever que o direito penal "deve partir da estrutura ontológica da ação para determinar e conceituar o que seja crime", pois, a base ontológica é o objeto da valoração jurídica (*Dos estados de necessidade*, S. Paulo, J. Bushatsky Editor, 1971, pp. 1 e 2).

[3] Para Edgardo Gramajo existe uma relação entre a definição do delito e o conteúdo do conceito de ação, formando zonas integradas, de sorte que o conteúdo jurídico-penal da ação não pode partir de uma observação empírica da conduta (*La acción en la teoria del delito*, Buenos Aires, Editorial Astrea, 1975, p. 20-21). V. também a respeito, Johannes Wessels, *Direito Penal* (Parte Geral), tradução de Juarez Tavares, Porto Alegre: Fabris, 1976, p. 18.

simples vontade, que não passa dos limites do pensamento, não pode merecer o nome de crime".[4] *Nullum crimen sine actione.*

Não há negar que ao direito penal só interessam uma parte das condutas possíveis ao ser humano, ou por outras palavras, apenas as ações proibidas, tipificadas como delito. Mas também é verdade que, na averiguação da proibição - *tipicidade* -, devemos fazer uma comparação entre a conduta com a abstrata descrição legal - *tipo* -, e, para que realizemos essa comparação, torna-se indispensável considerá-la como algo diferente do tipo, ou, talvez com melhor redação, faz-se necessário considerar a tipicidade estranha à teoria do delito ou torná-la apenas um pressuposto desta.[5] Nessa linha de raciocínio, imperioso é considerar a antijuridicidade e a culpabilidade como pressupostos do delito, e, com tal aceitação, seria forçosa a exclusão de todas as características definidoras do delito, pelo menos da forma como vislumbramos a teoria do delito.

Muitos penalistas entendem que a elaboração de um conceito de delito exige indispensavelmente uma conduta realizadora do tipo, ou, por outras palavras, é o tipo que cria a conduta. Tal conclusão origina-se do fato de conceberem a conduta amalgamada à lei, ou seja, ligada ao desvalor. Daí Johannes Wessels salientar que somente é possível dar-se uma resposta suficiente sobre a ação concreta no setor do tipo e do injusto.[6] Para nós, tal concepção do delito torna-se incompreensível, vez que o conceito de conduta pertence ao ôntico-ontológico, precedendo a toda valoração que possa o legislador a ela atribuir ao normatizá-la. Como bem esclarece Zaffaroni, "la conducta *es* (ônticamente), tiene su *ser*, con total prescindencia de la tipicidad legal".[7] A estrutura teológica do ser humano, a sua vida interior, é algo que legislador algum pode modificar.[8]

---

[4] *Institutes du Droit Criminel*, Paris, 1757, I, 2.

[5] Alfonso Reyes Echandía entende ser a tipicidade pressuposto do delito (*La tipicidad penal*, Bogotá, Editora Universidad Externado de Colombia, 1967, p. 16-17).

[6] Johannes Wessels, ob. cit., p. 18. Este também é o entendimento de Juan Cordoba Roda, para quem o conceito de ação que interessa ao direito penal só pode ser "determinado con arreglo a criterios normativos. En virtud de esta estructura se convierte el concepto de acción en un concepto 'referido a valor'" (*La doctrina de la acción finalista*, publicação da Universidad de Valencia, 1978, p. 17).

[7] Eugenio Raúl Zaffaroni, *Tratado de Derecho Penal* (Parte General). Buenos Aires: Ediar, 1981, III/50.

[8] Antonio Quintano Ripollés reproduz a lição de P. Montes, vazada nos seguintes termos: "es inutil plantear el problema de si es o no punible el pensamiento hasta que la Justicia humana haya descubierto los procedimientos de penetrar hasta él. Ante esta dificultad suprema toda las consideraciones jurídicas deben callar,

Concluído, o nosso entendimento afasta-se totalmente do conceito naturalístico da conduta humana que, ainda nos nossos dias, permanece como básico em parte da nossa doutrina, e, como conseqüência disso, pomo-nos a cobro da concepção idealista, do neokantismo e do positivismo.[9]

A ordem jurídico-penal não regula a totalidade dos fatos, e sim apenas e tão-somente algumas espécies dessas manifestações. No estágio atual do desenvolvimento cultural do mundo atual, é inconcebível uma ordem jurídica que regule ou que pretenda regular todos os fatos ocorridos no universo físico, que não sejam condutas humanas. É lógico que também estas ocorrem no mundo físico. Do exposto, resulta que os animais e as coisas inanimadas só podem constituir-se em objeto de condutas, nunca em sujeitos do delito. Em caso de lesões de coisas e de animais, o sujeito passivo só pode ser o seu proprietário, ou, eventualmente, o seu possuidor.

3. Conduta implica vontade

A doutrina, de uma maneira geral, exige para a conduta a voluntariedade, inclusive os autores que a vêem como integrante do mundo sensível, posto que a admitem como causa voluntária ou não impeditiva de uma modificação no mundo exterior.

A conduta é voluntária quando nela existe uma decisão da parte do agente, ou, por outras palavras, quando não é um simples resultado mecânico, automático. A conduta é voluntária ainda quando a decisão do agente não tenha sido tomada livremente, ou quando o agente a tome motivado por coação ou por circunstâncias extraordinárias, pois isso se resolve no âmbito da culpabilidade, e não no da conduta, pois, em ambas as situações, a conduta sempre existirá. Conduta não significa conduta livre.[10]

---

constituyendo el punto de vista contrario una insufrible immixión del juicio humano en lo divino, entre los que debe mediar, como dijo uno de nuestros clásicos, el P. Simancas, la misma distancia que existe entre la tierra y el cielo" (Compendio de Derecho Penal. Madrid: Editorial *Revista de Derecho Privado*, 1958, I/371-2).

[9] A essência da fundamentação da teoria causal da ação está em que a conduta é um conceito jurídico-penal. Pelo menos na sua versão neokantiana, o causalismo pretende construir um conceito jurídico-penal de conduta, que é, evidentemente, de todo independente da concepção ôntico-ontológica aqui esposada.

[10] No mesmo sentido, Maurach (*Tratado de Derecho Penal*. Tradução espanhola de Juan Cordoba Roda, Barcelona: Ediciones Ariel, 1962, I/177-8); Hans Welzel (*Derecho Penal Aleman* (Parte General). Tradução castelhana de Juan Bustos Ramí-

Uma outra parte da doutrina, mais no campo da filosofia do que no do direito penal, teve a preocupação de buscar uma distinção entre vontade e finalidade, mas tal é inteiramente inconcebível, pois, toda vontade é final. Destarte, quando falamos em vontade nos referimos a uma vontade final, posto que só a concebemos nesse plano. Porém, é evidente, a finalidade não se confunde com a voluntariedade, esta vazia de conteúdo e de direção, base da teoria causalista. A causalidade é cega; a finalidade é vidente, afirma Welzel. Assim, a atividade final é um atuar conscientemente orientado para um fim, enquanto o acontecer causal não está orientado pelo fim. Como lembra Enrique Cury y Urzúa, "la finalidad es voluntad de realización y, por ende, está llena de contenido y dirección"... "la finalidad es la voluntad de realización misma, expresándose en acto, es decir, operando sobre el mundo exterior para la realización del fin cuya elección fue, precisamente, el resultado de la motivación".[11] Por outras palavras, esta também é a lição de Alejandro Korn: "A ação é a vontade atualizada na medida do nosso poder. O complexo processo da atividade psíquica termina em uma finalidade material".[12]

A teoria causal-mecanicista, de uma maneira geral, também reconhece que a conduta possui um componente finalístico.[13] No entanto, entende ser isto apenas e tão-somente válido num conceito ontológico de ação, pois, na sua maneira de ver no direito penal, trabalha-se com um conceito jurídico-penal bem distinto, e mesmo distante, do ontológico. Isso improcede, pois, como é sabido, só a partir da estrutura ontológica é que se pode determinar e conceituar

---

rez e Sérgio Yáñez Pérez, Santiago: Editorial Jurídica de Chile, 1976, p. 51 e ss.); Juarez Tavares (*Teorias do Delito* (variações e tendências). S. Paulo: Ed. RT, 1980, p. 55); Heleno Fragoso escreve: "A ação integra-se através de um comportamento exterior, objetivamente e, subjetivamente, através do conteúdo psicológico desse comportamento, que é a vontade dirigida a um fim. Compreende a representação ou antecipação mental do resultado a ser alcançado, a escolha dos meios e a consideração dos efeitos concomitantes ou necessários e o movimento corporal dirigido ao fim proposto" (*Lições de Direito Penal* (Parte Geral). S. Paulo: J. Bushatsky Editor, 1977, p. 167).
[11] Enrique Cury y Urzúa, *Derecho Penal* (Parte General). Santiago: Editorial Jurídica de Chile, 1982, I/220.
[12] Cf. ln Zaffaroni, *Tratado*, III/161.
[13] Nesse sentido, v. Mezger-Blei (*Strafrecht*, All. Teil, p. 53 e ss.), Biaggio Petrocelli (ob. cit., I/252-3); Giuseppe Rocco Torrepadula (*Il problema della responsabilitá*. Napoli: Libreria DektenjRocholl, 1906, p. 47-8); Ricardo C. Nutres (*Manual de Derecho Penal* (Parte General). Cordoba-Buenos Aires: Lerner, 1975, p. 132); José Frederico Marques (*Tratado de Direito Penal*, S. Paulo: Saraiva, 1965, II/46).

aquilo que constitui um delito. Se se aceita que o conceito de conduta é um conceito jurídico, cai toda ligação com o conceito ontológico da conduta.

4. Conduta biociberneticamente antecipada

Nos últimos anos de sua profícua existência, Welzel, exteriorizou o seu sentimento de que, talvez, tivesse sido preferível substituir a denominação de sua teoria da ação final, por uma consideração biociberneticamente antecipada, a exemplo de Spiegel.[14]

Dentro da concepção de Welzel, com a qual comungamos, nega-se toda possibilidade de uma separação entre vontade e finalidade, vez que, como já assinalado, a conduta é a vontade do ser humano exteriorizada dirigida a um fim. Em conseqüência, uma vontade não é a *simples vontade de movimentar o corpo*, ou a *mera vontade de inervação*,[15] pois a vontade manifesta-se em *querer alguma coisa*. Resulta, portanto, inconcebível uma *vontade de nada ou a vontade para nada*, pois o que existe é a *vontade de* e a *vontade para*.[16] Entendimento em contrário importa em considerar a conduta num nível físico e prescindir dos níveis psicológico e sociológico de complexização. O nível psicológico, impossível de se desligar da conduta sem que esta deixe de ser conduta, é que introduz o nexo de finalidade.[17]

Não por isso se pode pensar que inexiste uma diferença entre os nexos de causalidade e de finalidade. Diferença há, e esta é bem sensível. A exposição de Hartmann é bastante elucidadora: "a diferença entre o nexo de causalidade e o nexo de finalidade se faz no seguinte: na relação causal, de uma causa sai um efeito; este, por sua vez, causa um novo efeito, e, assim, se segue *in infinitum*. Produz-se um avançar de caso em caso, sem que com o nexo se

---

[14] V. a respeito, Welzel, conferência pronunciada no Instituto Nacional de Estudos Jurídicos de Madri, em 22.4.68, publicada no *Anuário de Derecho Penal y Ciências Penales*, p. 229. Também in *La teoria de la acción finalista y el delito culposo*, B. Aires, Ponencias, Universidad de Belgrano, p. 57-59. O trabalho de Spiegel a que se refere Welzel, segundo Zaffaroni, denomina-se "Die Strafrechtliche Verent ortlichkeit des Kraftfahres für Fehlreaktionen", in DAR, 1968, p. 283-293 (*Tratado*, III/66, em nota).
[15] Hans Welzel, *Derecho Penal Aleman*, p. 61.
[16] Zaffaroni, *Tratado*, III/64; Maurach, *Tratado de Derecho Penal*, tradução espanhola de Juan Cordoba Roda, Barcelona, Ediciones Ariel, 1962, I/206-7.
[17] Eugenio Raúl Zaffaroni, *Teoria del Delito*. B. Aires: Ediar, 1973, p. 99.

realize um fim. No nexo final, contrariamente, se põe um fim, que pode estar bem além. No pensamento se localizam os meios que retrocedem a partir do fim, para culminar realizando-os e com eles também o fim. O nexo final se constrói, dessa maneira, sobre o nexo causal, pois na busca dos meios conta tão-somente com a seqüência da causa e do efeito".[18]

Este também é o pensamento de Welzel, quando afirma que a *direção final de uma ação* se realiza em duas etapas: uma passa-se inteiramente na *esfera do pensamento*, e a outra, no *mundo real*. A primeira corresponde à antecipação: o propor-se ao fim que o autor quer realizar: "a seleção dos meios da ação para a consecução" e "a consideração dos efeitos concominantes", que se constituem na etapa da programação cibernética. A segunda, tendo em vista a etapa programada, realiza a sua ação no mundo real, põe em movimento, de acordo com o plano, os meios de ação (fatores causais) escolhidos anteriormente, resultando o fim, juntamente com os efeitos concominantes que foram incluídos no complexo total a realizar.[19]

Como se conclui, as concepções de Hartmann e de Welzel guardam tal similitude, que nos permite, sem exagero, afirmar serem equivalentes. Mas essa afirmação não nos permite concluir que cada movimento é controlado, em todos os seus passos, pela vontade, e sim que esses movimentos formam parte de uma ação intrinsecamente finalista, e, por tal razão não desnatura a finalidade da conduta. Correta, pois, a afirmação de Luiz Luisi, de que na prática dos atos habituais, como os do datilógrafo, ou, ainda, dos esgrimistas, eles são "previstos e aceitos como fases necessárias da execução, isto é, da fase objetiva da ação, pode-se dizer que são queridos como momentos da realização da conduta, e havidos como meios idôneos para a concreção dos fins propostos e diretores do comportamento".[20]

5. As pessoas jurídicas podem delinqüir?

A problemática, faz já muito tempo, vem sendo examinada pela doutrina, sem perder, nunca, a sua atualidade. De uma manei-

---

[18] Nicolai Hartmann, *Einführung in die Philosophie*, Hannover, 1956, p. 22-3. Em sentido crítico, v. Jürgen Baumann, *Derecho Penal (conceptos fundamentales y sistema)*. Tradução castelhana de Conrado Finzi, B. Aires: Depalma, 1973, p. 96-7.
[19] Hans Welzel, *Derecho Penal Aleman*, p. 54-7.
[20] Luiz Luisi, O tipo penal e a teoria finalista da ação, dissertação apresentada à Faculdade de Direito da Universidade do Rio Grande do Sul para livre-docência da cadeira de direito penal, s/d., p. 102.

ra geral, o controvertido tema pode ser resolvido a partir de dois critérios: o de Savigny, com a chamada *teoria da ficção*, e o de Gierke, com a chamada *teoria da realidade* ou *organicista*. Vamos examinar, em resumo, suas propostas de solução.

a) teoria da ficção. Esta teoria origina-se do direito romano e desde a Idade Média predomina na doutrina. Encontrou em Bartolo, no direito medievo, a sua maior expressão, e até o século XVIII era considerada questão incontroversa: *societas delinquere non potest*.

As pessoas jurídicas têm existência fictícia, e, por conseguinte, dentro de uma visualização realista, a elas falta a capacidade de atuar, e, por qual razão, não pode ser considerada culpada e punida, conquanto a lei que as cria determine a validade de atuar dentro de limites preestabelecidos. Vale, pois, a máxima de Feuerbach, de que "só um indivíduo pode ser autor de um delito, nunca uma pessoa moral".

Esta teoria, em 1840, ganhou contornos tidos como definitivos, com a genialidade de Savigny, que lhe deu o reclamado acabamento científico. Tal teoria tem por firme o princípio jusnaturalístico de que em todo o direito subjetivo existe a causa da liberdade moral, ínsita em cada homem, e que, portanto, o conceito primitivo de pessoa como *portadora* (*Träger*) ou *sujeito de direito* (*Rechtssubject*) deve coincidir com o conceito de homem, porque *todo homem individualizado e só o homem assim considerado é capaz de direitos*. Às pessoas jurídicas, entendidas como *pessoas artificiais*, criação de uma simples ficção, não pode ser atribuída a responsabilidade penal. Destarte, estabeleceu Savigny que só o ser humano, individualmente considerado, é dotado pela natureza de capacidade para ser sujeito de direitos e de personalidade.

Em conseqüência, sendo criação do direito objetivo, elaborado pelo Estado ou uma concessão deste, às pessoas jurídicas faltam condições psíquicas de imputabilidade, e, por conseguinte, são os seus diretores ou representantes que por elas atuam que respondem penalmente.

b) teoria da realidade. A teoria da realidade, também chamada de teoria organicista e da personalidade real, oferece uma perspectiva inteiramente distinta. Para ela, a pessoa jurídica é um ser real, um verdadeiro organismo cuja vontade não é a soma das vontades de seus associados ou de seus diretores ou administradores. Contrariamente, ela possui vontade própria, e, em conseqüência, ato praticado por seus integrantes é distinto destes, ato próprio que o é. Como assinala Aquiles Mestre, "esta vontade, atuando sobre as coisas, é o que constitui poder do grupo, poder que o Estado, às vezes, vem a limitar e a sancionar em nome do direito, com o reconhecimento da personalidade do grupo". E exemplifica: "quando o prefeito atua por conta da municipalidade não o faz por vontade própria, mas sim pela manifesta vontade do Município".[21]

Os defensores desta teoria, em resposta às objeções acerca das dificuldades de se punir penalmente a pessoa jurídica, dizem estar esse problema perfeitamente contornado, pois, além das penas alternativas preconizadas em substituição às sanções mais tradicionais, dispõe o direito penal, modernamente, da multa e da possibilidade de adoção de outras, como a dissolução e a suspensão de suas atividades por tempo determinado. Questiona-se Quintiliano Saldaña como pode ser "possível desconhecer-se que uma associação pode ser coagida a dissolver-se, castigada com a pena de dissolução, por motivos de defesa social, pronunciada por um tribunal criminal, segundo uma Lei de Associações ou um Código?"[22]

Para nós, a aceitação da teoria da ficção é conseqüência da própria evidência, por serem as pessoas jurídicas incapazes de conduta, pois resulta inimaginável que uma pessoa jurídica possa dirigir voluntariamente sua conduta em direção a um fim que ela própria determine. Como adverte Bettiol, "o direito penal não se baseia em abstrações, pois está alicerçado na realidade ético-psicológica. E esta é exclusivamente do homem".[23]

Não queremos negar, aqui, como bem relata César Camargo Hernández, ter o dogmatismo jurídico-penal caído em uma excessiva abstração, produzindo uma profunda separação entre a ciência do direito penal e a realidade social, e que contra isso se relaciona atualmente.[24] Daí a advertência de Nedelmann de que a atual ciência do direito penal, em suas tendências dominantes, apega-se "à pura teoria, dirigindo-se contra toda ciência que não esteja baseada nela e sim na experiência. Rechaça a Psicologia com a mesma decisão com que descuida da Criminologia que, quase sempre, se realiza em suas mãos"... É preciso "que a ciência do Direito Penal desprenda a sua irracionalidade parcial e se converta

---

[21] *Las personas morales y su responsabilidad penal.* Tradução espanhola de César Camargo y Marín, Madrid: Editora Gongora, 1930, p. 135-188.
[22] In *Estudio Preliminar à versão castelhana da obra de Aquiles Mestre*, cit., p. 22.
[23] Giuseppe Bettiol, *Direito Penal.* Tradução brasileira de Paulo José da Costa Júnior e Alberto Silva Franco, S. Paulo. Ed. RT, 1971, II/143.
[24] César Camargo Hernández, *Introducción al estudio del derecho penal.* Barcelona: Bosch, 1964, p. 66.

em uma ciência das circunstâncias sociais, ou - se não o consegue - perca sua influência na regulamentação da proteção de bens jurídicos em favor de ciências que mais se ajustam à realidade".[25]

Não obstante o ceticismo com que muitos autores vêem o direito penal moderno, uma verdade, pelo menos para nós, se mantém intangível: toda reconstrução do direito penal em que se ponha em relevo o seu conteúdo social, operando um reescalonamento na ordenação dos bens que tutela, não exclui a realidade de sempre se reclamar, para a existência de um delito, uma capacidade de conduta. A vontade de ação ou vontade de conduta é um fenômeno psíquico que inexiste na pessoa jurídica. A esta só é atribuível uma conduta involuntária, ou o conhecimento do aspecto objetivo da ação.

Ferindo profundamente a questão, Norberto Spolansky assinalou que as "personas jurídicas no son entidades, como lo son, por ejemplo, los individuos particulares. En nuestra experiencia podemos percibir seres humanos, sus movimientos corporales, pero no registramos, aun cuando agudicemos nuestros sentidos, personas jurídicas. Como lo dije, la expresión 'persona jurídica' es una expresión que es usada como una construcción conceptual. Es ilusorio intentar detectar una entidad real denotada por la expresión 'persona jurídica'".[26]

Repudiando esse entendimento, Jaime Malamud Goti, defensor da teoria organicista, afirma que numa partida de futebol, por exemplo, os espectadores elogiam ou criticam a ação de uma equipe, ou seja, de um conjunto de pessoas que executam uma atividade ordenada em seus esforços, onde se identificam os jogadores por sinais de ligação, como as camisetas.[27] Embora se repute o resultado a uma pessoa jurídica e exista entre todos os componentes da equipe uma inter-relação ou até uma interdependência quanto ao resultado pretendido, o que se vê nos estádios é cada jogador perfeitamente individualizado, dando a sua parcela de esforço para

---

[25] Nedelman, "Die Reform des Rechtsgüterschutzes unter dem Dogma des Strafprinzips" in *kritik der Strafrechtsreform*, Frankfurt am Main, 1968, pp. 21-22. V. também, em sentido crítico, Enrique Gimbernat Ordeig, *Tiene futuro la dogmática jurídico-penal?* Bogotá: Temis, 1983.

[26] Norberto Spolansky, "Culpabilidad, la responsabilidad solidaria de las sociedades anónimas y la de sus directivos en el regimen cambiario (El caso del Banco Santander)" (in *Revista La Ley* de 13.10.1978).

[27] Jaime Malamud Goti, *Persona Jurídica y Penalidad (el estado actual del derecho penal administrativo frente a la responsabilidad de la persona jurídica y sus directivos por las acciones de los agentes)*. Buenos Aires: Depalma, 1981, p. 42.

a consecução do fim comum, que pode-se confundir com fim social. Conseqüentemente, Pelé nunca se confundiu com o Santos, assim como Maradona não é o Boca Juniors. A conclusão que se tira é apenas a seguinte: Pelé integrou a pessoa jurídica Santos Futebol Clube, e Diego Maradona, a pessoa jurídica denominada Boca Juniors, que se dedicam à prática do futebol. Nada além disso.

6. Dificuldades na elaboração de uma legislação penal específica

Estabelecida, em definitivo, a impossibilidade de se atribuir conduta à pessoa jurídica, como se poderá atender às exigências da Constituição e estabelecer a responsabilidade penal dessas sociedades?

Em um trabalho nosso largamente difundido em nosso país e que mereceu divulgação no exterior, enfocamos pela primeira vez a árdua tarefa que se atribuiria ao legislador, quando da elaboração de uma legislação penal ecológica. Observamos que não se poderia estruturar o delito ecológico - e a observação é válida também para os delitos socioeconômicos - em um Código Penal, pelo menos quando se pretender penalizar penalmente as pessoas jurídicas. Advertimos que, na elaboração de uma legislação ecológica, se deveria recorrer a normas penais em branco, a tipos de ação múltipla e a uma riqueza de elementos normativos ou culturais. Afirmamos, ainda, que se poderia vir a recorrer à responsabilidade sem culpa ou responsabilidade penal objetiva, com o que se romperia com os postulados fundamentais do chamado direito penal moderno. O caráter pluriofensivo que caracteriza os delitos contra o meio ambiente e que também se apresenta nos chamados delitos socioeconômicos, ou, como preferiu o constituinte, crime "contra a ordem econômica e financeira e contra a economia popular", obrigaria ao rompimento com princípios e regras assentes no direito penal liberal. E mais, o legislador teria de se confrontar com dificuldades na própria fixação do conceito do bem jurídico, tarefa árdua e extremamente problemática. Embora se refira só ao direito penal econômico, uma lição de Pedrazzi parece-nos que também se aplica ao direito penal ecológico. Diz o mestre peninsular que "en su extrema complejidad, el fenómeno económico afecta a una serie de intereses de distinta naturaleza, entre los cuales existe una relación dialéctica que oscila entre la convergencia y el antagonismo: interesses individuales y de grupo, intereses 'difusos' e intereses referidos a la comunidad considerada de forma unitaria".[28]

É bem verdade que a elaboração de legislações penais de conteúdo ecológico, fora do código, podem dificultar e até prejudicar a elaboração de uma doutrina mais desenvolvida desses ramos do direito penal, mas pelo menos diante da nossa realidade legislativa não vemos como se possa construir uma avançada legislação específica no contexto de um código penal. Não bastasse isso, lembra ainda Pedrazzi, "a intervenção penal no âmbito econômico, na medida em que aparece mais determinada ideologicamente, tanto mais encontra da parte da coletividade um grau de aceitação limitado, que atua como estímulo para a infração. Isto explica também, pelo menos em parte, o fato da criminalidade econômica suscitar na sociedade uma reprovação inferior em relação àquela que produz as formas tradicionais de criminalidade".[29]

As observações supra servem também para a criminalidade contra o meio ambiente. Hans-Jürgen Kerner, em trabalho apresentado no II Colóquio Hispano-Alemão sobre a forma penal, realizado em Madri, em 1984, na parte em que examina a criminalidade ecológica, afirmou que, "segundo a experiência cotidiana, foi possível saber-se que, na persecução de delitos contra o meio ambiente, as autoridades desempenharam uma atividade enérgica com muita lentidão e só chegaram a ser condenados, em termos gerais, aqueles autores que, numa linguagem coloquial, freqüentemente são chamados de 'peças pequenas' "(para nós, *peixe miúdo*). E, apoiado em trabalhos recentemente publicados em seu país, a Alemanha, o autor, após criticar as autoridades, inclusive as judiciárias, porque, no geral, ao fim das investigações só restaram colhidos pela rede meros funcionários subalternos, formula o seguinte remate: "Como conclusão, pode-se anotar que, pelo visto, a polícia só em parte e a justiça de modo algum, têm conseguido, efetivamente, acercar-se da verdade diante da grave criminalidade contra o meio ambiente".[30]

Como se pode observar, as dificuldades não se resumem na elaboração de uma legislação específica, dirigida à criminalidade de que ora cuidamos. Estas dificuldades poderiam ser enfrentadas

---

[28] Cesare Pedrazzi, "El bien jurídico en los delitos económicos", in *La reforma penal (delitos socio-economicos)*, ed. de Marino Barbero Santos, publicação da Universidade de Madrid, 1985, p. 282-3.
[29] Art. cit., p. 286.
[30] "Experiências criminológicas con las recientes reformas para la lucha contra la criminalidad económica en la República Federal de Alemanha", in *Reforma Penal*, cit., p. 148-9.

dentro da solução preconizada por Jescheck, aceita por Zaffaroni, vazada nos seguintes termos: para que a sociedade fique eficazmente protegida contra esta espécie de criminalidade, basta que se fixe a responsabilidade de seus diretores e administradores. Para as pessoas jurídicas, reservar-se-iam sanções que, não sendo penas e nem medidas de segurança, constituem conseqüências administrativas decorrentes das condutas daqueles que por elas atuam, na forma de sua constituição jurídica. Tais sanções poderão ser aplicadas pelo próprio juiz penal, na sentença que proferir, bastando, para tanto, uma adaptação na lei de processo penal.[31] Sequer se violaria uma regra instrumentadora do processo penal, a de que os fatos devem ser apurados e decididos *in unus et simultaneus processus*.

Tendo a Constituição optado por caminho mais áspero, onde se rompeu com a tradição do nosso direito penal, todo ele calcado no conceito de que a pessoa jurídica é incapaz de conduta ou de culpabilidade, essa decisão obriga-nos "a repensar todo o Direito Penal",[32] já que o direito penal moderno reclama como pressupostos a capacidade de conduta, de culpabilidade e de pena do autor do fato criminoso. Válida, aqui, a aguda observação de Marino Barbero Santos, de que, "aplicados à pessoa jurídica, estes conceitos têm um conteúdo radicalmente distinto dos aplicados às pessoas físicas. Trata-se de um Direito Penal paralelo. No Direito Penal presente, praticamente, tão-só se utilizaria seu aspecto negativo, qual seja, o da estigmatização. Aspecto positivo - ainda que não buscado - é, sem dúvida, o das garantias inerentes ao processo penal".[33] Acrescentamos que todas as penas atribuíveis às pessoas jurídicas têm a sua origem no direito administrativo, inclusive a dissolução e a multa. *Ipso facto*, poderiam tais sanções serem aplicadas em processo regular instaurado contra os diretores e administradores, desde que tivessem atuado em favor das entidades que dirigem ou administram. Esse entendimento vem esposado no livro que, com grande alegria e mesmo orgulho, compartilhamos com Zaffaroni: o Manual de direito penal, parte geral.

Diante de tantas dificuldades, mesmo adotando posição contrária à reponsabilização penal da pessoa jurídica, mas compreendendo o desalento do legislador, reclamamos prudência de sua parte na elaboração da legislação específica. Esta observação conti-

---
[31] Cf. in Zaffaroni, *Teoria del delito*, p. 93.
[32] João Marcelo de Araújo Júnior e Marino Barbero Santos, *A reforma penal*. Rio de Janeiro: Forense, 1987, p. 92.
[33] Marino Barbero Santos, in *A Reforma Penal*, cit., p. 75.

nua válida para toda legislação em que vier a estabelecer sanções penais por fatos elevados à categoria de delitos contra a ordem econômica e financeira, contra a economia popular, e contra a criminalidade ambiental. Quanto à primeira, que jamais se entregue a economistas a tarefa de elaboração do anteprojeto, tal como aconteceu com a Lei nº 7.492, de 16 de junho de 1986, portadora de tantas aberrações jurídicas. Exata a observação de Nélson Cândido Mona: "Essa escalada dos economistas às fontes do Direito escrito, do ponto de vista técnico jurídico, foi como uma incursão de macacos em casa de louças. As regras e os rigores que presidiam a elaboração dos textos legislativos foram substituídos pela improvisação e pela afoiteza com que os economistas se puseram a legislar. Para tentar implantar uma nova ordem nas relações econômicas, os economistas não vacilaram em abalar e comprometer algumas vezes os alicerces da lógica jurídica".[34]

E, numa crítica irrespondível, afirmou: "Verifica-se que o governo vem lançando mão da ameaça penal indistintamente, num conjunto de leis altamente defeituosas, que levam os juristas à perplexidade. Tem-se a impressão de que as leis no Brasil são hoje feitas clandestinamente, e, no que tange ao Direito Penal, que são feitas por leigos".[35]

No que se liga ao direito ambiental, espera-se sempre que não se esqueça de consultar as sociedades e técnicos nesse novo ramo do direito, inclusive e principalmente, técnicos em direito penal ecológico, que, entre nós, são bem poucos. Esta advertência, válida para o legislador em todas as esferas da atividade humana, foi completamente desprezada na elaboração do código de trânsito, entregue que foi preferentemente a engenheiros, disso resultando numa legislação desprezível e exageradamente punitiva, em alguns aspectos de duvidosa constitucionalidade, que mais parece um retorno às demoníacas ordenações do reino.

7. Ligeiras observações sobre a nova legislação penal ambiental

Evidente que não se tem aqui a pretensão de fazer um comentário à parte penal da nossa lei ambiental. O local não é aqui e nem agora. Alguns aspectos, porém, queremos analisar.

---

[34] Cf. In Sérgio do Rego Macedo, "Direito Penal Financeiro", *Revista de Informação Legislativa*, julho-setembro, 1970, p. 174.
[35] "O novo Direito penal tributário e econômico", in *Revista Brasileira de Criminologia e Direito Penal*, nº 12 jan/março, 1966, p. 63-64).

O primeiro é de que a própria lei ambiental - Lei nº 9.605, de 12 de fevereiro de 1998, no seu artigo, diz: "As pessoas jurídicas serão responsabilizadas administrativa, civil e penalmente conforme o disposto nesta Lei, nos casos em que a infração seja cometida por decisão de seu representante legal ou contratual, ou de seu órgão colegiado, no interesse ou benefício da sua entidade. Parágrafo único. A responsabilidade das pessoas jurídicas não exclui a das pessoas, autoras, co-autoras ou partícipes do mesmo fato."

A própria lei informa que a responsabilidade da pessoa jurídica decorre da conduta ativa ou omissiva da pessoa física, por ser aquela incapaz de ação. A responsabilidade dessas criações do direito decorre, objetivamente, da atuação de seus diretores, administradores ou de decisões de seu corpo colegiado, que tenham atuado em seu interesse. É o completo e perfeito reconhecimento, também no campo legislativo, de uma verdade imutável: *a pessoa jurídica não pode delinqüir, incapaz que é de conduta.*

Também queremos observar a inexistência de normas de processo penal na nova legislação. Não determina ela quem deva receber a citação em nome da pessoa jurídica a qual se imputa conduta tida por delituosa. Em tese, deveria ser citado o seu representante legal. Mas este pode estar envolvido nos fatos e ter interesses divergentes com os da pessoa jurídica, com os de outra ou outras pessoas do corpo diretivo que não tenham tido participação no fato delituoso. Tal situação pode conduzir a defesas conflitivas, absolutamente inaceitáveis no direito processual penal moderno. Dir-se-á, com alguma razão, que se a responsabilidade da empresa ou entidade decorre objetivamente da conduta das pessoas elencadas, nenhum prejuízo advirá com a indicação de um único defensor para as pessoas jurídica e física, ou físicas. Mas isso nem sempre irá ocorrer. Numa sociedade anônima maldirigida, em que a minoria dos acionistas que vêem negada a possibilidade de direção, os interesses sociais apenas estão de conformidade com os interesses da maioria, e isto pode não corresponder aos interesses sociais. Talvez uma pena aplicada à pessoa jurídica, que não a de dissolução, pode apresentar-se como melhor solução para os seus legítimos interesses, em desconformidade com os interesses do corpo diretivo. Mas não é só.

Carlos Ernani Constantino, professor da Faculdade de Direito de Franca, faz uma interessante observação. Diz ele: "... imaginemos a seguinte hipótese: *A*, sócio da empresa *X*, com poderes de administração, comete um crime doloso ou culposo, contra o meio ambiente, sem que os demais sócios, *B*, *C* e *D*, da mesma pessoa jurídica, saibam o que ele está fazendo. Pelo *caput* do citado art. 3º, a sociedade em si está condenada, pela responsabilidade penal objetiva, passando a condenação, ou seja, o caráter aflitivo da pena e as suas conseqüências a *todos os sócios:* a *A*, culpado, e a *B, C* e *D*, inocentes (que também participam do fundo comum, do qual sairá o pagamento da multa, ou que terão que envidar, igualmente, esforços para o cumprimento de eventual prestação de serviços à comunidade ou restrição de direitos)." E o professor francano aponta, ainda, uma dupla condenação para o sócio-diretor que desempenhou a conduta delituosa, como pessoa física e conseqüências penais da condenação da pessoa jurídica, que, na sua maneira de ver, é inconstitucional, como decorrência da violação do princípio *non bis in idem*.[36]

Por outro lado, em caso de interesses conflitantes, quem poderia contratar um defensor para atuar no interesse exclusivo da sociedade? A lei não nos responde. Faltam, no nosso entendimento, normas de processo penal. E se estas tivessem sido efetivamente estabelecidas, mais estaríamos convencidos do acerto do posicionamento de Jescheck, por nós adotado com Zaffaroni, no nosso livro já mencionado: melhor punir-se administrativamente a pessoa jurídica, reservando a sanção penal para o seu corpo diretivo.

São alguns aspectos somente, que certamente servirão para aquecer as turbinas num previsível debate ao final de nossa modesta exposição.

De qualquer maneira, queremos tornar nossas as palavras de Marino Barbero Santos, com as quais encerramos este trabalho: "Há que ficar claro que não repelimos a idéia de que se possa usar do Direito Penal para sancionar atuações das pessoas jurídicas. Manifestamo-nos, tão-somente, no sentido de que os princípios que servem de fundamento ao Direito Penal atual dificultam, que ele possa abarcar hoje, em países que não sigam o sistema do *Cammon Law*, os entes coletivos. Nada haverá a objetar se estes princípios mudarem".[37]

Mas tal mudança, com o afastamento dos princípios orientadores do saber penal, entendemos que levaria a outras sendas, bem diversas do direito penal que conhecemos. E teríamos um outro ramo da ciência jurídica, em muitos aspectos - os fundamentais -, bem distantes do nosso direito penal. Talvez um primo em segundo grau, para adotarmos um parâmetro.

---

[36] Marino Barbero Santos, *A reforma penal* (ilícitos penais e econômicos), cit., p. 75.
[37] O artigo 3º da Lei 9.605/98 cria intolerável *bis in idem*, revista APMP, órgão da Associação Paulista do Ministério Público nº 19 junho de 1998), p. 14.

Bibliografia

Araújo Júnior, João Marcello e Barbero Santos, Marino. *A reforma penal*. Rio de Janeiro: Forense, 1987.

Barbero Santos, Marino e Araújo Júnior, João Marcello. *A reforma penal*. Rio de Janeiro: Forense, 1987.

Constantino, Carlos Ernani. "O art. 3º, da Lei 9.605/98" in Revista APMP, nº 19, junho de 1998.

Cordoba Roda, Juan. *La doctrina de la acción finalista*. Valencia: Ed. Universidad de Valencia, 1978.

Cury y Urzúa, Enrique. *Derecho Penal (Parte General I)*. Santiago: Editorial Engisch, Karl. Der finale Handlungsbegrif Kohlrauch Festschrift, 1984.

Fragoso, Heleno. *Lições de Direito Penal (Parte Geral)*. São Paulo: J. Bushatsky Editor, 1977.

——. "O novo direito penal tributário e econômico", in *Revista Brasileira de Criminologia e Direito Penal*, n. 12 jan/mar.), 1966.

Gramajo, Edgardo. *La acción en la teoría del delito*. Buenos Aires: Editorial Astrea, 1975.

Kerner, Hans-Jürgen. "Experiências criminológicas con las recientes reformas para la lucha contra la criminalidad económica en la República Federal en Alemania", in *Reforma Penal*, ed. Espanhola.

Luisi, Luiz. *O tipo penal e a teoria finalista da ação* (tese).

Macedo, Sérgio do Rego. "Direito Penal Financeiro", in *Revista de Informação Legislativa* (jul./set.), 1970.

Malamud Goti, Jaime. *Persona jurídica y punibilidad (el estado actual del derecho penal administrativo frente a la responsabilidad de la persona jurídica y sus directivos por las acciones de los agentes)*. Buenos Aires: Depalma, 1981.

Marques, José Frederico. *Tratado de Direito Penal*. São Paulo: Saraiva, tomo III, 1965.

Maurach, Reinhart. *Tratado de Derecho Penal*. Tradução espanhola de Juan Cordoba Roda, Barcelona: Ediciones Ariel, tomo I, 1962.

Mestre, Achiles. *Las personas morales y su responsabilidad penal*. Tradução espanhola de César Camargo y Marín, Madrid: Ed. Gongora, 1930.

Nuñez, Ricardo C. *Manual de Derecho Penal* (Parte General), Cordoba-Buenos Aires: Ed. Lerner, 1975.

Pedrazzi, Cesare. "El bien jurídico en los delitos económicos" in *La reforma penal (delitos sócio econômicos)*. Universidad de Madrid: Ed. Marino Barbero Santos, 1985.

Quintano Ripollés Antonio. *Compendio de Derecho Penal*. Madrid: Ed. Revista de Derecho Privado, tomo I, 1958.

Reale Júnior, Miguel. *Dos estados de necessidade*. São Paulo: J. Bushatsky Editor, 1971.

Reyes Echandía, Alfonso. *La tipicidad*. Bogotá: Ed. Universidad Externado de Colombia, 1967.

Saldaña, Quintiliano. *in Estudio preliminar* à versão castelhana da obra de Achiles Mestre.

Spolansky, Norberto. "Culpabilidad, la responsabilidad solidaria de las sociedades anónimas y la de sus directivos en el regimen cambiario (el caso del Banco Santander)", in *Revista La Ley*, de 13/10/1980.

Tavares, Juarez. *Teorias do delito*. São Paulo: Ed. RT, 1980.

Torrepadula, Giuseppe Rocco. *Il problema della responsabilità*. Napoli: Libreria Dekten (Rocholl, 1906).

Vouglans, Moyart de. *Institutes du Droit Criminel*. Paris: 1757.

Welzel, Hans. *Derecho Penal Aleman*. Tradução chilena de Juan Bustos Ramírez e Sérgio Yáñez Pérez. Santiago: Editorial Jurídica de Chile, 1976.

——. "La teoría de la acción finalista y el delito culposo", in Ponencias. Buenos Aires: Universidad de Belgrano.

Wessels, Johannes. *Direito Penal (Parte Geral)*. Tradução brasileira de Juarez Tavares. Porto Alegre: Ed. Sérgio Fabris, 1976.

Zaffaroni, Eugenio Raúl. *Teoria del Delito*. Buenos Aires: Ed. Ediar, 1973.

——. *Tratado de Derecho Penal (Parte General)*. Buenos Aires: Ed. Ediar, tomo III, 1981.

Princípio vitimológico e criminalidade organizada

Luiz Carlos Rodrigues Duarte

Em termos de criminalidade, a maior preocupação universal contemporânea centra-se na figura jurídico-penal do crime organizado. Tanto a Organização das Nações Unidas quanto a Associação Internacional de Direito Penal revelaram-se atordoadas no trato desta *quaestio* porque constatam a importância dos mecanismos estatais de reação anticriminal no combate à criminalidade organizada.

Essa ineficiência advém da mudança do paradigma até então consagrado em meio às Ciências Criminais. O Direito Penal assentou-se num paradigma essencialmente dogmático, fez-se "rei" do cientificismo criminal e fixou módulos de prevenção e de repressão à criminalidade com os quais pretendeu manter sob controle as práticas ilícitas em todas as latitudes mundiais.

Absoluto, o Direito Penal fez-se egoísta a ponto de rejeitar o avanço de todas as concepções que, de modo, pudessem empanar-lhe a luminosidade. Seu exclusivismo criou a locução "ciências auxiliares" a fim de evidenciar o caráter supletivo, acessório, secundário de quaisquer estudos que conduzissem a uma concorrência científica, destronando-o do pedestal hegemônico onde sempre esteve plantado. A Criminologia sofreu e sofre os rigores do modelo jusdogmático liderado pelo Direito Penal tendo, a cada passo, seu avanço obstruído pela ação de um Direito Penal ideologizado a partir de uma função de manutenção dos privilégios das classes dominantes quando, no sonho de Johannes Wessels,[1] sua

---
[1] WESSELS, Johannes. *Direito Penal. Parte Geral.* Tradução de Juarez Tavares. Porto Alegre: Sergio Fabris, 1976.

tarefa consistiria em "proteger bens jurídicos e garantir a paz social". A Criminologia só não sucumbiu diante dessas transações face ao possante poder de sua metodologia experimental e, assim, perenemente identificada com a criatura humana.

O surgimento da empresa criminosa desfere vigoroso golpe nas concepções até então assumidas pelo Direito Penal, até porque faz-se totalmente irrelevante e risível ao crime organizado o desenvolvimento de qualquer projeto de preventividade. A criação de quaisquer instrumentos de prevenção ao crime organizado fica na estrita dependência de profundas alterações na própria estrutura da sociedade, através de mutações compartimentais dos humanos e da instalação de uma mundividência disposta a revolucionar a própria escala de valores professada pelos indivíduos que a integram. Somente apalpando um mundo utópico, à moda de Platão, poder-se-á conquistar semelhante *status*, fazendo com que o homem renuncie a esse desafio imposto pela dinâmica do cotidiano injusto em que é fervido.

Debochando de quaisquer aparatos preventivos, o crime organizado aposta na impunidade e, através de seus processos peculiares, neutraliza a ação estatal de natureza repressiva. Trata-se de sua única preocupação funcional: a descoberta de métodos sapientes para garantir um mínimo de punibilidade através de um máximo de eficácia de ações ilícitas.

Como o policial que conduz um veículo Volkswagem sedan em perseguição a um delinqüente que foge pilotando eximiamente uma Mercedes Benz, o crime organizado posiciona-se milhares de anos-luz à frente do Estado-repressão. Nessa ingenuidade, os criminalistas caminham em direção ao Terceiro Milênio como um cego que acredita na longa planície e, repentinamente, seu passeio é interrompido pela sua projeção no penhasco que o destrói.

Aferrados a uma Dogmática agonizante, os penalistas debruçam-se calidamente em estabelecer as semelhanças e as distinções entre crime organizado e o tipo penal quadrilha ou bando previsto no Artigo 288 do Código Penal brasileiro. Nessa prática, fogem do exame da essência, deixando de lado as investigações fundamentais sobre a conceitualidade, os fundamentos e os pressupostos da criminalidade organizada. É impossível combater eficazmente aquilo que se desconhece e, só nesta constatação, fica demonstrada a larga vantagem que a empresa criminosa impõe às estruturas sociais. Estudos específicos realizados pela cadeira de Criminologia do Curso de Pós-Graduação em Ciências Penais da Pontifícia

Universidade Católica do Rio Grande do Sul mostraram, por exemplo, que na relação entre o crime organizado e a delinqüência juvenil, a criança ou o adolescente funcionam como instrumentos, sendo, assim, meras vítimas dessa espécie de criminalidade. Outro dado relevante investigado acena para a inexistência de criminalidade organizada sob o domínio das camadas sociais miserabilizadas, dada a ausência de potencial econômico e a carência na formação cultural desses mosaicos sociais. Tais construções escapam ao Dogmatismo Penal que, por isso, perde terreno em sua tentativa de evolução científica.

Contudo, o *mea culpa* não se restringe aos penalistas. Há um oceano de criminólogos - principalmente os profetas de vertentes conflitivistas – que cruzam os braços diante dos avanços do crime organizado e, numa evidente omissividade, cooperam com o titubear científico nessa matéria, aderindo ao "quanto pior, melhor" e apostando em que o "circo pegue fogo".

Na criminalidade organizada, a grande vítima é a sociedade desorganizada. A harmonia social é atingida de forma direta, aguda e imediata porque é violada a segurança individual, enquanto direito-garantia constitucionalmente consagrado. Apesar desta evidência, não existem estudos vitimológicos consistentes, e as tênues pesquisas que são produzidas nessa área não possuem força acadêmica sequer para funcionar como instrumentos de denúncia perante a comunidade vitimada.

Em se tratando de crime organizado, a sociedade é duplamente agredida. Em primeiro lugar, é ofendida pela ação nefasta da organização criminosa e, em segundo lugar, é vítima do próprio agir artificial do Estado que, incompetente e inoperante para evitar ou punir o crime organizado, ilude a sociedade com soluções enganosas que ardilosamente cria no afã de gerar uma imagem de eficiência funcional na *persecutio* desses criminosos. E a mídia em geral acoberta e colabora com toda essa hipocrisia oficial.

A criminalidade tradicional não oferece dificuldades às agências de repressão. Havido o assalto a banco praticado por um grupo de criminosos, todo o problema policial restringe-se à captura de um dos agentes. Preso, o assaltante "dá o serviço" frente à ação ortodoxa (ou nem tanto) desenvolvida pelos agentes da autoridade policial: revela os pormenores do ajuste, o desempenho da ação criminosa individualizando condutas, identifica os comparsas, localiza a *res furtiva*, etc., e o crime fica cabalmente esclarecido perante a opinião social.

Na criminalidade organizada tudo é diferente. A começar pela construção piramidal em que a empresa criminosa é edificada. No topo da pirâmide encontram-se os todo-poderosos mandantes que jamais são molestados, simplesmente porque desconhecidos, anônimos ou "cidadãos acima de quaisquer suspeitas". Em degrau inferior e distinto, situam-se os cérebros da organização que representam um elevado percentual dentre os afazeres e as atividades empresariais ilícitas. Desses planejadores exigem-se dotes excepcionais de inteligência, contração ao trabalho, discrição laboral e uma aguçada lógica indutiva capacitada a prever um universo de hipóteses e suas soluções correspondentes. No último degrau da pirâmide estão os executores que se constituem no braço armado da entidade e, na maioria das vezes, são delinqüentes contumazes, plurirreincidentes e que, no jargão penitenciário, são classificados como "cadeeiros" segundo o feliz achado de Augusto Thompson.[2] Funcionam como "iscas" em relação à repressão policial porque ajudam os aparelhos estatais perante as exigências da opinião pública já que, presos, dão a falsa noção de que o crime está plenamente esclarecido, obrigando os órgãos oficiais à criação de fatos, ajustes de circunstâncias, artificialização de condições ambientais etc., a fim de produzir uma falsa versão fática que possa travestir-se de crível diante da sociedade revoltada. Mais uma vez, os órgãos de comunicação social prestam-se à sanha estatal encarregada do engodo produzido contra a sociedade debilitada.

Nesse quadro, a criminalidade organizada mantém-se intangível. Cada patamar da pirâmide empresarial só toma conhecimento daqueles fatos que necessita saber para desenvolver sua parte na organização. A difusão de informações sobre a empresa criminosa é limitada àquelas notícias imprescindíveis ao desempenho específico de cada célula criminosa e nada mais. Ao capturar um "dormente", o agir investigatório estatal frustra-se com a absoluta impossibilidade de avançar em direção a descoberta dos fatos nucleares praticados pela organização criminosa. A prisão de um executor só favorece à criação de um estelionato social de parte do Estado-Repressão.

O crime organizado nasce através de uma instituição sólida, eficiente e, sobretudo, moldada em padrões de permanência organizacional e de longevidade estrutural. A empresa criminosa surge para ficar, e os raros reveses que pode acumular são absorvidos e

---

[2] THOMPSON, Augusto. *A Questão Penitenciária*. Rio de Janeiro: Forense, 2ª ed., 1980.

superados de modo inteligente, sem deixar quaisquer seqüelas. Essa estabilidade associativa amedronta a sociedade despida de padrões capazes de unificá-los, no intuito de enfrentar o monstro da criminalidade organizada.

A empresa criminosa é fantástica. O planejamento cartesiano de suas ações, calculado nos seus detalhes milimétricos, é capaz de causar inveja aos mais requintados padrões empresariais *yankees* ou japoneses. A projetividade das ações ilícitas a desenvolver garante-lhe o sucesso do empreendimento que funciona como se fora um "relógio suíço". O êxito dessa organicidade supera quaisquer esforços estatais de ordem repressiva e, atônita, a sociedade suporta calada os resultados lesivos desses padecimentos, despida de quaisquer mecanismos de proteção ou de resistência.

A empresa criminosa assume dupla personalidade. Externamente, exibe-se como entidade filantrópica, benemerente ou caritativa, desenvolvendo largos esquemas de solidariedade humana através da oferta e da consecução de atividades lícitas e fraternas que consistem em prestações sociais de indiscutível valor comunitário. Este rótulo garante-lhe o desenvolvimento de sua atividade essencial, de cunho interno, apoiada na sua finalidade matriz: a prática de ilícitos penais. A roupagem de fraternidade que ostenta encobre seu autêntico objeto e serve como instrumento de estonteamento da estrutural social, gerando incredulidade em meio à sociedade ultrajada que, simplesmente, não lhe credita nenhuma hediondez.

A criminalidade organizada utiliza os mais sofisticados recursos conquistados pela Revolução Tecnológica e pela Cibernética. Seus sucessos pressupõem a permanente modernização de seu parque instrumental, e sua metodologia exige a utilização de equipamentos dotados de alta tecnologia e denso conteúdo de cientificidade. Há quem sustente que, no terreno do aperfeiçoamento tecnológico, as incríveis descobertas do homem cibernético muito devem à inteligente ação dos empreendimentos criminosos que navegam num mar de liberdade ilimitada, propiciando criatividade sem balizas. É que, enquanto vítima, a sociedade circula em meio a barreiras éticas intransponíveis sem dar-se conta de que o crime organizado utiliza-se da liberdade absoluta, despido de quaisquer condicionamentos de natureza moral. Esta disparidade comportamental assinala a franca vantagem em prol da criminalidade organizada funcionando, inclusive, como módulo de inibição social. As contestações às figuras da delação premiada, da ação controlada, do flagrante retardado, do juiz inquisidor, da infiltração de agentes, da escuta telefônica, da identidade cambiada etc. são exemplos da gama de freios éticos a que a sociedade está submetida. Enquanto isso, o crime organizado desenvolve práticas revolucionárias como, por exemplo, os crimes de computadores os quais, na sociedade latino-americana, ainda são tidos como entes imaginários ou fantasmagóricos,

Em termos vitimológicos, é de suma importância a análise do conteúdo ético ao qual está subordinada a sociedade. O advento e a progressão da criminalidade organizada exige-lhe a adoção de medidas de índole repressora que consistem na quebra desse paradigma ético professado, obrigando-a a providências normativas de alta e indiscutível indagação ético-jurídica. Nesse vácuo social, penetram os Movimentos de Lei e de Ordem com todos os seus potenciais fascistóides, desfraldando a parda bandeira medieval do Direito Penal do Terror e, nessa marcha, a vitimização atinge a própria *Democracia*, enquanto instituição reitora do Estado de Direito. As figuras mencionadas no parágrafo precedente são imagens nítidas de um estado policialesco que despreza os direitos fundamentais da criatura humana. Nele, o exercício democrático é retórico, sintomatizando um discurso político do crime ao sabor da mais contraditória demagogia panfletária.

Logo, além de violentar a sociedade de forma aguda, a criminalidade organizada também vitimiza a sua substância dinâmica: a Democracia.

Noutro ângulo, desde os clássicos, a palavra mais importante no mundo do Direito sempre foi o conceito *relação* no sentido de vínculo, ligação, referencial, elo ou liame. O Direito nada mais é do que uma relação que se estabelece entre dois ou mais pólos sociais, debaixo de certos procedimentos normativos. Carnelutti ousou garantir que não existe Direito sem haver relação, todavia, o relacionamento jurídico pode ser de aproximação (João casou com Maria) ou de separação, afastamento (João matou Maria).[3]

O crime organizado usa e abusa dessas concepções. Para ele, o conceito relação assume o designativo conexão, constituindo-se num potente instrumento de intercâmbio interno e externo inserido na sua mecânica estrutural.

No câmbio interno, o crime organizado manipula com amplos setores institucionais, a partir da cooptação de órgãos do Poder

---

[3] CARNELUTTI, Francesco. *Derecho Procesal Civil y Penal*. Buenos Aires: Traducción de Santiago Sentis Melendo, Ediciones Jurídicas Europa-América, 1971.

Público de modo a neutralizar qualquer ação estatal reclamada pela sociedade, no intuito de reprimir a criminalidade organizada. A corrupção de setores orgânicos dos entes estatais caracteriza um dos mais reforçados métodos da ação do crime organizado a ponto, quase à unanimidade, de os grandes escândalos estatais (quer sejam econômicos ou não) caducarem na impunidade porque, além de bem valer-se do bálsamo representado pelo passar do tempo, a criminalidade organizada faz-se aliada a influentes camadas do oficialismo que agem, por comissão ou por omissão, como autênticos censores das práticas investigatórias imperiosas ao esclarecimento dos fatos. O comprometimento de agentes públicos de todos os níveis com o crime organizado conduz à noção de brutal traição à sociedade, já enfraquecida pelo ultraje que lhe é imposto pela empresa criminosa.

São sobejamente curiosas as relações que se estabelecem entre o crime organizado e a estrutura do poder estatal. Diferentemente das organizações político-partidárias, a criminalidade organizada não objetiva a conquista do poder do Estado. Além disso, nem sequer contempla a hipótese de conspiração com o desiderato de assaltá-lo. Sua estratégia sinaliza para o domínio desse poder, porém, mantendo-se à sombra da entidade estatal e, sub-repticiamente, impondo-lhe uma influência vertical e decisiva. Essa vocação à clandestinidade garante à empresa criminosa mansa e ampla liberdade para atingir seus propósitos ilícitos, enquanto o poder estatal passa a ser direcionado por fantoches, testas-de-ferro ou inocentes úteis àquelas finalidades tão incógnitas quanto recônditas. Na sua ótica, o crime organizado vale-se da organização oficial como um meio, divorciado de qualquer preocupação finalística em relação ao mesmo, mas na absoluta contramão do interesse público. Por vezes, a perda de isenção de agentes políticos dá-se antes da própria sagração eleitoral a que serão submetidos, mediante generosos "auxílios" às milionárias campanhas eleitorais que põem nas ruas, tudo sob as barbas do inocente cartorialismo estatal. À sociedade vitimada resta assistir a esse dramático quadro de assaques sem a mínima possibilidade de efetiva reversão.

No ambiente externo, as conexões alimentadas pela criminalidade organizada são exuberantes e fazem inveja às mais requintadas estruturas diplomáticas. Através delas, a empresa criminosa denota sua competência plurinacional e assenta o caráter exportatório do empreendimento. Desde o contrabando até a lavagem de capitais, o crime organizado ensaia práticas complexas que exigem um intenso relacionamento internacional até porque, na iminência do perigo desencadeado em determinado território, as agências congêneres do além-fronteiras devem estar capacitadas para asilar e proteger os delinqüentes ameaçados ou perseguidos. No crime organizado há determinadas espécies de práticas ilícitas – como *verbi gratia* o narcotráfico, as fraudes multinacionais, o tráfico de crianças, a prostituição transnacional, o tráfico de armas pesadas, os delitos informáticos, os seqüestros internacionais etc. - que pressupõem matrizes com trânsito extraterritorial. Nesses casos, é latente a vitimização de uma pluralidade de comunidades, já que os efeitos dessas ilicitudes violam os interesses protegidos das múltiplas sociedades atingidas.

O sucesso das conexões desenvolvidas pela criminalidade organizada revela o caráter vitimológico mais veemente de uma sociedade debilitada, organicamente concebida para patrocinar o bem comum, ao descobrir que o crime organizado está incrustado nas suas instituições públicas, confundindo-se com o próprio Estado, sobrando-lhe, apenas, o desempenho de um trêmulo papel de madrasta, em meio ao ambiente nefasto em que se vê lançada. Externamente, essa sociedade nem mesmo pode esboçar qualquer tipo de reação, eis que circunscrita e sitiada pelas fronteiras territoriais e pelas divisões em bandeiras que, segundo canta a melancolia da voz latina de Dante Ramón Ledesma, são tão estanques quanto estúpidas.

A distinção explode inconteste: o agente do crime organizado não está sujeito a nenhum balizamento territorial, todavia, exige-se da sociedade vitimada um incondicionado respeito ao axioma da territorialidade. Trata-se da mais terrível subversão do Princípio da Soberania, a tentativa de confundi-lo com a materialidade de um pedaço de terra ou, pior do que isso, pensá-lo inserido numa concepção unilateralista a serviço da anti-sociedade. O crime organizado opera tamanha distorção e, assim, relativiza a Soberania, vitimizando todo patriota que se insurge contra o seu mascateamento no invisível mercado dos vendilhões da Pátria. Somente a cooperação internacional entre os Estados envolvidos poderá debelar essa criminalidade. Aliás, nessa seara, são significativos os avanços científicos das reflexões de Raul Cervini sobre a cooperação internacional em matéria penal, cuja obra oferece profundos subsídios que a tornam imprescindível aos estudiosos desta temática.[4]

---

[4] CERVINI, Raul. *Princípios de la cooperación judicial internacional en asuntos penales.* Montevideo: Carlos Alvarez, 1994.

A criminalidade organizada ergue-se através de um rígido controle hierárquico. Ela deposita na hierarquização toda a sua base organizacional, a ponto de levar às últimas conseqüências quaisquer atentados tendentes à ruptura dessa ordenação. A subordinação hierárquica garante-lhe níveis satisfatórios de disciplina interna, contribuindo decisivamente para o êxito das atividades criminosas que titulariza. Na estrutura societária, somente as instituições militares professam os rigores de um acendrado conteúdo hierárquico que, aliado a outros vetores institucionais, garantem-lhes a necessária concentração de esforços para o perene desempenho de suas missões castrenses. Excluídas as forças militares, a organicidade da sociedade é difusa e, dados os individualismos, incorpora a si uma plêiade de contradições antagônicas crescentes que a tornam desunida, esparsa e vulnerável. Mais uma vez, o crime organizado leva sensíveis vantagens em relação à sua vítima.

Como conseqüência da adoção de ferrenhos parâmetros hierárquicos, a criminalidade organizada trabalha com o primado da obediência devida, sob pena da imposição de cruéis e impiedosos instrumentos de punibilidade. Inadmitindo quaisquer sintomas de rebeldia, a empresa criminosa mantém o seu elevado poder intimidatório através de irreversíveis meios de sancionamento, como o extermínio, que *vox populi* apelidou de "queima de arquivo".

Cingida aos cânones constitucionais que proclamam os direitos fundamentais do cidadão, a sociedade vitimizada não vislumbra recursos compatíveis para um enfrentamento e, por isso, passa a sofrer pressões para a instituição da pena capital, como se a duplicação da violência pudesse eliminar a violência originária e resolucionar a questão.

Além das necessidades ditadas pela exigência de um planejamento perfeito das ações a desenvolver, a empresa criminosa carece da formação de quadros estratificados para colimar os objetivos perseguidos e, sobretudo, que possam corresponder aos padrões hierárquicos adotados pela entidade. Até nesta constatação, a sociedade não possui as menores condições de aproximar-se da sofisticação que dá colorido ao crime organizado porque, sabidamente, não dispõe do poder de seleção ou escolha de suas células sociais.

O crime organizado explora com eficiência o mundo da informação que lhe é vital, por carecer de sua utilização a cada passo da trajetória criminosa e, ainda, por propender a manipulá-la sempre que lhe convier. O domínio da informação insere-se na sua lógica interna, na mais vigorosa coerência com sua ação internacionalizada, eis que atrelado às dimensões conceituais de "Aldeia Global" professadas pela genialidade de Marshal Mac Luhan.[5]

Melhor do que ninguém, a empresa criminosa concebe que a conquista de qualquer poder depende do domínio da informação, sendo notórios os resultados produzidos pelos regimes totalitários que souberam colecionar, gerir e desenvolver processos de informações que sempre lhes permitiram inquestionáveis vantagens no desempenho das atividades arbitrárias em que se envolveram, na quebra da ordem institucional.

Em geral, os estudiosos não consideram a gestão da informação dentre as características do crime organizado. Contudo, em suas múltiplas facetas, a informação faz-se imprescindível ao *homo cosmicus* e participa das estratégias e táticas operacionais de quaisquer grupos, inclusive de singulares criminosos comuns. Apenas a sociedade, entendida como um universo difuso, não se vale dessa arma poderosa. É que, presa a algemas culturais, a sociedade resiste à evolução que a circunda e mantém-se alheia às conquistas cibernéticas. Apondo escancarada desconfiança na modernidade, ela marca o atraso que a distancia da criminalidade organizada comprometendo, inapelavelmente, cada uma das partículas sociais que a integram. Logo, a vitimização atinge a própria proposição que enaltece a Cidadania, enquanto conjunto de direitos e deveres dos componentes de um sociedade, significando que cada pessoa humana acumula uma carga de responsabilidade social que a faz responder pelos comportamentos assumidos e a administrar os deveres que lhe são exigíveis para a convivência equilibrada, enquanto engrenagem harmônica contida na máquina social.

No passado, em geral, a criminalidade organizada perseguiu fins econômicos na expectativa de acentuada acumulação patrimonial que lhe permitiam desenvolver projetos criminosos cada vez mais ousados e, dessa forma, mais prósperos. Sem dúvida, a análise dos objetivos a que se propõe uma empresa criminosa careceria de profundas reflexões criminológicas, econômicas, jurídicas, políticas, sociológicas etc. incapazes, por definição, de serem contidas no presente esboço. A questão relativa à lavagem de capitais enseja a construção de toda uma teorização que deve ser vertida numa obra específica a qual, mesmo assim, não esgotaria a matéria.

Apesar disso, é de capital valia acentuar que no presente a criminalidade organizada não se estriba apenas numa finalidade

---

[5] MC LUHAN, Marshall. *The Gutemberg Galaxy: the making of typographic man.* Toronto: University of Toronto, 1962.

única, depurada ou exclusiva. Ela se mostra versátil, aglutinando um somatório de objetivos devidamente hierarquizados. Nesses estudos, não é possível resumir os desideratos do crime organizado a uma meta isolada sem atentar para a pluralidade de fins que a entidade pode consolidar. São relevantes e auspiciosos os estudos e pesquisas desenvolvidos na República Oriental do Uruguai pelo International Center of Economics Penals Studies liderado pelos Professores Raúl Cervini, Gabriel Adriasola, German Aller, Jorge Paul Pereira Schurmann e tantos outros juristas eméritos.

Há criminalidade organizada que, inclusive, atina para funções distintas de obstenção de vantagens econômicas concentrando, a título de produto ou proveito do crime, interesses diversos da expropriação financeira. Quando o crime organizado produz a morte de um deputado, por exemplo, pode ter motivações estranhas à ordem econômica, tais como o perigo de denúncias ou declarações, bombásticas e escandalosas, vinganças ou ódios incontestáveis, homossexualismos camuflados, desforras políticas etc. Inerte, o Poder Estatal pode dar as costas à execução, fingindo-a esclarecida (inclusive, com direito a bode expiatório absolvido). Lamentavelmente, porém, semelhantes práticas só ajudam - ... e como ajudam! - a uma densa impunidade, fazendo com que a criminalidade organizada derrame suas gostosas zombarias contra a passiva sociedade violentada. Foi exatamente o que aconteceu no Brasil com o deputado gaúcho José Antônio Daudt.

Conclusivamente, o crime organizado representa portentoso desafio à Humanidade nesse limiar de Terceiro Milênio porque - além dos prejudicados direitos pelas ilicitudes - vitimiza a sociedade, ofende a democracia, ultraja a soberania e viola a cidadania; tratando-se de um verdadeiro delito de lesa-pátria. É que, nos cinzentos períodos ditatoriais, a América Latina experimentou a dolorosa inoculação de doses de uma famigerada ideologia de segurança nacional (que não era nacional e, muito menos, segurança) conceitualmente distorcida, a fim de satisfazer os vôos rasantes da águia sinistra, acalmando as preocupações de "Tio Sam" com a sobrevivência do capitalismo internacional. A ideologia da segurança nacional foi instrumentalizada como forma de solapar os interesses dos povos oprimidos e, deste modo, desenvolver as suas táticas de espoliação universal. Desmititicada a farsa alienígena, cumpre à Latino-América a edificação da verdadeira semiologia do que seja segurança nacional. A começar pela zeração soberana da escrochante dívida externa que sufoca a América do Sul. Enfim, os latinos também possuem direito ao "sonho americano" do pós-guerras...

Por isso, fica assentada aqui uma singela indicação: não há segurança nacional alheia à segurança social. E a criminalidade organizada está a desafiar os desígnios patrióticos dos povos contemporâneos.

E nessa espiral, a humilde prudência do homem latino-americano acumula forças físicas e mentais para, quiçá um dia, poder clonar o gênio revolucionário francês a fim de bradar, à moda da Marselhesa, a todas as direções da Rosa dos Ventos:

"- Aux armes, Citoyens!"

Notas sobre o Estatuto da Corte Penal Internacional

Luiz Luisi

1. A aprovação do Estatuto da Corte Penal Internacional, em junho de 1998 na Conferência dos plenipotenciários das Nações Unidas realizada em Roma, constituiu um fato da mais alta significação, e um passo relevante para a implantação de uma Justiça Penal Internacional.

A elaboração de um Código Penal Internacional e a criação de um Tribunal Penal Internacional é uma aspiração de longa história. No século XIX um grupo de juristas norte-americanos formaram a "Peace Society", e tentaram a elaboração do desejado Código, a partir de projeto de David Duddley Fields, "Outlines of an International Code". A idéia não vingou. Mas o Tratado de Versalles de 1919 previu, no seu artigo 227, a criação de um Tribunal Internacional, especialmente para processar o Kaiser Guilherme II da Alemanha. O referido dispositivo nunca teve efetividade, pois a Holanda, onde se exilou o Kaiser, negou sua extradição.

2. Todavia, em 1924, foi criada a Associação Internacional de Direito Penal (AIDP), que em seus Estatutos dispôs, como uma de suas finalidades, "favorecer o desenvolvimento teórico e prático do Direito Penal Internacional visando à elaboração de um direito penal internacional e à harmonização das regras de procedimento criminal". A partir de então, numerosas foram as propostas, levando Vespasiano Pella, um dos juristas mais empenhados no assunto a escrever em 1928, que a proposta da criação de um Código Penal Internacional já se constituía em "uma manifestação concreta de um poderoso *desideratum* da consciência jurídica contemporânea".

Com a ascensão dos nazistas ao poder na Alemanha, e a 2ª Grande Guerra do Século XX, os tempos não eram favoráveis para a criação do direito internacional penal, e a idéia não prosperou. Mas findo o conflito, e com a criação e o funcionamento dos Tribunais de Nuremberg e de Tóquio, decorrentes do Tratado de Londres, de 08 de agosto de 1945, o direito internacional penal ganhou grande incremento. Mas com a guerra fria novamente as condições se apresentaram desfavoráveis à continuidade do projeto em causa. Todavia, na última década deste século, sob os auspícios da Organização das Nações Unidas, a idéia tomou significativo impulso. Em 1995, a Assembléia Geral das Nações Unidas criou um Comitê preparatório para tratar de um Estatuto de uma Corte Penal Internacional, com base em um projeto que fora preparado pela Comissão de Direito Internacional. Este projeto serviu de base para os estudos e debates da Conferência Diplomática dos Plenipotenciários que em 1998 aprovou o Estatuto.

3. O Estatuto, em seu artigo 5º, prevê que a Corte tem sua competência limitada aos seguintes crimes: a) genocídio; b) de lesa-humanidade; c) de guerra; d) de agressão.

O genocídio é caracterizado no artigo 6º, "pela intenção de destruição total ou parcialmente de um grupo racial, étnico, nacional ou religioso. É tipificado em cinco modalidades: a) matança de membros do grupo; b) lesão grave à integridade física ou mental dos membros do grupo; c) submissão intencional do grupo a condições de existência que possam acarretar sua destruição física total ou parcial; d) medidas destinadas a impedir nascimentos no seio do grupo; e) mudança forçada de crianças de um grupo para outro.

Os crimes de lesa-humanidade se caracterizam por serem atos que fazem parte de um "ataque generalizado ou sistemático contra uma população civil", conforme dispõe o artigo 7º. Tipifica-se nas seguintes formas: a) assassinato; b) extermínio; c) escravidão; d) deportação ou mudança forçada de população; e) prisão ou outra privação da liberdade física com violação de normas fundamentais de direito internacional; f) tortura; g) estupro, escravidão sexual, prostituição forçada, gravidez forçada, esterilização forçada, e outros abusos sexuais de igual gravidade; h) perseguição de um grupo ou coletividade com identidade própria, por motivos políticos, raciais, nacionais, étnicos, culturais, religiosos, e outros motivos universalmente reconhecidos como inaceitáveis à luz do direito internacional em conexão com qualquer ato mencionado no presente parágrafo ou com qualquer crime da competência da Corte; i) desaparição forçada de pessoas; j) o crime de apartheid; k) outros atos desumanos que causem intencionalmente grandes sofrimentos ou atentem gravemente contra a saúde mental ou física.

Os crimes de guerra são entendidos como infrações graves aos Convênios de Genebra de 12 de agosto de 1949, e quando se cometam "como parte de um plano, ou política, ou como parte da prática em grande escala de tais crimes". O Estatuto tipifica um grande número de fatos no elenco dos delitos de guerra, tais como: matar intencionalmente; submeter à tortura e a outros tratamentos desumanos, incluídas as experiências biológicas; privar deliberadamente um prisioneiro de guerra ou outra pessoa de seus direitos a um julgamento justo e imparcial; fazer refens; matar ou ferir à traição pessoas pertencentes à Nação ou ao Exercício inimigo; recrutar ou alistar menores de 15 anos nas forças armadas nacionais ou utilizá-los para participar ativamente nas hostilidades. Dirigir intencionalmente ataques contra a população civil, ou contra civis que não participem diretamente das hostilidades, etc.

3a. Referência especial merece o crime de agressão. Embora previsto no artigo 5º, I, letra *d*, não se encontra tipificado no Estatuto. E não foi possível tipificá-lo por não ter havido consenso a respeito da configuração geral e das diversas modalidades do delito em causa. Havia-se chegado a uma definição de agressão na Assembléia-Geral das Nações Unidas, em 14 de dezembro de 1974. Naquela ocasião se entendeu que "constituía agressão o emprego da força armada por um Estado contra a soberania ou independência política de outro Estado, ou de qualquer outra maneira incompatível com a Carta das Nações Unidas". Entende-se, também, que constitui atos de agressão, independente da declaração ou não de guerra, os seguintes: a) a invasão ou o ataque ao território de um Estado por forças armadas de outro, ou qualquer ocupação militar, mesmo temporária do todo ou parte do território de outro Estado, com o emprego de força; b) o bombardeio ou a utilização de todo o tipo de arma por forças armadas de um Estado contra o território de outro; c) o bloqueio dos portos ou costas de um Estado pelas forças armadas de outro Estado; d) o ataque das forças armadas de um Estado contra as forças armadas terrestres, marítimas ou aéreas de outro Estado; e) o uso das forças armadas de um Estado que se encontrem estacionadas no território de outro Estado, de maneira contrária às condições do acordo que permitiu a presença dessas forças armadas; f) o ato de um Estado de permitir que seu território seja usado para atos de agressão contra outro Estado; g) o envio por um Estado, ou em seu nome, de bandos armados, grupos de tropas não regulares ou mercenárias, que se dediquem a praticar ações armadas contra outro Estado.

Na Resolução mencionada de 14 de dezembro de 1974, dispôs-se que a enumeração colacionada não era exaustiva, e o Conselho de Segurança das Nações Unidas poderia qualificar outros atos como agressão.

É de esperar-se que essa omissão do texto do Estatuto seja corrigida, posto que a agressão é inquestionavelmente um crime internacional, que não pode deixar de ser tipificado, e incluído na área de competência do Tribunal Internacional Penal.

3b. Quanto ao tipo subjetivo dos crimes internacionais previstos no Estatuto, o artigo 30 dispõe que, "salvo disposição em contrário", uma pessoa só "será penalmente responsável, e poderá ser punida por um crime, se atua com intenção e conhecimento dos elementos materiais do crime". Ou seja: com dolo. Diz ainda o artigo 30, que se entende que atua intencionalmente quem: a) em relação com uma conduta se propõe realizá-la; b) em relação com uma conseqüência se propõe causá-la, ou tem consciência que se produzirá no curso normal dos acontecimentos. Também, no referido artigo, se esclarece que deve ser entendido por conhecimento "a consciência de que existe uma circunstância ou se produzirá uma conseqüência no curso normal dos acontecimentos".

4. Quanto às penas é prevista a privativa da liberdade como pena principal. A multa e o confisco se configuram como espécies de penas acessórias. A pena de reclusão é cominada a todos os delitos. E para todos dispõe que essa pena será "por um número determinado de anos que não exceda a 30 anos". E prevê a "reclusão perpétua" desde que "justificada pela extrema gravidade do crime e as circunstâncias pessoais do acusado". A essas penas, previstas no artigo 77 do Estatuto, se acresce a possibilidade de a Corte poder impor "uma multa em consonância com os critérios enunciados nas regras de procedimento e prova". Regras estas genericamente previstas no artigo 51 do Estatuto, mas dependentes de complementação, a cargo de uma Comissão formada pela Assembléia Geral das Nações Unidas.

O Estatuto, por sua vez em seu artigo 110, inciso 3, prevê que quando o condenado cumpriu dois terços da pena, ou 25 anos, no caso de prisão pérpetua, a "Corte revisará a pena para determinar se esta pode ser reduzida". Também o Estatuto menciona os critérios que a Corte deve adotar para reduzir a pena, nas alíneas *a*, *b* e *c* do inciso 4 do artigo 110, a saber: "ter o condenado desde o início, e durante toda a tramitação do processo cooperado com a Corte nas suas investigações e procedimentos judiciais; ter o sentenciado facilitado espontaneamente a execução das ordens da Corte, em outros casos, especialmente na localização dos bens sobre os quais pesem as multas e ordens de confisco, ou de reparação que possam ser usados em benefício das vítimas; estarem comprovados outros elementos previstos nas regras de procedimento e prova que permitam detectar uma mudança suficientemente clara e importante que possa justificar a redução da pena.

É de se relevar, ainda, o prescrito no inciso 6 do artigo 110 do Estatuto, no sentido de que se indeferida a redução de pena a Corte está obrigada a reexaminar a questão "com periodicidade e de acordo com os critérios de regras de procedimento e prova".

No concernente às penas, o Estatuto com a previsão da prisão perpétua criou sérios embaraços a diversos dos países signatários para que possam ratificá-lo. E isto porque as constituições de muitos Estados proíbem as penas perpétuas. A Constituição da República Portuguesa expressamente proíbe penas ou medidas de segurança com caráter perpétuo ou de duração ilimitada ou indefinida. No mesmo sentido dispõe o artigo 40 da Constituição da Costa Rica, o artigo 37 da Constituição da Nicaraguá, o artigo 17 da Constituição da Bolívia, dentre outras cartas políticas. No Brasil a proibição das penas perpétuas, em termos constitucionais, está presente desde a Constituição de 16 de julho de 1934. Dispôs ela no inciso 24 do artigo 113 que no Brasil não haverá pena de caráter perpétuo. A Constituição outorgada de 10 de novembro de 1937, paradoxalmente, previa a possibilidade da pena de morte, mas proibia expressamente, no inciso XIII do artigo 122, as penas perpétuas. A proibição está presente na Constituição de 1946, e, também, na Constituição de 1967, e na Emenda Constitucional de outubro de 1969. Atualmente é dispositivo constitucional previsto na Carta vigente na alínea *b* do inciso XLVII do artigo 5º, que não haverá penas de caráter perpétuo.

Outro problema criado pela forma como foi disciplinada a matéria das penas no Estatuto diz respeito a não ter cominado para cada um dos delitos a respectiva pena. Dispôs, como referido, que a pena de reclusão temporária não tem mínimo previsto, mas não excederá a 30 anos. E, essa disposição se refere a todos os delitos. Esta indeterminação, especificamente com relação ao Brasil, cria outro impasse. E isto porque a Constituição Brasileira deu gabarito constitucional ao princípio da individualização da pena. Aliás, desde a Constituição de 1946 este princípio está inserido nos textos constitucionais brasileiros.

São, pois, evidentes as dificuldades, especialmente devido à infeliz previsão das penas perpétuas no Estatuto, para sua ratificação por muitos países, inclusive o Brasil.

5. Merece encômios o Estatuto no pertinente às garantias, tanto substantivas como processuais.

Dispõe expressamente em seu artigo 22, que "ninguém será penalmente responsável a não ser que a conduta, no momento em que ocorra, constitua um crime de competência da Corte". E, mais: "A definição do crime será interpretada restritivamente", e quando haja ambigüidade a interpretação deve ser feita "em favor da pessoa objeto da investigação, processo ou condenação".

Também consagra o princípio da legalidade das penas dispondo que quem for declarado culpado somente poderá ser apenado em conformidade com o Estatuto. Todavia, conforme já exposto, neste particular o Estatuto não consagra estritamente a legalidade penal, por não ter individualizado a pena para cada crime, e por ter deixado uma larga e inaceitável faixa de descricionariedade ao Juiz, inclusive na aplicação da prisão perpétua.

Dispõe, outrossim, o Estatuto, em seu artigo 24, que no caso de modificação da lei no curso do processo será aplicada a mais favorável ao Réu.

Consagra, ainda, a presunção da inocência em seu artigo 66, prescrevendo que "se presumirá que toda a pessoa é inocente enquanto não se prove a sua culpabilidade". E, mais: para prolatar uma sentença condenatória a Corte deve estar convencida induvidosamente da culpabilidade do acusado.

O Estatuto garante ao acusado o direito do contraditório e a ampla defesa, podendo promovê-la pessoalmente, ou através de defensor de sua escolha. Dispõe, ainda, o direito de o acusado ser ouvido publicamente, ser julgado sem "dilações indevidas", a não ser obrigado a prestar declarações contra si e nem a declarar-se culpado. Assegura o direito ao silêncio, sem que a recusa de depor possa influir para determinar sua culpabilidade ou inocência.

A responsabilidade penal se limita a pessoa natural, desde que no momento da ação não for menor de 18 anos.

Contém, ainda, o Estatuto matéria pertinente ao erro dispondo que o chamado erro de fato, desde que faça "desaparecer o elemento da intencionalidade", exclui a responsabilidade penal. O erro de direito, em princípio, não é excludente, mas poderá eximir o agente causa a ausência de intencionalidade.

Figura, ainda, como excludente da responsabilidade, a enfermidade ou deficiência mental que prive o agente da capacidade de compreender o ilícito ou de controlar, embora consciente do ilícito, a conduta transgressora da lei. O Estado de intoxicação, quando involuntário, pode ser causa de exclusão do crime, mas não o é quando voluntário, ou quando pré-ordenado para a prática do delito.

O fato delituoso cometido em obediência à ordem de "um governo ou de superior civil ou militar, não exclui a responsabilidade penal, a não ser que: a) esteja por lei obrigado a cumprir a ordem; b) não sabia que a ordem era ilícita; c) não seja a ordem manifestamente ilícita. Todavia com relação das ordens para cometer genocídio ou crimes de lesa-humanidade, o Estatuto diz serem "manifestamente ilícitas". (Artigo 33).

Consagra o Estatuto a imprescritibilidade. E o faz com impropriedade técnica, pois o artigo 29 tem o seguinte texto: "os crimes da competência da Corte, não prescrevem". Esta matéria foi objeto de discussões, tendo alguns Autores entendido que relativamente aos crimes internacionais a prescrição deveria ser reconhecida, como ocorre nas legislações penais nacionais. Todavia já antes do Estatuto, uma Convenção da ONU, datada de 09 de dezembro de 1968, dispôs a imprescricibilidade dos crimes de guerra e dos crimes contra a humanidade.

6. A Corte é constituída dos seguintes órgãos: a) a Presidência; b) a Câmara de questões preliminares; c) a Câmara de 1ª Instância; d) a Câmara das apelações. Incluem-se, ainda, o Ministério Público e a Secretaria.

A Presidência é integrada pelo Presidente e dois Vice-Presidentes, eleitos por maioria absoluta dos membros da Corte, e com mandato de 03 anos, e com possibilidade de uma reeleição. A Câmara das questões preliminares e a da 1ª Instância são integradas por "não menos de 06 Magistrados". A Câmara de apelações tem 05 membros.

Ao Ministério Público incumbe investigar e exercer as ações penais, atuando de "forma independente". A Secretaria é um órgão encarregado de aspectos não-judiciais da administração da Corte.

7. O Estatuto prevê para que o Tribunal seja efetivamente constituído, e comece a funcionar, a ratificação por 60 países. Tudo está a indicar dificuldades para se chegar a essas 60 ratificações. E principalmente porque o Estatuto, em seu artigo 120, dispõe taxativamente que "não se admitirá reservas ao presente Estatuto".

No meu entendimento, as disposições contidas no mencionado artigo 120 são um óbice para que em futuro breve a Corte Penal Internacional seja realmente implementada. Sou dos que acreditam ser imperativa a revogação desse dispositivo, viabilizando aos países signatários a possibilidade de algumas e definidas reservas, quando da ratificação.

Destaque-se, conforme expresso no Preâmbulo do Estatuto, que a Corte "será complementar às Jurisdições penais nacionais".

Ressalte-se que estas notas longe estão de esgotar, ou mesmo dar uma visão relativamente completa do Estatuto. O Estatuto contém 128 artigos, muitos deles bastante longos. Todavia, o que se pretendeu foi ressaltar os seus aspectos mais significativos. E, sobretudo, sustentar, contraditando os descrentes, que é possível termos em futuro próximo uma Justiça Penal Internacional. E nessa ocasião talvez nos livremos das tiranias, e de muitas formas de violência contra a integridade física e mental dos seres humanos. A criação de um Tribunal Penal Internacional é, pois, necessária, para a proteção de bens fundamentais, e para o progresso moral da humanidade.

Ambiente e Constituição: o indicativo criminalizador

Luiz Regis Prado

A destruição do ambiente constitui, sem dúvida alguma, um dos mais ingentes problemas com que a humanidade se deparou nesta segunda metade do século XX, cuja gravidade é de todos conhecida, pelo que representa para a vida e a própria sobrevivência do homem.

No passar destes últimos anos, poucas questões suscitaram tão ampla e heterogênea preocupação. A luta pela defesa do patrimônio comum ecológico - de cunho verdadeiramente ecumênico - se converteu em um novo humanismo.

O Informe sobre a Situação Social no Mundo, da Organização das Nações Unidas, de 1982, destacou que "há algumas grandes esferas de preocupação que são comuns a todos os países, tais como a contaminação que alcança níveis perigosos na água, no ar, no solo e nos seres vivos; a necessidade freqüentemente urgente de conservar os recursos naturais não-renováveis; as possíveis perturbações do equilíbrio ecológico da biosfera, emergentes da relação do homem com o meio ambiente, e as atividades nocivas para a saúde física, mental e social do homem no meio ambiente por ele criado, particularmente no ambiente de vida e de trabalho". A pressão dos organismos internacionais conduziu a uma universalização da luta pelo ambiente, colocando em questão uma nova forma de solidariedade entre os povos. A finalidade desse novo ramo do Direito é de ser um elemento seguro de paz e de união entre os povos por uma vida melhor.[1]

---

[1] Cf., PRIEUR, Michel. *Droit de l'Environnement*. Paris, Dalloz, 1984, p. 22-23; MORAND-DEVILLER, Jacqueline. *Droit de l'Environnement*. Paris, Puf, p. 6 e ss.;

O desenvolvimento industrial, o progresso tecnológico, a urbanização desenfreada, a explosão demográfica e a sociedade de consumo, entre outros fatores, têm tornado atual e dramático o problema da limitação dos recursos do nosso planeta e da degradação do ambiente natural - fonte primária de vida.[2]

Assim, por exemplo, a contaminação, sem precedentes, causada pela ação dos dejetos de tipo industrial, urbano, agrícola e por contínuos ataques à qualidade de vida - talvez o fator limitativo mais importante para o homem - constitui mais um produto da civilização industrial desse Século.

Todavia, data de época recente o reconhecimento da importância da conservação do ambiente.[3] Como meio natural dos seres vivos, o interesse por sua garantia provém do momento em que o homem se vê compelido a salvaguardar bens raros.

Com efeito, "as nações industrializadas conseguiram sucesso desvinculando temporariamente a humanidade da natureza, através da exploração de combustíveis fósseis, produzidos pela natureza e finitos, que estão sendo esgotados com rapidez. Contudo, a civilização ainda depende do ambiente natural, não apenas para energia e materiais, mas também para os processos vitais para a manutenção da vida, tais como os ciclos do ar e da água. As leis básicas na natureza não foram revogadas, apenas suas feições e relações quantitativas mudaram, à medida que a população humana mundial e seu prodigioso consumo de energia aumentaram a nossa capacidade de alterar o ambiente. Em conseqüência, a nossa

---

MAGARIÑOS DE MELO. Les pays en voie de développement. *Legal protection of the environment in developing countries.* México, UNAM, 1976, p. 411; MARTÍN MATEO, R. *Derecho Ambiental.* Madrid, IEAL, 1977, p. 15 e ss., entre outros. Nesse sentido, manifestou-se a Conferência sobre a Paz e a Segurança Européias, realizada em Madri, em 1983, evidenciando que a cooperação entre os países em matéria ambiental contribui para o fortalecimento da paz e da segurança da Europa e do Mundo.

[2] Cf. OBERNDORFEN, Dieter. *The problem of development today*, In: *Law and State*, 34, p. 32-6; HERNÁNDES DEL AGUILA. *La crisis ecologica.* Barcelona, Laia, 1989, p. 5-7, 107 e ss.; MEADOWS *et alii. Limites do crescimento.* São Paulo, Perspectiva, p. 22 e ss.; GEORGE, P. El medio ambiente. Barcelona, Oikos-Tau Ed., 1972, p. 15 e ss.; MARTIN MATEO, op. cit., p. 32-35 (especialmente a respeito das críticas sobre os relatórios do Clube de Roma). Vide, sobre a questão urbanística e populacional, MARTIN, Alvira. Ciudad y delincuencia. In: *Estudios Penales y Criminológicos*, V, p. 153 e ss.; La ville et la criminalité. In: *Actes du X Congrès International de Défense Sociale*, 1983.

[3] A partir, sobretudo, da Conferência de Estocolmo, de 1972, o grau de conscientização se generaliza e a proteção do ambiente torna-se um dos pilares na edificação de uma nova ordem internacional.

sobrevivência depende do conhecimento e da ação inteligente para preservar e melhorar a qualidade ambiental por meio de uma tecnologia harmoniosa e não prejudicial".[4]

A questão ambiental emerge, portanto, no terreno político-econômico e da própria concepção de vida do homem sobre a terra. Destarte, toda política ambiental deve procurar equilibrar e compatibilizar as necessidades de industrialização e desenvolvimento, com as de proteção, restauração e melhora do ambiente. Trata-se, na verdade, de optar por um desenvolvimento econômico qualitativo, único capaz de propiciar uma real elevação da qualidade de vida e o bem-estar social. Isso vale dizer: ecodesenvolvimento, como desenvolvimento racional do ponto de vista ecológico, acompanhado de uma gestão judiciosa do meio.[5] Isso quer dizer a utilização racional e equilibrada dos recursos ambientais.

Entende-se, também, que o desenvolvimento deve estar vinculado, não tanto a critérios econômicos, mas a valores culturais - de caráter *umanístico-rinascimentali*.[6] Nessa trilha, o Princípio 13 da Declaração de Estocolmo recomenda, textualmente, que "a fim de obter uma mais racional ordenação dos recursos e melhorar assim as condições ambientais, os Estados deveriam adotar um enfoque integrado e coordenado de planificação de seu desenvolvimento, de modo que fique assegurada a compatibilidade do desenvolvimento com a necessidade de proteger e melhorar o meio humano em benefício de sua população".

Na atualidade, a tutela jurídica do ambiente é uma exigência mundialmente reconhecida. A evolução normativa que se desenvol-

---

[4] ODUM, E. *Ecologia*. Rio de Janeiro, Ed. Guanabara, 1983, p. 1. Vide, ainda, sobre o assunto, FLOS, Jordi. *Ecologia*. Barcelona, Omega, 1984, p. 1 e ss.; CASTILLEJOS & GONZÁLES CERVERA. Ecological problems in their general context. In: *Colloquium of the International Association of Legal Science*, 1984, p. 28-29 e ss.; ZWEIGERT & GESSNER. Technology and industrial society as sources of environmental injuries. In: *Colloquium of the International Association of Legal Science*, 1974, p. 84 e ss.

[5] Cf. PRIEUR, M., op. cit., p. 65; FERNANDEZ, R. L'Environnement dans la Constitution Espagnole. *Revue Juridique de l'Environnement*, 3, p.180 e ss.; MAGARIÑOS DE MELO, op. cit., p. 417 e ss. A ecologia constitui um dos setores onde se torna mais nítida a distinção entre desenvolvimento econômico e qualidade de vida, "onde intersectam as áreas de economia e ecologia, fazendo com que as condições do meio ambiente se degradem em virtude do saque sobre ele levado a efeito pela atividade do sistema econômico. Assim, o ar, a água, a paisagem, os recursos naturais, as ondas sonoras, tudo enfim o que compõe o *habitat* natural do homem passa a apresentar uma queda no padrão dos serviços que prestam ao mesmo homem" (NUSDEO, Fábio. *Desenvolvimento e Ecologia*. São Paulo, Saraiva, 1975, p. 9).

[6] MERUSI, Fabio. *Commentario della Costituzione*. Bologna, 1975, v. 1, p. 446.

ve vem determinada por um imperativo elementar de sobrevivência e de solidariedade: a responsabilidade histórica das nações pela preservação da natureza para o presente e o futuro.[7] Encontra-se, pois, profundamente impregnada pelos valores essenciais relativos aos direitos fundamentais, em particular, o direito à vida e à saúde, geralmente consagrados nas declarações de direitos.[8]

Dentre elas, merece especial destaque a Conferência das Nações Unidas sobre o Meio Humano, reunida em Estocolmo, em junho de 1972. A Resolução final desta Conferência proclama solenemente: "o homem é ao mesmo tempo criatura e criador do meio ambiente que lhe dá sustento físico e lhe oferece a oportunidade de desenvolver-se intelectual, moral, social e espiritualmente. A longa e difícil evolução da raça humana no planeta levou-a a um estágio em que, com o rápido progresso da ciência e da tecnologia conquistou o poder de transformar de inúmeras maneiras e em escalas sem precedentes o meio ambiente. Natural ou criado pelo homem, é o meio ambiente essencial para o bem-estar e para o gozo dos direitos humanos fundamentais, até mesmo o direito à própria vida". A Declaração de Estocolmo é, particularmente importante, já que, além de permitir a criação de uma consciência universal sobre o

---

[7] O artigo 30 da Carta de Direitos e Deveres Econômicos dos Estados, adotada pela Organização das Nações Unidas, em sua Res. 3.281/1974, dispõe que "a proteção, a preservação e a melhora do meio ambiente para as gerações presentes e futuras é responsabilidade de todos os Estados. Todos devem traçar suas próprias políticas ambientais e de desenvolvimento de acordo com essa responsabilidade. As políticas ambientais dos Estados devem promover e não afetar adversamente o atual e futuro potencial de desenvolvimento dos países em desenvolvimento. Todos têm responsabilidade de velar para que as atividades realizadas dentro de sua jurisdição, ou sob seu controle, não causem danos ao meio ambiente de outros Estados ou de zonas situadas fora dos limites da jurisdição nacional. Todos os Estados devem cooperar na elaboração de normas e regulamentos internacionais na esfera do meio ambiente".

[8] A Declaração Universal dos Direitos Humanos, aprovada pela Assembléia Geral das Nações Unidas, em sua Res. 217-A (III), de 1948, só indiretamente faz referência ao meio ambiente como direito fundamental: "Toda pessoa tem direito a um nível de vida próprio a garantir sua saúde, seu bem estar e de sua família". Em 1970, a Conferência Européia sobre a Conservação da Natureza, do Conselho da Europa, propôs a elaboração de um protocolo à Convenção Européia dos Direitos do Homem, garantindo a cada um o direito a um ambiente são e não degradado. O Princípio 1 da Declaração de Estocolmo enfatiza que "o homem tem um direito fundamental à liberdade, à igualdade e a condições de vida satisfatórias, num ambiente cuja qualidade lhe permita viver com dignidade e bem-estar. Ele tem o dever solene de proteger e melhorar o meio ambiente para as gerações presentes e futuras".

tema, constitui o ponto de partida de uma nova etapa na trajetória de sua proteção jurídica.

No plano do Direito interno, em decorrência do conteúdo político e da relevância do fenômeno ambiental, as Constituições mais modernas, sobretudo a partir da década de setenta, passaram a dar-lhe tratamento explícito em seus textos, evidenciando deste modo a necessidade de uma tutela mais adequada. E isso não é sem razão, visto que a Constituição representa "a escala de valores essenciais de uma determinada sociedade e o critério reitor da vida social".[9]

De primeiro, ressalte-se que as Cartas Francesas de 1946 e 1958 não fazem alusão expressa ao meio ambiente. Contudo, há em França uma ampla e prolixa legislação ordinária a respeito (*v.g.*, Lei de 16.12.64, conhecida como Carta da Água; Código Rural, art. 434). O reconhecimento, nesse país, do ambiente como uma finalidade de interesse geral ocorreu com a Lei de Proteção da Natureza de 10.7.76, cujo artigo 1º enuncia: "a proteção dos espaços naturais e das paisagens, a preservação das espécies animais e vegetais, a manutenção dos equilíbrios biológicos nos quais eles participam e a proteção dos recursos naturais contra todas as causas de degradação que os ameaçam são de interesse geral".

De modo similar, a Lei Fundamental Alemã, de 1949, tampouco trata diretamente do assunto. O artigo 74 versa apenas sobre repartição de competência. Isto não impede a existência de uma intrincada legislação administrativa e de uma das mais completas tutelas penais da Europa no campo ambiental (*v.g.*, *Wasserhaushaltsgesetz*, de 27.7.57; *Bundes-Immissionsschutzgesestz*, de 15.3.74; Lei da *Unweltkriminalität*, de 28.3.80, que alterou o Código Penal).

Na Itália, a Constituição de 1947 discorre no artigo 9.2 sobre a "tutela da paisagem, do patrimônio histórico e artístico da nação". Esta norma vem sendo interpretada extensivamente, como princípio informador da ação ambiental. A tutela da paisagem, "não é somente a conservação das belezas naturais..., mas a mais ampla tutela da forma do território criada pela comunidade onde se encontra inserida, como contínua interação entre a natureza e o homem, como forma de ambiente, e por isso volta à tutela do mesmo ambiente natural modificado pelo homem". E que a paisagem "vem assim a coincidir com ambiente, ou melhor, com a *valenza*

---

[9] PRATS CANUT, J.M. Observaciones críticas sobre la configuración del delito ecológico en el Proyecyo del Código Penal de 1980. In: *Estudios jurídicos en honor del profesor Octávio Pérez-Victoria*, v.II, Barcelona, Bosch, 1983, p. 743-44.

cultural que se atribui à relação homem-ambiente".[10] De seu lado, salienta-se que "não se pode admitir uma coincidência entre semelhante (refere-se ao art. 9.2) e o ambiente natural objeto de poluição". E, finaliza, dizendo que "implicitamente e indiretamente, a Constituição havia tutelado o ambiente natural sobre o qual fazemos referência, se deveria reconhecer, todavia que o fez em função de uma tutela exclusiva e direta da saúde".[11]

Em termos de Direito Comunitário europeu, merece referência a ratificação pelos países da Comunidade Econômica Européia da chamada "Ata Única Européia", de 1986. O seu artigo130-R contém as linhas básicas de uma política ambiental comum. A ação da Comunidade em matéria ambiental tem como objeto: a) preservar, proteger e melhorar a qualidade do meio ambiente; b) contribuir para a proteção da saúde das pessoas; e c) assegurar uma utilização prudente e racional dos recursos naturais, fundando-se nos princípios de ação preventiva; correção dos atentados ao meio ambiente tendo em conta, a fonte e a responsabilidade do contaminador.

Em geral, as Constituições americanas, mais recentes, consignam o aspecto ambiental. Assim, a Constituição do Chile, de 1972, assegura a todas as pessoas um meio ambiente livre de contaminação, sendo dever do Estado velar para que este direito não seja transgredido e tutelar a preservação da natureza, podendo a lei estabelecer restrições específicas ao exercício de determinados direitos ou liberdades para proteger o meio ambiente (art. 19.8). A Constituição do Panamá, de 1972, estabelece ser dever fundamental do Estado propiciar um meio ambiente são e combater a contaminação (arts. 114 e 117). Também, a Carta do Peru, de 1980, dispõe que todos têm o direito de habitar em um ambiente saudável, ecologicamente equilibrado e adequado para o desenvolvimento da vida e a preservação da paisagem e da natureza, sendo dever do Estado prevenir e controlar a contaminação ambiental (art. 123). Em sentido aproximado, tem-se ainda as Constituições de Cuba, de 1973, (art. 27); de El Salvador, de 1983, (art. 117); da Guatemala, de 1985, (art. 97) e do México, de 1987, (art. 27).

A Constituição Brasileira de 1988 não ficou indiferente a esse processo de constitucionalização:

> "Art. 225 - Todos têm direito ao meio ambiente ecologicamente equilibrado, bem de uso comum do povo e essencial à sadia

---

[10] MERUSI, op.cit., p. 445.
[11] PATRONO, Paolo. *Inquinamento industriale e tutela penale dell'ambiente*. Padova, Cedam, 1980, p. 75.

qualidade de vida, impondo-se ao Poder Público e à coletividade o dever de defendê-lo e preservá-lo para as presentes e futuras gerações:

§ 1º - Para assegurar a efetividade desse direito, incumbe ao Poder Público:

I - Preservar e restaurar os processos ecológicos essenciais e prover o manejo ecológico das espécies e ecossistemas;

II - Preservar a diversidade e a integridade do patrimônio genético do País e fiscalizar as entidades dedicadas à pesquisa e manipulação do material genético;

III - Definir, em todas as unidades da Federação, espaços territoriais e seus componentes a serem especialmente protegidos, sendo a alteração e a suspensão permitidas somente através de lei, vedada qualquer utilização que comprometa a integridade dos atributos que justifiquem sua proteção;

IV - Exigir, na forma da lei, para a instalação de obra ou atividade potencialmente causadora de significativa degradação do meio ambiente, estudo prévio de impacto ambiental, a que se dará publicidade;

V - Controlar a produção, a comercialização e o emprego de técnicas, métodos e substâncias que comportem risco para a vida, a qualidade de vida e o meio ambiente;

VI - Promover a educação ambiental em todos os níveis de ensino e a conscientização pública para a preservação do meio ambiente;

VII - Proteger a fauna e a flora, vedadas, na forma da lei, as práticas que coloquem em risco sua função ecológica, provoquem a extinção de espécies ou submetam os animais a crueldade.

§ 2º - Aquele que explorar recursos minerais fica obrigado a recuperar o meio ambiente degradado, de acordo com a solução técnica exigida pelo Órgão Público competente, na forma da lei.

§ 3º - As condutas e atividades consideradas lesivas ao meio ambiente sujeitarão os infratores, pessoas físicas ou jurídicas, a sanções penais e administrativas, independentemente da obrigação de reparar os danos causados.

§ 4º - A Floresta Amazônica Brasileira, a Mata Atlântica, a Serra do Mar, o Pantanal Mato-Grossense e a Zona Costeira são Patrimônio Nacional, e sua utilização far-se-á, na forma da lei, dentro de condições que assegurem a preservação do meio ambiente, inclusive quanto ao uso dos recursos naturais;

§ 5º - São indisponíveis as terras devolutas ou arrecadadas pelos Estados, por ações discriminatórias, necessárias à proteção dos ecossistemas naturais.

§ 6º - As usinas que operem com reator nuclear deverão ter sua localização definida em lei federal, sem o que não poderão ser instaladas".

Buscou, sem dúvida, o legislador nacional, na elaboração da matéria, inspiração, em especial, nas Cartas da Grécia, de 1975; de Portugal, de 1976, e da Espanha, de 1978.

A primeira delas assenta que "constitui obrigação do Estado a proteção do ambiente natural e cultural. O Estado está obrigado a adotar medidas especiais, preventivas ou repressivas, com vistas à sua preservação" (art. 24).

Já a Constituição lusitana disciplina a questão nos termos seguintes: "Art. 66.1 - Todos têm direito a um ambiente de vida humano, sadio e ecologicamente equilibrado e o dever de o defender; 2 - Incumbe ao Estado, por meio de organismos próprios e por apelo e apoio a iniciativas populares: a) prevenir e controlar a poluição e os seus efeitos e as formas prejudiciais de erosão; b) ordenar o espaço territorial de forma a construir paisagens biologicamente equilibradas; c) criar e desenvolver reservas ou parques naturais e de recreio, bem como classificar e proteger as paisagens e sítios, de modo a garantir a conservação da natureza e a preservação de valores culturais de interesse histórico ou artístico; d) promover o aproveitamento racional dos recursos naturais, salvaguardando a sua capacidade de renovação e a estabilidade ecológica. 3 - É conferido a todos o direito de promover, nos termos da lei, a prevenção ou a cessação dos fatores de degradação do ambiente, bem como, em caso de lesão direta, o direito à correspondente indenização. 4 - O Estado deve promover a melhoria progressiva e acelerada da qualidade de vida de todos os portugueses".

Por sua vez, a Constituição espanhola de 1978 prescreve que "todos têm direito de desfrutar de um meio ambiente adequado ao desenvolvimento da pessoa, assim como o dever de o conservar; 2 - Os Poderes Públicos velarão pela utilização racional de todos os recursos naturais, com o fim de preservar e melhorar a qualidade de vida e defender e restaurar o meio ambiente, apoiando-se na indispensável solidariedade coletiva; 3 - Contra os que violarem o disposto no número anterior, nos termos que a lei fixar, serão impostas sanções penais ou se for o caso, sanções administrativas, bem como a obrigação de reparar o dano causado" (art. 45).

O tratamento constitucional aqui adotado reflete, como se vê, tendência exclusiva das Constituições contemporâneas, elaboradas num momento em que é forte a consciência e a preocupação ecológica dos povos civilizados.

A intenção do legislador constituinte brasileiro foi a de dar uma resposta ampla à grave e complexa questão ambiental, como requisito indispensável para garantir a todos uma qualidade de vida digna. Em última instância, valor maior a ser protegido, e que caracteriza a natureza instrumental da tutela jurídica do ambiente. Aliás, essa é uma conseqüência lógica da própria concepção de Estado de Direito - democrático e social - consagrada na Lei Magna.[12]

O traçado seguido pela nova Carta Brasileira está alinhado com a exigência de criação de uma nova ordem jurídica que contenha mecanismos delimitativos da utilização do recursos naturais, com vistas "a um meio ambiente ecologicamente equilibrado, bem de uso comum do povo e essencial à sadia qualidade de vida" (art. 225, *caput*, CF). É dentro dessa perspectiva de melhoria da qualidade de vida e de bem-estar social a alcançar, que foi erigido pelo texto maior como *direito fundamental* de cunho econômico-social,[13] o direito ao meio ambiente ecologicamente equilibrado. O artigo 225 aparece, então, intimamente vinculado ao rol axiológico basilar elencado na Constituição. Há, desse modo, uma correlação

---

[12] De acordo com uma visão democrático-social, "la sovranità appartiene al popolo, e, tutti i cittadini, non avendo nessuno sopra di loro, sono uguali; essi, non sono governati da una classe dominante, ma designano i loro governanti, eleggendoli, ed imponendo loro, attraverso l'elezione, la linea politica da seguire. L'ordinamento giuridico, in una sola parola, non pone soltanto criteri di giustizia, ma persegue l'interessi di tutti i cittadini: si ha, per cosi dire, una subiettivazione dell'ordenamento nell'interessi sostanziale di tutta la collettività. Interessi dei cittadini ed ordinamento giuridico coincidono. All'interessi formale della legge subentra l'interessi sostanziale dell'ordinamento. Non si protegge solo la forma, ma anche il contenuto: non si dà solo la possibilità astrata di tutelari i propri interessi, ma si riconoscono e si tutelano gli interessi in concreto meritevoli di tutela" (MADDALENA, P. La responsabilità per danno pubblico ambientale. In: *La responsabilità in tema dell'ambiente*. Padova, Cedam, 1985, p. 258-259); vide, também, BASILE, S. Los valores superiores. In: *La Constitución española de 1978*. Madrid, Civitas, 1981, p. 263 e ss.; GOMES CANOTILHO, José Joaquim. *Direito Constitucional*. Coimbra, Almedina,1983, p. 278 e ss.; DIAZ, Elias. *El estado de derecho y sociedad democrática*. Madrid, Edicusa, 1975, p. 127 e ss.

[13] É entendido, segundo alguns, "como um direito fundamental entre os direitos sociais do homem, com sua característica de direitos a serem realizados e direitos a não serem perturbados" (SILVA, José Afonso da. *Direito Ambiental Constitucional*. São Paulo, Malheiros, 1994, p. 44).

estreita entre esse dispositivo e, por exemplo, os valores da dignidade e da liberdade, da igualdade e da justiça (Preâmbulo, arts. 1º e 5º, CF); bem como os objetivos fundamentais de "construir uma sociedade livre, justa e solidária; garantir o desenvolvimento nacional; erradicar a pobreza e a marginalização e reduzir as desigualdades sociais e regionais; promover o bem de todos..." (art. 3º, CF); e, ainda, "os direitos individuais e coletivos, como o direito à vida, à função social da propriedade e à ação popular" (art. 5º, *caput*, e incs. XXIII e LXXIII, CF).

Ademais, frise-se, como norma de caráter teleológico impõe uma orientação a todo ordenamento infraconstitucional. De conformidade com o novo texto fica patenteado o reconhecimento do direito-dever ao meio ambiente ecologicamente harmonioso, a obrigação dos poderes públicos e da coletividade de defendê-lo e de preservá-lo e a previsão de sanções para as condutas ou atividades a ele lesivas. A preservação do ambiente passa a ser a base em que se assenta a política econômica e social (art. 225, § 1º, V, CF).

A alusão ao meio ambiente em nossa Constituição deve ser entendida em sua acepção ampla, o que não quer dizer totalizadora ou globalista. Tal noção inclui, além dos recursos naturais existentes na biosfera (ar, água, solo, fauna e flora), a relação do homem com esses elementos, visando a lhe permitir condições de vida satisfatória. Isto significa o perfilhamento a um conceito de sentido instrumental e de matiz moderadamente antropocêntrico,[14] retratado no dizer constitucional: "bem de uso comum do povo e essencial à sadia qualidade de vida, impondo-se ao Poder Público e à coletividade o dever de defendê-lo e preservá-lo para as presentes e futuras gerações" (art. 225, *caput*,CF). Assim, não se pode falar em qualidade de vida sem uma adequada conservação do ambiente. Ou seja: a própria existência da espécie humana depende dessa proteção.

Sem se afastar dessa noção, a Lei 6.938, de 31.8.81, que instituiu a Política Nacional do Meio Ambiente, reza no artigo 3º, I, que o meio ambiente é "o conjunto de condições, leis, influências e interações de ordem física, química ou biológica, que permite, obriga e rege a vida em todas as suas formas".

Trata-se de um bem jurídico metaindividual, difuso, que se direciona ao coletivo ou social, apresentando-se de modo informal em certos setores sociais, com sujeitos indeterminados e cuja lesão

---

[14] Cf., RODRIGUEZ RAMOS, Luís. Protección penal del ambiente. *RDP* 1, p. 261, 1982; ROGALL, K. *Gegenwartsprobleme des Umweltstrafrechts*.Berlim, Verlag, 1978, p. 513.

tem natureza extensiva ou disseminada.[15] Admite como titular vários indivíduos que formam um grupo social e tem por objeto um bem coletivo, indivisível. Sua principal característica radica na "descoincidência com o interesse de uma determinada pessoa. Ele abrange, na verdade, toda categoria de indivíduos, unificados por possuírem um denominador fático qualquer em comum".[16] Os denominados interesses difusos - dos quais o ambiente constitui significativo exemplo - são aqueles que, "não tendo atingido o grau de agregação e organização necessário à sua afetação institucional junto a certas entidades ou órgãos representativos do interesses já socialmente definidos, restam em estado fluido, dispersos pela sociedade civil como um todo (v.g., o interesse à pureza do ar atmosférico), podendo, por vezes, concernir a certas coletividades de conteúdo numérico indefinido (v.g., consumidores). Caracterizam-se: pela indeterminação dos sujeitos, pela indivisibilidade do objeto, por sua intensa litigiosidade interna e por sua tendência à transição ou mutação no tempo e no espaço".[17] Esse interesse -

---

[15] Cf., SGUBBI, F. Tutela penale di interessi diffusi. In: *La questione criminale*, 1975, p.448. É resultado basicamente de uma força real que emerge da sociedade (caráter substancial). O condicionamento formal se expressa com o reconhecimento normativo do interesse difuso. Pode-se falar em sentido próprio que o interesse coletivo "é o interesse difuso juridicamente reconhecido" (cf., PERIS RIERA, J. M. *Delitos contra el medio ambiente*. Valencia, 1984, p. 24).

[16] Cf., BASTOS, Celso. A tutela dos interesses difusos no Direito Constitucional brasileiro. *Revista Vox Legis*, 152, p. 4.

[17] MANCUSO, Rodolfo de Camargo. *Interesses difusos* São Paulo, RT, p. 105. Pellegrini Grinover, após diferenciar essas espécies de interesses, acrescenta esclarecendo que o objeto tem natureza indivisível "quanto ao bem, coletivamente considerado. Mas, quando se pensa no prejuízo causado ao bem coletivo, resulta claramente que a lesão a esse bem pode significar, simultaneamente, ofensa ao bem coletivamente considerado (direito ao ambiente, à saúde coletiva, à informação correta) e lesão aos diversos bens de que são pessoalmente titulares os componentes dos grupos. E isto é inevitável, quando se considere que os interesses difusos não são interesses públicos no sentido tradicional da palavra, mas, interesses privados, de dimensão coletiva" (A tutela jurisdicional dos interesses difusos. In: *Novas tendências do Direito Processual*, p. 150-1). De seu lado, Maddalena afirma ser o ambiente "un bene che soddisfa bisogni collettivi ed è un bene in fruizione ed in appartenenza, come si è rivelato, alla intera Collettività. Si trata di un bene a valenza economica, poichè soddisfa bisogni umani collettivi e primari ed un bene di natureza patrimoniale, poichè è in appartenenza e fruizione alla Collettività" (Il bene ambientale. In: *La tutela dei beni ambientali*, p. 71). Em sentido contrário, manifesta-se Salvi, para quem o ambiente é um bem de tipo coletivo, "sul quale si appuntano interessi diffusi di una serie di soggetti...". E continua: "L'ambiente è l'insieme di risorse naturali, cioè di beni liberi, che non hanno valore di mercato, non hanno valore economico..." (Relazioni. In: *La tutela dei beni ambientali*, p. 54). De acordo com uma concepção estrita, os interesses difusos não

difuso - é peculiar à própria natureza do Estado de Direito material, que só pode ser concebido enquanto Estado-coletividade, no qual o Estado-indivíduo constitui apenas um órgão, jamais um ente exponencial.[18]

Albergando uma postura de feição coletiva, em detrimento de uma individualista, a Constituição Federal - como forma de garantir tão relevante direito - institucionaliza meios para a sua defesa jurídica sem as restrições da legislação ordinária anterior, facultando a participação ampla de vários setores da comunidade (v.g., associações de classe). O artigo 5º, LXXIII, dispõe que "qualquer cidadão é parte legítima para propor ação popular que vise anular ato lesivo ao patrimônio público ou de entidade de que o Estado participe, à moralidade administrativa, ao meio ambiente e ao patrimônio histórico e cultural, ficando o autor, salvo comprovada má-fé, isento das custas judiciais e do ônus da sucumbência".

Ainda, faz-se necessário evidenciar o papel reservado pelo texto maior ao Ministério Público nessa tarefa. Evidentemente, nos termos do inc. II do artigo 129 da Constituição, está afeta a esta Instituição a especial função de "promover o inquérito civil e a ação civil pública, para a proteção do patrimônio público e social, do meio ambiente e de outros interesses difusos e coletivos".[19]

---

se confundem com os interesses coletivos propriamente ditos, que se referem a uma determinada categoria ou grupo, cujos titulares são identificados em razão do liame jurídico entre eles existente, isto é, dizem respeito ao "homem socialmente vinculado" (cf., BASTOS, Celso, op. cit., p. 6; PRADE, Péricles. Conceito de interesses difusos, p. 46; e, especialmente, sobre a citada distinção; vide MARCONI, G. La tutela degli interessi collettivi in ambito penale. *Rivista. Italiana di Diritto e Procedura Penale*, 1979, p. 1062-65). A matéria já parece espancada, de certa forma, com a Lei 8.078/90 que reza no art.81: "I - interesses ou direitos difusos, assim entendidos, para efeitos deste Código, os transindividuais, de natureza indivisível de que sejam titulares pessoas indeterminadas e ligadas por circunstâncias de fato; II - interesses ou direitos coletivos, assim entendidos, para efeitos deste Código, os transindividuais de natureza indivisível de que seja titular grupo, categoria ou classe de pessoas ligadas entre si ou com a parte contrária por uma relação jurídica base; III - interesses ou direitos individuais homogêneos, assim entendidos os decorrentes de origem comum".

[18] Cf. MADDALENA, P. La responsabilità per danno pubblico ambientale. In: *La responsabilità in tema dell'ambiente*, p. 262.

[19] A Lei 6.938/81 estabelece a responsabilidade civil objetiva e a legitimação ativa do Ministério Público, "para propor ação de responsabilidade civil ou criminal, por danos causados ao meio ambiente" (art. 14, § 1º). Por sua vez, a Lei 7.347/85, ao disciplinar a ação civil pública, reza que "a ação principal e a cautelar poderão ser propostas pelo Ministério Público, pela União, pelos Estados e Municípios. Poderão também ser propostas por autarquia, empresa pública, fundação, sociedade de economia mista ou por associação que: 1 - Esteja constituída há pelo

Demais disso, outro aspecto de grande importância não olvidado pelo legislador constituinte foi o da resposta jurídica às agressões ao ambiente. Esta última inovação vem observada no § 3º do art. 225 como uma *determinação particular*,[20] onde se prevê expressamente a cominação de sanções penais e administrativas, conforme o caso, aos sujeitos (pessoas físicas ou jurídicas) que eventualmente causem lesão ao citado bem. Deste modo, não se limita simplesmente a fazer uma declaração formal de tutela do ambiente, mas, na esteira da melhor doutrina e legislação internacionais, estabelece a imposição de medidas coercitivas aos transgressores do mandamento constitucional. Assinala-se a necessidade de proteção jurídico-penal, com indicação expressa de criminalização.

Com tal previsão, a Carta Brasileira afastou, acertadamente, qualquer eventual dúvida quanto à indispensabilidade de uma proteção penal do ambiente. Reconhece-se a relevância do ambiente para o homem e sua autonomia como bem jurídico, devendo para tanto o ordenamento jurídico lançar mão inclusive da pena, ainda que em *ultima ratio*.

O reconhecimento do ambiente como bem jurídico-penal autônomo não significa negar sua característica antropofórmica. A indispensável relação ambiente-homem lhe é inerente.

A origem imediata desse dispositivo se encontra no parágrafo 3º do artigo 45 do Constituição espanhola,[21] que foi a primeira a fazer constar explicitamente em seu texto a possibilidade do emprego de sanções penais.

A referência ao sistema punitivo, que agasalha a distinção entre as sanções, além de ser fator importante de sua eficácia, só pode ser compreendida à luz dos princípios penais ínsitos na própria Constituição - numa visão lógico-sistemática e teleológica - e no sentido tradicional das categorias jurídico-penais a eles adstritas.[22] Afinal, a partir dessa exigência constitucional, impende ao

---

menos um ano, nos termos da lei civil; 2 - Inclua, entre suas finalidades institucionais, a proteção ao meio ambiente, ao consumidor, aos patrimônios artístico, estético, histórico, turístico e paisagístico (art. 5º). E no § 1º estabelece a obrigatoriedade da intervenção do Ministério Público.

[20] No dizer de José Afonso da Silva, quando versa sobre o terceiro conjunto normativo (op. cit., p. 31).

[21] Prescreve o referido texto constitucional espanhol, *ipsis litteris*: "para quienes violen lo dispuesto en el apartado anterior, en los términos que la ley fije se establecerán sanciones penales, o en su caso, administrativas, así como la obligación de reparar el daño causado".

[22] Embora seja o texto constitucional bastante ambíguo, não há falar aqui em previsão de responsabilidade criminal das pessoas coletivas. Aliás, o dispositivo

legislador ordinário construir um verdadeiro sistema normativo penal que defina, de modo claro e taxativo, as condutas puníveis e respectivas penas, como estrutura jurídica mínima, para dar cumprimento ao estatuído na norma fundamental.

Lamentavelmente, não se pode afirmar nesse melhor sentido com o advento da Lei 9.605/98, que, além de nefastamente *criminalizadora*, é pródiga em se utilizar de conceitos amplos e indeterminados - eivados de impropriedades técnicas, lingüísticas e lógicas -, permeados por cláusulas valorativas, e, freqüentemente, vazados em normas penais em branco, com excessiva dependência administrativa.[23] Desse modo, a transgressão aos princípios constitucionais penais[24] vem a ser uma constante. Numa palavra: é o exemplo do que se deve evitar em matéria de legislação penal.

---

em tela refere-se, expressamente, a *conduta/atividade*, e, em seqüência, a *pessoas físicas ou jurídicas*. Desta forma, vislumbra-se que o próprio legislador procurou fazer a devida distinção, através da correlação significativa mencionada (vide, sobre a matéria, com detalhes, PRADO, Luiz Regis. *Curso de Direito Penal brasileiro.* P.G., p. 157 e ss.).

[23] Cf. PRADO, Luiz Regis. *Crimes contra o ambiente.* São Paulo, RT, 1998, p. 16-17.
[24] Sobre esse tema, vide LUISI, Luiz. *Princípios constitucionais penais.* Porto Alegre, Sergio Fabris, ; PRADO, Luiz Regis. *Curso de Direito Penal brasileiro.* São Paulo, RT, 2000, p. 77 e ss.

Criminalidad organizada y lavado de dinero

Notas sobre los nuevos filtros sistémicos y las dificultades inherentes a su control normativo[1]

Raúl Cervini

I. Planteos preliminares

A) En sentido amplio todo proceso de lavado de dinero se integra de dos instancias fundamentales: una primera llamada de *mimetización fiduciaria primaria* o formal, por medio de la cual los grupos ilícitos procuran que el gran volumen de dinero caliente originado en sus actividades se disimule entre la masa de dinero lícito o "no crítico" que circula por el mundo y una segunda en la cual, a mediano plazo y por imperio de la propia mecánica de los fenómenos monetarios, se da una *integración material de esos activos financieros*. La clave de toda posible intervención normativa de carácter público (preventiva o represiva) o autorregulatoria de signo corporativo, radica precisamente en la posibilidad de individualizar y neutralizar el flujo de los activos críticos antes de que se produzca su fase de mimetización material, o sea la de blanqueo propiamente dicho.[2]

En ese contexto de dificultades se ha resaltado desde tiempo atrás, con mayor o menor énfasis, la existencia de ciertas *variables o filtros estructurales de naturaleza económico o social* que operan traban-

---

[1] Ponencia para el "Seminario Latinoamericano de Direito Penal e Política Criminal" realizado en comemoración a los 30 años de la Faculdade de Direito de Cruz Alta y a los 30 años de docencia del Prof. Emérito Dr. Luiz Luisi.
[2] Sobre el tema in extenso, ver: CERVINI, Raúl, TERRA DE OLIVEIRA, William y GOMES, Luiz Flavio: "Lei de Lavagem de Capitais", Editora Revista dos Tribunais, San Pablo, 1998, pág. 34 y ss.

do las tareas de detección, prevención y persecución de las operaciones de lavado de dinero. Su efecto neutralizador del control ocurre a partir de la misma posibilidad de aprehender conceptual y técnicamente esos procesos. En ese campo se han estudiado, entre otros, los efectos del crecimiento vertiginoso de la proporción de actividad económica clasificada como sumergida (sin reflejo en las estadísticas oficiales),[3] el aumento del componente "servicios" de la economía legal[4] y propia la evolución del mercado monetario internacional que se explicita en: la globalización de sus operaciones[5], la vertiginosa expansión de las operaciones bancarias internacionales más allá de lo que razonablemente requeriría el crecimiento del comercio internacional[6], el volumen del intercambio entre euromonedas[7] e incluso recientemente el advenimiento del "Euro" con las disyuntivas técnicas y políticas que crea su momento de arranque como moneda única en la Comunidad.[8] Finalmente, también se

---

[3] HERNET MAYARIN, Louis: "La Economía Sumergida", en Revista Social Debates, nº 17, Bogotá, 1996, pág. 35; Sobre el tema ver: CAMPODONICO, Humberto: "El Impacto Económico. La Política del Avestruz" en "Coca, Cocaína y Narcotráfico - Laberinto en los Andes", Comisión Andina de Juristas, Editor Diego García-Sayán, Perú, 1989, pág. 226 y ss.; AGUILAR-GOMEZ, Anibal: "El impacto desestructurador del capital paralelo sobre la economía campesina", Procampo, La Paz, 1987, pág. 62 y ss.; CASTRO, Juan José y GOMEZ, Walter: "Crisis económica y perspectivas de la democracia", en Democracia a la deriva: Dilemas de la participación y concertación social en Bolivia, La Paz, PNUD, CLASCOS, CERES, 1987; LEE, Rensselaer III: "Dimensions of the South American Cocaine Industry", en Journal of Interamerican Studies and World Affairs 30:2-3, verano-otoño de 1988, pág. 87-103 y BAJO FERNANDEZ, Miguel: "Hacia un Derecho Penal Económico Europeo" en Jornadas en honor al Profesor Klaus Tiedemann, Universidad Autónoma de Madrid, 14 a 17 de octubre de 1992; Boletín Oficial del Estado, Madrid, 1995, pág. 78 y ss.
[4] Sobre el tema HANNER, Milton W.: "Notes of the Committee on the Judiciary. Senate Report: Drug Evidence", Mervir Thomas Editors, St. Paul (Minessota) June 1995, pág. 104, y MAÑOSA CALLAMEI, Edgard: "Las Plazas de Servicios Financieros. Aspectos de su Control", en Revista Económica "Estadística" nº 66, Distrito Federal (México), julio1995, pág. 23.
[5] ver SEVERIN, Louis W.: "Recent Developments in Relation to Economic Crimes", Ladelt Editors, 3ª Ed., Austin, 1996, pág. 17 y ss.
[6] Ver CERVINI, Raúl: "Riesgos corporativos y el fenómeno de la Macro Delincuencia Internacional" Documento Mimeografiado, Ponencia al IV Congreso de Derecho Penal Bancario del ICEPS, Río de Janeiro, mayo 1996.
[7] KRUGMAN, Paul R. y OBSTFELD, Maurice: "Economía Internacional. Teoría y Política", 3ª Edic., McGraw-Hill, Madrid 1995, pág. 779 y ss.; BERGERT, Max: "Los Eurodólares, la balanza de pagos de los EEUU y variables de riesgo", en Revista Economía Social, vol. II, nº 6, julio 1995, Caracas, pág. 136 y ss.
[8] El tema "convertibilidad al Euro y prevención de los sistemas financieros frente al fenómeno del narco lavado" fue expuesto por el Prof. Wilkis de la Universidad

destaca la manifiesta importancia de los procedimientos de transferencias por vía electrónica como formas hoy prevalentes de circulación de bienes y servicios, no siempre controladas con eficiencia.

B) Desde otra perspectiva, también los publicistas han denunciado la incidencia de *filtros de tipo operativo* que traban el funcionamiento de los aparatos de control administrativo y jurisdiccional.

En ese complejo ámbito resalta el incremento de actos delictivos caracterizados por una suerte de ubicuidad en el despliegue de su proceso ejecutivo que se sitúa en diferentes territorios nacionales. Esta *transnacionalización* es sin duda - en la faz operativa - la nota más saliente de la criminalidad organizada contemporánea, ante la cual los Estados aislados pueden verse reducidos a una virtual impotencia.

El fenómeno del crimen organizado de carácter transnacional, como bien señala Elgio Resta,[9] rompe el circuito de validez y eficacia de las normas, puesto que se establece fuera de su alcance. Normalmente, este tipo de delitos no sólo traspasa las fronteras nacionales, sino que las utiliza, precisa y deliberadamente, para sus fines, ya que las autoridades, como el Derecho Penal al cual sirven, están delimitadas por el principio de territorialidad. Su límite de acción termina en la frontera del país donde desarrolla su actividad, y toda intromisión policial y judicial foránea está implícitamente rechazada por la propia definición de Estado soberano. Mientras el dinero sucio viaja electrónicamente alrededor del mundo a las órdenes de un operador, la acción judicial se enfrenta en estos casos con problemas específicos, tanto en el terreno de los hechos como en el jurídico, pues las diferencias que a menudo existen entre las legislaciones de los distintos países contribuyen a acentuar el problema.

A nivel académico y político, frecuentemente se señala como remedio a esta situación la armonización legal y la colaboración judicial entre los diferentes Estados. En todo caso, atendiendo a la experiencia reciente, al menos en Latinoamérica, pensamos que

---

de Minessota en la Sección II de la Reunión conjunta de Consejos del ICEPS en julio de 1998.
[9] RESTA, Elgio: "Relato sobre Aspectos Sociales-Económicos", en XI Congreso Internacional de Defensa Social: La internacionalización de las sociedades contemporáneas en el campo de la criminalidad y las respuestas del Movimiento de la Defensa Social (Bs. As., 27 de octubre - 1 de noviembre de 1986, Repartido mimeográfico), Sub. 8, pág. 7. Conf.: RISSI; Eduardo Mario: "La Transnacionalización en la Sociedad Contemporánea", Edic. Jasil, México, 1991.

toda alternativa de cooperación jurisdiccional, cualquiera sea la modalidad delictiva involucrada, se debe estructurar en base a tres planos fundamentales que deben mantenerse en un constante balance dinámico. Esto se debe reflejar en la necesaria tensión entre los intereses de una eficaz cooperación jurídica internacional en equilibrio con el reconocimiento jurídico-formal y sustancial de la diversidad de los sistemas normativos nacionales involucrados con los derechos de aquellos individuos concretos eventualmente y afectados en el decurso de las instancias cooperacionales.[10]

C) Pero más allá de estas graves dificultades derivadas de la transnacionalización de las conductas, existe otra variable-filtro menos estudiada aunque igualmente relevante. Precisamente, uno de los objetivos centrales de esta ponencia es resaltar la creciente importancia de los llamados *networks ilícitos*. El conocimiento de la compleja mecánica de estas instancias calificadas de servicios y de los mecanismos económico-financieros sobre los cuales ellas operan resulta básico a los efectos de aprehender estos procesos y abordar eficazmente la intervención normativa sobre los mismos.

II. *Networks* ilícitos

A) Llegados a este punto, debe resaltarse una paradoja cuya previa comprensión resulta fundamental. Ciertos procedimientos operativos de cobertura y transacciones ilícitas, entre ellas las de lavado de dinero, por su misma naturaleza, se desarrollan en circunstancias que excluyen muy frecuentemente una de las características esenciales de los modernos mercados capitalistas: la impersonalidad de los intercambios.[11] Por eso, para el delito organizado transnacional resulta mucho más económico y seguro confiar en determinados canales privilegiados de comunicación e intercambio, capaces de garantizar un cierto "estándar de fiabilidad ilícita" para todos los miembros del circuito clandestino.

Estos canales de servicios son los *"networks* ilícitos", y pueden ser categorizados como una forma de relación intermedia entre un clan y una burocracia en condiciones de combinar los rasgos típicos,

---

[10] CERVINI, Raúl y CHAVES, Gastón: "Curso de Cooperación Penal Internacional, Valença, Río de Janeiro 1994", Carlos Alvarez Edit., 1994. En el mismo sentido: GOMES, Luiz Flavio, CERVINI, Raúl: "Crime Organizado. Enfoques criminológico, jurídico (Lei 9.034/95) e político-criminal", Editora Revista dos Tribunais, San Pablo, 1995, pág. 224 y ss.
[11] Conf. BLOVICH, Saúl: Doc. 4/99 ICEPS, enero 1999.

tanto de las organizaciones formales como de los grupos primarios "cara a cara".[12]

El miembro de un grupo traficante, de un grupo especulativo ilícito o de una cadena de venta de armamentos clandestinos, puede recurrir hoy en una trama de "puntos" de solidaridad, protección y asistencia técnica o material de extensión geográfica multinacional y multicultural, dotada de la confiable permanencia y estandarización típica de la burocracia, así como de la elasticidad y la fiabilidad características del grupo informal. En el interior de estos retículos pueden circular bienes, servicios, prestaciones y contraprestaciones de naturaleza ilícita y eventualmente lícita (coberturas) a costos y riesgos relativamente bajos. La misma participación en el *network* es garantía de la "confiabilidad" y extrema "profesionalidad" de los participantes.[13]

El uso de los "*networks* ilícitos" confiere a la actividad de los operadores ilegales una dosis suplementaria de mimetización, debido a la tendencia de los primeros a sumergirse, a su vez, dentro de sistemas mucho más amplios de relaciones de tipo reticular.

Según el canadiense Kliman, tales sistemas de relación se originan y desarrollan en base a las redes de comunicación creadas por los grandes movimientos migratorios, que él denomina "diásporas comerciales".[14]

Por nuestra parte, ya hemos descartado esta orientación simplista susceptible de proyecciones xenofóbicas. La experiencia acumulada con relación a la función de estos *networks* en los procesos de lavado y otras formas de macrodelincuencia, impone relacionar prevalentemente estas redes de intercambios con la más moderna de las variables de abuso del poder y filtros del sistema: la especialización profesional.

---

[12] CERVINI, Raúl: "O Processo de Lavagem de Dinheiro das Atividades do Crime Organizado: As *Networks* Ilícitas" en "Drogas Hegemonia do Cinismo" Coordenadores: Maurides de Mello Ribeiro y Sergio Dariao Seibel; Fundação Memorial da América Latina, San Pablo, 1977.

[13] En todas estas redes se encuentran presentes ciertas notas: una trama de relaciones entre los miembros asociados voluntarios de diversa extracción, objetivos declarados de naturaleza también diversa y aparentemente legal y el carácter reservado y semisecreto de sus actividades.

[14] KLIMAN, Sigfrid: "Quelques réflexions sur certaines améliorations souhaitables su systeme de la justice pénale contemporaine" Duwell Editions, Montreal, 1994, pág. 45 y ss.

Hemos dicho hace doce años,[15] y más acabadamente en reciente trabajo sobre la ley brasileña nº 9.034 de Combate a la Delincuencia Organizada,[16], que en las dos últimas décadas, el interés prioritario de los criminólogos se ha centrado en el estudio de una nueva categoría de análisis que el Prof. Versele[17] denominó "cifras doradas" de criminalidad. Dicho publicista puso en evidencia que, aparte de la cifra negra de delincuentes "clásicos" que escapan a toda detección o conocimiento oficial, existe una cifra dorada de criminales que tienen el poder político y lo ejercen impunemente para su propio beneficio o el de una minoría, o que disponen de un poder económico que se desarrolla en detrimento del conjunto de la sociedad y los sitúa fuera del alcance del sistema penal.

A nuestro juicio, a los poderes político y económico debe sumarse otro factor o filtro sistémico que puede incidir en forma autónoma y determinante en el mundo actual, para que muchas conductas gravemente nocivas a la sociedad no sean alcanzadas por el sistema penal. Esta nueva variable a considerar sería *la especialización profesional* cuya manifestación más relevante es el dominio funcional operativo de los medios tecnológicos.

Los autores conocidos como pluralistas, decididos adversarios de la teoría de la elite, parecen avalar esta flexibilización de conceptos. Así, para Robert A. Dahl,[18] el poder, lejos de estar exclusivamente concentrado en aquellos que dominan la estructura política o económica, es una relación horizontal que se da entre las personas que lo ejercitan y las que lo sufren.

En forma creciente los autores angloamericanos[19] emplean el término "hecho penal profesional" (*occupational crime*) poniendo el

---

[15] CERVINI, Raúl: "Análisis Criminológico del Fenómeno del Delito Organizado", en Revista Doctrina Penal, Edit. Depalma, Buenos Aires, n° 40, octubre-diciembre 1987, pág. 698 y ss.
[16] Op. cit. ut supra.
[17] VERSELE, Servin Carlos: "Las Cifras Doradas de la Delincuencia", en Revista ILANUD al Día (Organo del Instituto Latinoamericano para la Prevención del Delito y Tratamiento del Delincuente de la ONU), año I, n° I, San José (Costa Rica), abril 1978, pág. 21 y ss. Contemporáneamente: MAGALLIS, Fernando: "La Delincuencia Dorada y la nueva impunidad" en Semanario Realidad, Nueva Epoca, n° 25, Medellín, agosto 1995.
[18] DAHL, Robert A.: "Who Governs? Democracy and Power in American City", New Heaven, London, 1961.
[19] CLINARD, Marshall y QUINNEY, Richard: "Criminal Behavior Systems. A Typology", 2da. Edic., Holt, Rinehart y Winstop, N. York, 1973, pág. 56 y ss. Más recientemente con la misma orientación KRAAR, Louis: "The Cocaine Business", Anchor Press, N. Y., 1994, pág. 11 y ss.; LEVI, Michael: "The external threat - major types of international financial fraud" en International Business Lawyer,

acento en la conexión existente entre el papel profesional y las nuevas modalidades de delincuencia no convencional nacional e internacional. En la misma orientación, se señala que actualmente la nota característica del delito no convencional estriba en la especial manera de comisión (*modus operandi*) y en el objeto especialmente sofisticado de ese comportamiento, y que esta fatal combinación de especialización criminal y progreso técnico ha puesto al derecho penal ante problemas totalmente nuevos.[20]

B) Estas categorías de análisis - aparentemente ajenas a nuestra realidad inmediata - distan por cierto de ser teóricas, principalmente tratándose de maniobras de *money laundering*. Es un hecho reconocido que los sindicatos de delincuentes organizados se benefician de las condiciones económicas que favorecen sus actividades de base y sus procedimientos de lavado de dinero, en especial a través de los mercados financiero y monetario. Es más, está probado en las más recientes investigaciones que estos grupos inducen esas mismas condiciones económicas y operativas que les resultan favorables a través de olas de *hot money* (flujos rápidos) y "cascadas financieras" que atraviesan las fronteras instantáneamente dificultando al extremo las posibilidades de control y verificación.[21]

Los actuales mercados de la era de la información giran en torno a una suerte de "ciber-espacio financiero", muy alejados de las realidades cotidianas y de toda posibilidad normal de control. Esta suerte de globalización informático-financiera no proyectada, pone de manifiesto en su versión más patética y descarnada la importancia de la especialización profesional como variable de abuso de poder. Esos niveles sofisticados de especialización se canalizan precisamente a través de los *networks*.

La "teoría de los juegos" (Von Neumann), el "modelo del caos dinámico" (Rubiels), o el "modelo de compensación virtual" (Litcot), demuestran que las reglas de la interacción puntual entre operadores especializados son en la sociedad actual tan fundamentales

---

vol. 17, nº 9, London, 1990, pág. 32; CLEGHORN, Bill: "The internet as the ideal off-shore heaven. Criminal perspective", en ABA Journal, Chicago, November 1996, pág. 62.

[20] THORWARD, Jürgen: "Crime and Science", New York, 1966, pág. 77, y recientemente: "Fraud and Technology", Scheldon Editors, New York, 1996, pág. 142 y ss.

[21] SIBARIN, Frank: "Mecanismos macro-económicos y Delincuencia Financiera", ponencia al 2do. Encuentro de Consejos Consultivos y de Dirección del ICEPS, New York, diciembre 1994.

como las viejas reglas de mercado financiero y bursátil, de por sí ya muy complejas en lo que hacía referencia a su seguimiento preventivo.

A efectos de dimensionar este riesgo, debe tenerse presente, por ejemplo, que el 90% de los flujos financieros normales son meramente especulativos. Los actores del mercado se han convertido en una nueva clase de "legisladores virtuales" sin patria, que en su expresión más dañosa pueden llegar a socavar el manejo nacional de la macroeconomía, influir en las opciones de la política educacional, ambiental, seguridad social y de empleo. Pero si pueden hacer eso, también están en condiciones de procesar y convertir ingentes cantidades de dinero electrónico o imputar contablemente activos de origen ilícito en asientos corrientes. En síntesis, estos operadores de "flujos rápidos" están en condiciones de drenar los beneficios, entre otros, del negocio de las drogas, bajo condiciones técnicas de virtual impunidad.

La llamada "ruleta global" hoy día no es regida por la clásica competencia de mercado (ganar-perder) sino por una nueva forma de comunidad cibernética inherentemente expuesta a los potenciales desvíos de operadores interconectados, normalmente fuera de control. Ha surgido un nuevo "pie invisible"que presiona el acelerador del ciber-espacio financiero sin control eficiente. Se pone énfasis en que estos profesionales (simples especuladores o lavadores especializados de dinero), "actores reales" de nuestros tiempos, que pueden poner en peligro todo el sistema, actúan por lo general en función de su propio interés, en un campo mayoritariamente no reglado. Resulta sugestivo que ningún especialista manifieste que sea científicamente imposible establecer un control de esas actividades sino que, inexorablemente, se alude a la complejidad de tal tarea.[22]

---

[22] Anales de la 3ª Reunión Conjunta de Consejos de Dirección y Consultivo del INTERNATIONAL CENTER OF ECONOMIC PENAL STUDIES, Secc. III, Macrodelincuencia Económica y Riesgos Corporativos, vers. mim. pág. 61. En diciembre de 1994, durante el desarrollo de esta Reunión en Nueva York, el Prof. Saúl Larren BLOVICH expresaba: "Las nuevas expresiones de la criminalidad económica organizada se prevalecen de una gama de instrumentos y mecanismos operativos extremadamente complejos. Esa tecnificación de recursos empleada por ciertos actores especulativos de los mercados, dificulta al máximo los procesos de interpretación, captación y prevención de sus actos, los que normalmente por su complejidad y naturaleza expansiva implican un incremento de la vulnerabilidad del sistema precisamente frente a los casos de mayor dañosidad social". El mismo expositor reconoce que una malla fluida y transparente de información entre todos los operadores puede frenar ciertos excesos. Agrega finalmente que la

III. Metodología apropiada para abordar estos fenómenos

A) El precedente esquema informativo sobre los *"networks ilícitos"* puede provocar razonables dudas sobre las posibilidades de controlar esas actividades con los recursos propios del Derecho Penal tradicional. Veremos más adelante que la solución no pasa por desdibujar los Principios de nuestra ciencia, sino por la necesaria profundización en los mecanismos involucrados.

B) Para la mayor parte de los analistas tradicionales una aproximación al conocimiento de los procesos de lavado de dinero como formas de macrodelincuencia económica, puede alcanzarse - tomando prestados términos de la ciencia médica - a través del *análisis clínico-sintomatológico* de aquellas aristas que definen esas desviaciones, es decir, a partir de sus síntomas exteriores. A saber: el abuso de la posición dominante, el sobredimensionamiento del daño, la apariencia de legalidad, la mutabilidad en su estructura y función, el carácter transnacional, etc.[23]

Desde el ámbito de la moderna teoría económico-financiera aplicada al control penal[24] se sugiere una metodología diferente, el *análisis tomográfico*, que nosotros vemos como complementaria.[25] Se dice que será más complejo, pero indudablemente más provechoso, revertir el enfoque y profundizar en el conocimiento de los propios mecanismos económicos y financieros involucrados para detectar a partir de ellos los niveles técnicos y prácticos de vulnerabilidad de todo el sistema. Debe tenerse presente que los grados de desviación abusiva de los mecanismos económicos están, en menor o mayor medida, condicionados a los niveles de eficacia del control y no pueden a su vez comprenderse acabadamente las limitaciones y disfunciones de este último, sin conocer la mecánica de los primeros.

---

casi unanimidad de los estudiosos del tema coinciden en que la virtual discrecionalidad de los operadores se debe resolver en términos de oportunidad y eficiencia del control, dentro de un marco de libertad.

[23] Conf. RESTA, Elgio: "Relato sobre Aspectos Sociales", en Congreso cit. Sub. 8, pág. 7; Conf. RISSI, Eduardo Mario: "La Transnacionalización en la Sociedad Contemporánea", Edic. Jasil, México, 1991.

[24] SEVERIN, Louis W.: "Recent Developments ..." op. cit. up supra; ZIMELDOCH, Warren: "Reflexions on Economic Crimes", Doc. Presentado al IX Seminario de la American Bank Association, Nueva York, diciembre 1998.

[25] CERVINI, Raúl: "Macrocriminalidad Económica. Apuntes para una aproximación metodológica", en Revista Brasileira de Ciências Criminais, año 3, nº 11, julio-setiembre, San Pablo, 1975.

Esta metodología procura captar desde la intimidad funcional de los mecanismos económicos involucrados los niveles abusivos del poder. El método concreto de análisis de los mecanismos económicos puede variar sustancialmente de acuerdo a la particular dinámica y características del sector de actividad estudiado, pero no así el esquema básico de trabajo. Este se basa, en todos los casos, en un análisis comparativo de la trama de relaciones de los mecanismos de que se trata. Funciona como un tomógrafo médico que por medio de sucesivas fotos va siguiendo el proceso hasta detectar la desviación por comparación. No estamos sosteniendo que todos los fenómenos de macrodelincuencia económica sean aprehensibles por este procedimiento, pero sin duda lo son su mayoría, en forma especial los procesos de lavado de dinero.[26]

Con esta salvedad podemos decir que, en términos generales y esquemáticos, podría sintetizarse el método de trabajo básico de la siguiente manera:

- El primer paso sería visualizar el conjunto de variables macroeconómicas que componen los diferentes nichos o sectores de la actividad económica del país.

- Cumplida esa etapa, procede definir, en una segunda instancia, los diferentes nichos, canchas o *layers* a analizar (ejemplo: industria de la vestimenta, mercado de cambios, etc.).

- Seguidamente (tercera etapa) se define el marco de actuación de cada "jugador" (empresa pluri o unipersonal) que integra la rama nicho de la economía.

- La cuarta y fundamental instancia consiste en analizar las relaciones de esos mismos "jugadores" entre sí, principalmente las relaciones entre insumos y productos, la racionalidad comercial del procedimiento escogido, etc.

Por ejemplo, si se constata que toda - o la mayor parte - de una industria contrata los insumos a un solo proveedor, se puede científicamente asegurar que toda la industria está controlada por un solo "jugador". Naturalmente que el conocimiento acabado de las operaciones reales, cualquiera sea su tipo, permitirá clarificar la trama de relaciones de los servicios financieros empleados y diag-

---

[26] Esta metodología puede ser empleada con muy buenos resultados en otros múltiples casos. A saber: la mayoría de los delitos contra el sistema financiero y cambiario, delitos fiscales, grandes estafas, delitos contra el trabajo y la seguridad social, delitos contra la libre competencia y contra el consumidor, e incluso ciertos crímenes informáticos y manejos abusivos del mercado de valores.

nosticar el nivel de uso normal, atípico, injustificado o abusivo del sistema e implementar los correctivos técnicos y legales.

Normalmente la utilización de sociedades puente fincadas en diversos países incrementa las dificultades de seguimiento de las relaciones denunciadas entre insumos y productos, pero no la imposibilita totalmente. En este caso, deberemos pasar al estudio de dicho entramado societario a efectos de desterrar su posible uso desviado. El procedimiento incluirá sucesivos análisis, de tipo legal-estatutario, del paquete accionario, de las personas que lo manejan, justificación comercial o financiera de los mecanismos legales y corporativos escogidos, etc. Todo muy complejo pero decididamente no imposible.[27]

IV. Consideraciones sobre la trascendencia del criterio metodológico

A) Hemos dicho que las dos metodologías de apreciación de la macrodelincuencia económica no son de modo alguno contrapuestas, sino sustancialmente complementarias y confluyentes, por representar perspectivas diferentes de una misma realidad estructural, analizada sucesivamente desde sus síntomas sociales-penales y desde la intimidad de los propios mecanismos económicos, cuyo uso abusivo se manifiesta en las precitadas notas o síntomas.

El primer método, necesariamente atemperado por una perspectiva estructural, sirve fundamentalmente para definir la existencia del fenómeno y evaluar críticamente las disfunciones del control formal en todos sus aspectos (legislativo, administrativo y judicial). El segundo, aparece como extremadamente idóneo para detectar científicamente en forma preventiva el posible ejercicio abusivo de los mecanismos o resortes superiores de la economía y la banca. Esta alternativa posibilita un acotamiento racional y efectivo de los márgenes de invulnerabilidad que desde la perspectiva tradicional caracterizan a estas formas de extradelincuencia. Adicionalmente, viabiliza un control por excepción y no por standard,

---

[27] En torno al publicitado "caso Collor", hemos tenido oportunidad de aplicar una metodología similar en el estudio de la regularidad jurídica de la mal llamada "Operación Uruguay" en opinión legal realizada a pedido del Ministro Evandro Lins e Silva. Dicha consulta apareció publicada bajo el nombre "Operación Uruguay - Análisis de la regularidad jurídica y eficacia de su soporte documental" en *A OAB e o Impeachment*, Edición del Conselho Federal da OAB, Brasília, DF, abril 1993.

lo que resulta especialmente apropiado, visto el fracaso de ciertas políticas rígidas de control de flujo de capitales.[28]

B) Con independencia de sus virtudes operativas, el análisis dinámico permite extraer otras valiosas conclusiones referidas, en este caso, a la técnica de tipificación penal de estos fenómenos.

Si éstos se conocen en su detalle, se pueden aprehender normativamente, de modo tal que la estructura típica siga la estructura funcional que se pretende reprimir.

Se expresa recurrentemente que la criminalización eficaz de las conductas de extracriminalidad económica debe realizarse a través de un "derecho sustantivo diferenciado" cuya eficacia implica o redunda - inexorablemente - en el sacrificio o necesario acotamiento de algunos de aquellos Principios Dogmáticos que la inspiración y el esfuerzo de muchos fue definiendo a lo largo de la historia como ejes medulares de un Derecho Penal con vocación garantizadora.[29]

Bajo esta perspectiva se insiste por ejemplo, en que los tipos penales de los macrodelitos económicos se deben estructurar necesariamente sorteando el principio de legalidad mediante referencias más o menos genéricas, mecanismos de tipos abiertos que deben ser cerrados por los aplicadores, creando tipos de peligro abstracto (con los que se entroniza la mera desobediencia como ilícita), mediante fórmulas omisivas, con similares inconvenientes o, lo que es peor, mediante las fórmulas legales de tendencia, como el inabarcable tipo de la "Conspiración" que ostenta la actual legislación norteamericana.[30]

Se suele afirmar también que el combate a este tipo de delitos conlleva irremediablemente una progresiva atrofia del principio de

---

[28] Ejemplo de control standard se encuentra en los registros de operaciones superiores a US$ 10.000, el cual resulta normalmente irrelevante de acuerdo a la mayoría de las opiniones.

[29] En ese sentido resulta paradigmático el trabajo realizado por Juary C. SILVA: "A Macrocriminalidade", Editora Revista dos Tribunais, San Pablo, 1980, principalmente en su Capítulo II "A Obsolecência do Mecanismo de Repressão ao Crime", pág. 18 y ss.

[30] El delito de "Conspiracy" fue introducido en la Sección n° 1962 (d) de la Normativa RICO vigente como Título IX del OCCA Act desde el 15.10.70. En un solo proceso penal se denuncian y sentencian todas las actividades delictivas directa e indirectamente cometidas por una organización criminal y los actos de apoyo de sus consejeros y asistentes. Los requisitos del tipo son: debe tratarse de una organización criminal y debe además estar comprobada la comisión de dos actos ilícitos por miembros de esta organización. El primero de ellos cometido con posterioridad a 1970 y el segundo diez años más tarde que el primero.

culpabilidad, debiéndose punir por la mera realización del acto, en base a una presunción o simplemente por hecho ajeno.

Nosotros descartamos de plano estas asertos. No es admisible que para contemplar lo adjetivo (dificultades probatorias), se termine por trastrocar lo sustantivo (principios del dogma). Entendemos en fin que el Derecho Penal no debe ni puede hacerse cargo de esas dificultades probatorias, principalmente teniendo en cuenta que éstas pueden ser normalmente superadas mediante una tipificación adecuada a un conocimiento también adecuado de los mecanismos económicos involucrados.

La tarea de elaborar leyes realmente útiles en el campo de la macrodelincuencia económico-financiera, especialmente en lo que atañe al lavado de dinero, requiere prudencia y fina técnica jurídica. Puede compararse a una operación de microcirurgía, donde se impone un mínimo de actividad con el instrumento más preciso. Ocurre que, lamentablemente, la misión de legislar en estas ramas tan delicadas se emprende siempre en forma apresurada respondiendo a presiones internacionales. Lo más grave es que ese cometido se suele dejar en manos de personas sin la suficiente especialización, que se atienen exclusivamente a los síntomas del fenómeno, sin comprender el funcionamiento de los mecanismos cuya desviación se pretende controlar.

Conocemos el costo de mantener un sistema mínimamente liberal, sintiendo a la legalidad y a la culpabilidad como límite natural de la pretensión punitiva del Estado. Lamentablemente, en este campo se encuentra arraigada la injustificada tendencia a confundir la dificultad técnica con imposibilidad. Realmente se trata de una tarea muy ardua, pero no puede afirmarse que sea técnicamente imposible abordarla en la mayor parte de los casos. Lo más grave es que la renuncia a ella significaría necesariamente la renuncia a los propios principios que deben motivar esa misma tarea. Se estaría sustituyendo automática y concomitantemente un Derecho Penal de legalidad por un Derecho Penal de conveniencia: la Razón de Estado por sobre la Razón Jurídica.

C) Esta metodología permite finalmente una reflexión responsable respecto de la imputación penal en el marco del delito corporativo[31] y conocer lo que se quiere proteger y cómo puede

---

[31] En lo que respecta a la pretendida necesidad de penalizar la persona jurídica, pensamos que detrás de esta tesitura no hay otra cosa que un Derecho Administrativo disciplinario al que se le agrega con la pena una nota estigmatizante que puede llevar la calma a ciertos círculos. Estrictamente su concreción implicaría un

llevarse efectivamente a cabo dicha protección, con el consiguiente esclarecimiento y visibilidad de las conductas que pueden lesionar el bien así precisado. Cuando el objeto no está suficientemente definido, los medios serán necesariamente ambiguos. Por el contrario, la nitidez del objeto lleva a la nitidez de los medios y con ello por lo general a la eficiencia normativa y a la seguridad jurídica.

La ventaja que acarrea esta concepción metodológica no es menor: mantener al Derecho Penal dentro de los principios rectores de lesividad y legalidad, los que resultarían ineludiblemente comprometidos si los contornos del bien jurídico aparecieran lo suficientemente confusos y ambiguos como para concluir que una determinada acción es peligrosa para el mismo y para precisar con el rigor deseado cuáles acciones lo son.

Cuanto más abstracto, ambiguo o nebuloso se conciba el bien jurídico, tanto más será posible que cualquier acción que se involucre con él, por más remota que sea, pueda ser considerada como en sí misma generadora de peligro. Ultimamente, existe la tendencia no ya de anticipar la tipificación de una acción relativamente remota al bien jurídico, sino de aproximar éste, mediante una óptica de amplificación conceptual que, al mismo tiempo que lo atrae hacia la acción, le hace perder la necesaria nitidez hasta bordear la delincuescencia. En otras palabras, existen dos formas de ampliar el marco de protección de los bienes jurídicos afectados por las formas

---

innecesario desdibujamiento del principio de la responsabilidad personal y un retroceso dogmático inocuo ya que, en los hechos, sólo serviría para reforzar la tradicional impunidad de las personas físicas que las controla. Por razones burocráticas o meras dificultades probatorias, el funcionamiento real del sistema judicial seguramente agotaría la instrucción al nivel de la penalización formal de las personas jurídicas, las *mass media* inducirían en la opinión pública esa satisfacción básica a sus requerimientos de justicia y las personas físicas auténticamente responsables podrían seguir tan impunes como siempre, acutando a través de otras sociedades. Por eso, se ha dicho que en la realidad de los hechos la responsabilidad de "doble vía" se reduce a una responsabilidad penal de "cajas vacías". Con una creación semejante, el Derecho Penal daría prueba cabal más de su inoperancia que de su eficacia, si se entiende por esta última el hecho de llegar a la identificación completa del acto, su autor y las motivaciones de éste. En una sola expresión: el cuerpo y el alma del delito. Por lo demás, la penalización de la persona jurídica choca frontalmente con la construcción dogmática y jurisprudencial del "disregard of legal entity" que precisamente busca reconciliar la realidad con el Derecho, hacer visible en el Derecho lo que el Juez ya ve en los hechos: una persona física actuando detrás de una persona jurídica. La teoría de la responsabilidad penal de la persona jurídica puede llevar precisamente a lo contrario, a la exclusiva y antinatural penalización de la cobertura formal de actuación de una persona física.

más gravosas de criminalidad socio-económica, uno consiste en anticipar la tipificación de acciones que en sí mismas no son dañosas para el bien jurídico (vía tradicional), otra, de reciente aparición, usa el recurso de desplazar el bien jurídico hacia la acción. Esto se consigue, a nuestro modo de ver, al costo de borrar la nitidez de sus contornos y de poner, por vía indirecta en tela de juicio, los principios de lesividad y legalidad que deben presidir un Derecho Penal garantizador. Sin duda se lesionan estos principios cuando no hay forma de saber si la conducta ataca a un bien jurídico que se ha desdibujado a través de la amplificación antes mencionada, al punto de que ha perdido la necesaria definición. En tal circunstancia, no se sabría si la conducta ataca una realidad o una fantasía. De más está decir que esta simple duda debería absolver la conducta.

Hay, a nuestro modo de ver, una única vía de tipificar los delitos de peligro y ésta supone *la debida comprensión y concreción del objeto de tutela*. Es precisamente a raíz de esta comprensión y concreción, y solamente por éstas, que el bien jurídico puede y debe protegerse. El otro método equivale a la lucha de Don Quijote contra los molinos, pues no se conoce exactamente contra quién se combate, si contra los molinos o contra gigantes y *precisamente el disvalor de la acción depende de ese exacto conocimiento*. Una ampliación del bien jurídico puede hacerse siempre y cuando se mantenga su reconocibilidad. Este es, o debe ser, el límite y este camino requiere imprescindiblemente una metodología idónea para comprender el fenómeno que se quiere reprimir en su específico funcionamiento y proyección.

V. Conclusiones

Por todo lo expresado, y a modo de síntesis necesariamente provisoria, debemos subrayar lo siguiente:

A) Diversos filtros estructurales de tipo económico y social a nivel nacional e internacional y otros de carácter operativo otorgan la escenografía apropiada para dificultar la individualización, prevención y represión de los procesos de lavado de dinero y otras formas de extradelicuencia económica. Estas trabas alcanzan tanto a las autoridades como a las corporaciones financieras.[32] Dentro de

---

[32] Diversas disposiciones autoregulatorias que vinculan a las instituciones financieras a nivel global, entre ellas la Convención de Basilea y sus Addendas, así como la buena parte de las legislaciones nacionales y tratados de tipo bilateral o

ese panorama incontestable, resulta provechoso denunciar la existencia de una red de intercambios y apoyos recíprocos, que con extrema sofisticación y prevaleciéndose de esas mismas condiciones, funciona entre los diversos grupos y subgrupos delictivos organizados.

B) El conocimiento adecuado de las modalidades de actuación de estas redes de servicios, como el de los propios mecanismos financieros involucrados, resulta imprescindible para alcanzar un razonable control de las actividades ilícitas que se procesan por su intermedio o en su contexto sistémico. Ello requiere una metodología especial apropiada al objeto de análisis.

C) Una vez desentrañada la estructura funcional y operativa de los mecanismos financieros vulnerables y de los aludidos puntos de apoyo ilícito (networks) resultará viable intentar una estrategia de su control punitivo, el que debe y en la mayoría de los casos puede realizarse, respetando los principios tradicionales de un dogma penal garantizador propio del Estado Democrático de Derecho.

D) En resumen. El acento de la indagatoria y de la represión no debe buscarse en el resultado sino en el proceso operativo mismo, por cuanto es en el gerundio de la actividad donde se realiza la conducta y el principio de culpabilidad que debe presidirla. Un Derecho Penal que aspire mantenerse idéntico a sí mismo en su tradición de Derecho Penal Liberal no debería abstenerse de ingresar a ese proceso en razón o pretexto de su complejidad, por cuanto es a través de desbrozar esa complejidad que al mismo tiempo se encontrará a sí mismo. La penalización por el resultado, por más que simple, elude en definitiva, el quid de la conducta y de la culpabilidad transformándose en una instancia perversa en la cual eficiencia y garantías se tornan necesariamente antinómicas.

---

multilateral, imponen a las entidades un triple control: adecuado conocimiento del cliente, seguimiento operativo de sus actividades y el debido resguardo de la documentación concerniente a sus transacciones. Las dificultades implícitas a estas cargas de vigilancia se ven incrementadas sustancialmente por acción de estas redes de apoyo especializadas.

PARTE II
Reformas Penais

As reformas processuais penais

Ada Pellegrini Grinover

Muito me honrou o convite para participar desta linda solenidade. Professor Ariosvaldo do Campos Pires, pró-diretor da faculdade de direito e professor de Direito Penal, cujas palavras, sempre generosas e amigas, agradeço. Meu caríssimo amigo, professor emérito Luiz Luisi, por cuja causa todos aqui estamos, para reverenciá-lo, para homenageá-lo, para prestar as nossas considerações de reconhecimento, de afeto, de carinho, por tudo o que representa neste Brasil e fora dele. Senhora pró-reitora da Universidade de Cruz Alta, minha colega de ofício, senhores professores, queridos alunos. Muito mais do que 8 horas eu teria viajado, se fosse necessário, para estar presente na abertura deste evento, que mostra uma platéia densa e interessada, e que rende homenagens ao nosso professor emérito.

Cabe-me discorrer hoje sobre as reformas processuais penais em curso no Brasil e na América Latina. Começaria dizendo que até há anos atrás notava-se uma profunda diversidade entre o sistema processual penal brasileiro e os sistemas processuais penais dos países da América espanhola. Estes ainda ligados a um processo inquisitório, anterior à grande reforma que se operou na Espanha, no final do século passado, e vinculado a um procedimento escrito, secreto, sem contraditório, em que o acusado era visto como objeto do processo e objeto das investigações, em que o juiz, onipotente, tudo podia, cumulando funções de acusar e de julgar e deixando a defesa na sombra. No Brasil, tivemos mais sorte, porque desde o império, embora houvesse entre nós naquela época, ainda alguns procedimentos de ofício, as idéias mais liberais avançavam. Principalmente a partir da República, com os códigos estaduais, e a inspiração do direito público, sobretudo do direito constitucional, no sistema de *common law* dos Estados Unidos da América, nós nos abrimos para um sistema acusatório, para um sistema sem juizado, de instrução, para um sistema em que são distintas as funções de acusar e defender e de acusar, separando-se os protagonistas do processo, no exercício, de um lado, da jurisdição, e do outro, da ação e da defesa. Mas, esse panorama tem mudado profundamente nos últimos anos, e o ponto de partida para a renovação Sistema processual penal do restante da América foi o Código Modelo de Processo Penal para a Ibero-América. Um código modelo, que significa não a unicidade da legislação, mas, como diz a palavra, um modelo, imediatamente operativo, que pode ser adotado pelos vários países em suas leis internas e que serve principalmente para estimular as mudanças. Efetivamente essas mudanças foram estimuladas em diversos países, mostrando o avançar de todo o processo penal moderno, na América Latina, e mesmo na Europa, onde havia ainda países voltados ao sistema inquisitório, como Itália e Portugal, hoje adotando o modelo acusatório.

Mas sejamos claros. O que se deve entender por processo inquisitório e processo acusatório, para que também o Brasil se encaminhe cada vez mais para o atingimento mais completo e harmonioso desse modelo?

O binômio acusatório-inquisitório é ambíguo e há até confusões conceituais a respeito dele. Mas se pode afirmar, sinteticamente, que o que distingue o modelo acusatório do modelo inquisitório, é que as funções de acusar, defender e julgar, no processo acusatório são atribuídas a órgãos distintos. Não faz parte do modelo acusatório, portanto, a idéia de um juiz que ao mesmo tempo seja investigador, a idéia de uma juiz que possa proceder espontaneamente acusando, decorrendo desse conceito de processo acusatório diversos corolários, que eu gostaria de lembrar.

O primeiro, que é de primordial importância, é que os elementos probatórios colhidos na fase investigatória, no nosso inquérito policial, prévio ao processo, devem servir exclusivamente para a formação da opinião do acusador para formular a sua acusação. Não podem esses elementos probatórios que nem provas são, porquanto não produzidas em contraditório, perante o juiz natural ingressar nos autos e ser valorados pelo juiz, no momento do julgamento, salvo, evidentemente, as provas antecipadas, como, por exemplo o exame de corpo de delito, que serão submetidas ao contraditório posterior.

Em segundo lugar, como segundo corolário, a acusação deve iniciar o processo: o exercício da jurisdição depende de acusação formulada por um órgão diverso do juiz, o que corresponde ao aforismo romano: ninguém seja trazido à justiça, sem acusação.

E o terceiro corolário é o de que todo o processo deve desenvolver-se em contraditório pleno, perante o juiz natural. Tanto o momento argumentativo do contraditório, como o momento probatório do contraditório, só podem ser considerados com a presença, concomitante, do juiz e das partes, salvo, repito, naqueles casos de prova antecipada pela urgência, que será banhada pelo contraditório posterior.

Essas idéias nucleares não englobam, a rigor, as características da transparência e da oralidade. Poderíamos ter um processo inquisitório, transparente e oral, ou até mesmo um processo acusatório sigiloso em algumas fases e escrito. Mas acontece que a transparência e a oralidade são uma decorrência do processo penal que se deve exigir no Estado de Direito, até mesmo para o ato administrativo: a motivação, a transparência, o acesso da população ao ato administrativo, com muito mais razão, devem ser exigidos para o ato jurisdicional.

Por outro lado, a forma oral é uma exigência que diz respeito a outra tônica do processo moderno, que é a sua e eficiência, sobretudo, na medida em que é somente no processo oral, que se pode ter uma seqüência de audiências em tempo relativamente curto, permitindo também que se instaurem os outros requisitos da oralidade, que são a concentração, a mediação e a identidade física do juiz.

O Código modelo de Processo Penal para Ibero-América começou a ser trabalhado em 1970, nas V Jornadas Ibero-Americanas de Direito Processual de Bogotá, por nomes lendários, entre os quais Alcalá Zamorra, Clareá, Olmedo, Velez Mariconde. Foram lançadas as bases para a elaboração do código modelo e, com o passar dos anos, veio a integração do Brasil, primeiro com José Frederico Marques, outro nome lendário, e depois modestamente por mim, juntamente com Júlio Maier da Argentina, com Bernard Cuellar, da Colômbia. E assim o código foi apresentado, em 1988, no Rio de Janeiro, as XI Jornadas Ibero-Americanas de Direito Processual e, depois, várias e várias vezes apresentado em congressos, até mesmo no exterior.

As características principais do Código Modelo, que vem sendo incorporado pelos sistemas da América Latina, Portugal e Espanha, podem ser sintetizadas da seguinte maneira: primeiro, a ênfase à dignidade, ao respeito ao acusado no pleno acolhimento dos princípios do devido processo legal, que decorrem tanto das constituições nacionais, como, em nível supranacional, da Declaração Americana dos Direitos do Homem, que hoje no Brasil é lei interna. Segundo, a adoção desse modelo acusatório a que me referi ainda há pouco. Terceiro, a transparência dos procedimentos, gerada por um juízo público e oral e pela presença ininterrupta dos protagonistas do processo: juízo público e oral este em cujo curso se incorpora todo o material probatório que será tomado por base pelo juiz. A busca da eficácia do processo, entendida de um lado como eficiência da persecução penal e de outro lado como efetividade das garantias. A desburocratização da organização judiciária, porque não se pode pensar em uma verdadeira reforma processual sem a paralela reforma da organização judiciária. A participação popular na administração da justiça, consoante os regimes próprios de cada país; diversos mecanismos de seleção de casos, deixando de lado, mesmo onde existia o princípio da legalidade estrita e abrindo espaço para o princípio da oportunidade ou pelo menos para o princípio da discricionariedade regulada, por lei, e submetida ao controle do juiz (ou seja, com certa parcela de possibilidade de não se chegar ao processo e de solucionar a controvérsia penal, ou por meios consensuais ou por outros meios), e a globalização da reforma, porquanto o código exatamente supõe uma nova organização judiciária, novo órgão da administração da Justiça Penal, Tribunais, Ministério Público que em alguns países da América Latina sequer existia, de defensorias, serviços da justiça, etc.

Esse modelo tem sido seguido por diversos países da América Espanhola em suas reformas. Lembraria em primeiro lugar a Argentina, por intermédio de vários códigos provinciais onde a Argentina é uma Federação em que províncias correspondem a nossos Estados, onde os códigos de direito material são um só, Código Civil, Código Penal, Código Comercial mas em que os códigos processuais são da competência legislativa dos diversos Estados, das diversas províncias.

A influência do Código Modelo foi efetiva e direta nos novos Códigos de Processo Penal das províncias de Tucumã, de Córdoba, de Santiago del Estero e da província de Buenos Aires. O Código influiu diretamente na reforma legislativa da Costa Rica, da Guatemala, da Venezuela, da Bolívia, do Peru, do Paraguai e no projeto do Chile. E é interessante notar que o modelo do código se encontra em total harmonia com o novo de processo penal italiano, introduzido pela reforma de 1988, e pelo novo código de processo penal de Portugal.

Quais são os pontos de confluência e os pontos de dissonância, no sistema brasileiro, com relação às idéias, aos princípios, às normas do Código Modelo?

Há vários pontos de confluência. O primeiro é o modelo acusatório que, a partir dos Códigos Estaduais, se reafirmou com mais vigor no nosso ordenamento. O Código de Processo Penal de 1941 não tinha conseguido se livrar completamente de alguns resquícios do sistema inquisitório. O processo dos crimes culposos de homicídios e lesões corporais, assim como o processo das contravenções penais, iniciava-se *ex officio*, ou por portaria da autoridade judicial, perante a qual se processava parte da atividade instrutória. E aí, veio a Constituição de 1988, reservando a iniciativa da ação penal pública com exclusividade ao Ministério Público. Ademais o Ministério Público, na mesma Constituição, foi institucionalizado de maneira a preservar-se toda a sua autonomia e independência, fortalecendo-se e sendo tratado fora dos capítulos reservados ao Poder Executivo, ao Poder Judiciário, entre as instituições essenciais à justiça, juntamente com o advogado, o titular da defesa e com os defensores públicos, que também são organizados em carreiras, com garantias equivalentes às do Ministério Público. Mas quanto ao mais, tirando os processos de iniciativas do juiz, o CPP manteve-se fiel ao modelo acusatório, suprimindo, como muitos códigos estaduais já tinham feito, o juizado de instrução, e pelo menos teoricamente seguindo o princípio segundo o qual todas as provas são colhidas perante o juiz monocrático, em contraditório pleno. Há algumas diferenças, nos crimes de competência do Tribunal do Júri, em que o processo é bifásico, havendo uma etapa prévia de instrução, mas em pleno contraditório, perante o juiz singular que se destina ao juízo de admissibilidade e a fixação da competência do Tribunal do Júri. A investigação prévia, quando necessária, fica a cargo da polícia judiciária, sobre a qual hoje o Ministério Público, por determinação constitucional, exerce um controle externo que infelizmente vem sendo muito combatido pelos órgãos policiais. A defesa técnica pode acompanhar o inquérito policial, mas os elementos ali colhidos se destinariam, em tese, exclusivamente ao convencimento do Ministério Público sobre a *opinio delicti*, para que formule ou não a acusação, e serve de base para o juiz, para a decretação de provimentos cautelares, como a prisão preventiva, a manutenção do flagrante, ou a prisão temporária no curso de Inquérito Policial.

Com relação aos princípios étnicos, não há dúvidas de que, sobretudo a partir da CF/88, tivemos um esforço dos princípios que devem nortear o processo penal, repudiando-se expressamente a tortura, reconhecendo-se o direito à identificação pelos responsáveis pela prisão ou interrogatório, proclamando-se o estado de inocência do acusado e seu direito ao silêncio, a comunicabilidade do preso com sua família e seu defensor, a inviolabilidade do sigilo das correspondências e das comunicações, salvo às comunicações telefônicas por ordem judiciária nos casos previstos em lei, sancionando-se a inadmissibilidade das provas obtidas por meios ilícitos, prevendo-se a separação pelo erro judiciário e para os casos em que a prisão durar tempo superior ao previsto na sentença, estabelecendo-se controles sobre a polícia pelo Ministério Público.

Também com relação às garantias do devido processo legal, o Brasil se situa em posição de vanguarda. Temos a enunciação do princípio geral, e depois o desdobramento das garantias, traduzindo uma concepção básica de que a imposição da sanção punitiva deve ser necessariamente precedida de um processo que não seja um processo qualquer, mas que seja um processo contraditório, onde é garantida a ampla defesa, e coroado por todas as demais garantias, como a motivação das decisões até o duplo grau de jurisdição, de qualquer maneira para o acusado provém da Convenção americana dos Direitos do Homem, etc.

Com relação à questão prisão e liberdade, tudo está bem na Constituição, mas nem tudo está bem na legislação ordinária. Na Constituição mostra-se claramente que o processo em liberdade é a regra, e a prisão processual é a exceção. Ela é permitida pela própria Constituição que prevê expressamente flagrante mas há dispositivos anteriores ao Código de Processo Penal, como os atinentes à prisão preventiva, ao direito de apelar em liberdade, ou de recorrer da sentença de pronúncia, que necessariamente devem merecer uma nova leitura diante do princípio nela esculpido de presunção de inocência (ninguém pode ser considerado culpado senão depois da sentença condenatória transitada em julgado). Essas regras ainda não são interpretadas pelos tribunais com toda a abertura mental necessária para que se adequém ao texto constitucional. O panorama esta melhorando. Devagar estamos chegando a uma posição que entende que a prisão para apelar, ou a prisão para recorrer da decisão de pronúncia deve obedecer aos mesmos requisitos da prisão preventiva, mas ainda há diversas distorções. Isso por parte da interpretação, e por parte da legislação também, porque na medida em que a Constituição conhece, para certos crimes considerados mais graves, a impossibilidade de fiança, a lei não reconhece a impossibilidade de liberdade provisória com outros vínculos diversos da fiança.

Assim há leis, como a dos crimes hediondos, como a lei do crime organizado e outras subseqüentes, que vão além da infiançabilidade, também proibindo a liberdade provisória: o que vale dizer que o flagrante estabelece uma prisão automática, em que não há possibilidade de contracautela, fugindo-se completamente do ideário e do modelo da Constituição.

Com relação ao princípio de participação popular na administração da justiça, o Brasil tem o júri, tem formas de escabinato, tem a integração de Tribunais Estaduais de segundo grau por elementos estranhos à carreira da magistratura, pertencentes ao Ministério Público e à advocacia, tem uma composição não verticalizada no STF e ainda contempla diversas ações penais populares, a principal delas criada em 1950 para os crimes de responsabilidade, a ação penal privada subsidiária da pública (embora tímida, porque só pode ser ajuizado em caso de inércia do órgão oficial da acusação, e não como controle sobre a atuação do Ministério Público); temos a participação do ofendido na ação penal pública a título de assistente da acusação, e mesmo antes da propositura da ação, a vítima pode exercer algum controle sobre o inquérito policial, podendo requerer a sua instauração e podendo recorrer do indeferimento.

Outro poderoso exemplo de ação popular brasileira sem dúvida, o *Habeas Corpus*, cuja legitimação é de qualquer do povo e que tem amplos contornos no sistema brasileiro, não servindo apenas contra a prisão efetuada, mas também no plano preventivo, para proteger a liberdade de locomoção ameaçada pela instauração ou pelo andamento de um processo.

Com relação aos procedimentos simplificados, que é outra preocupação da organização judiciária e dos procedimentos do Código Modelo, temos a Lei dos Juizados Especiais Criminais, que efetivamente deu um grande passo adiante nesse caminho, e nos projetos, a que vou me referir, a disciplina de um procedimento sumário e de um procedimento ordinário, bem diferentes daqueles que o CPP contempla.

Com relação à seleção de casos, a Lei dos Juizados Especiais, calcada no dispositivo constitucional, admitiu a transação penal consensual para os crimes apenados com pena não superior a um ano para todas as contravenções penais, e essa faixa em que incide a transação penal veio a ser depois ampliada pelo Código de Trânsito, e agora na nova Lei Ambiental.

Assim cedeu, em parte, o princípio da legalidade estrita, o princípio da obrigatoriedade da ação penal, diante de uma justiça consensual que avançou com a Lei 9.099/95.

Outra preocupação é o tratamento dispensado à vítima: o novo processo penal latino-americano preocupa-se muito com a vítima e também o Brasil, pela Lei dos Juizados Especiais, avançou nesse sentido ao regular a conciliação civil e penal, ambas objeto da audiência preliminar. E agora a Lei Ambiental dá maior relevância à composição dos danos causados de maneira a fazer prevalecer a justiça reparatória sobre a justiça punitiva.

O último tópico, antes de passar para os pontos de aberta dissonância, é a jurisdicionalização da execução. Já estávamos muito à frente de outros sistemas desde 1965, quando foi adotada em diversos Estados, através de provimentos de Tribunais, e depois consagrada na reforma de 1977, a modalidade do regime aberto que não era previsto pelo Código Penal. Esse regime, além dos regimes de progressão de pena, regime fechado, regime semi-aberto, regime aberto, com a transferência dos sentenciados para regimes menos rigorosos, demanda uma atuação constante do juiz. São previstas hipóteses de remição, pelo trabalho, de parte do tempo da execução, em que também deve haver controle do juiz, de maneira que o acompanhamento da execução pelo órgão judiciário no nosso sistema é permanente e intenso, deixando-se de lado por completo a idéia de uma execução administrativa da pena, sem controle e participação do juiz, que existia em outros ordenamentos.

Se tivéssemos podido avançar nas reformas do processo penal, teríamos conseguido, sem dúvida, eliminar pelos menos alguns pontos de dissonância que ainda permanecem no Brasil em relação ao sistema acusatório. E aqui devo fazer uma confissão que não deixa de ser um desabafo. Às vezes eu tenho a impressão de ser uma espécie de Penélope (lembram de Penélope, a mulher de Ulisses, que havia prometido se entregar aos Prócios quando terminasse de tecer a tela? Ela então a tecia durante o dia, e a desmanchava à noite). Ou me sinto um pouco parecida com outra figura da metodologia, Sísifo, aquele que tinha sido condenado pelos Deuses a empurrar uma pedra pesadíssima monte acima, e quando finalmente chegava ao topo a pedra caía e ele tinha que começar tudo de novo. Pois bem, às vezes eu me sinto assim, porque o que já apresentamos de propostas, de anteprojetos, de projetos ao Poder Legislativo, tentando seguir essa trilha que parece tão clara para o processo penal moderno, não se pode nem relatar. Eu não sei de quantas comissões fiz parte, às vezes institucionais, do Ministério da Justiça às vezes de outros Ministérios, quantos trabalhos já produzimos, gratuitamente, com muito sacrifício, com muito empenho, com muito debate, quantos debates abrimos à sociedade jurídica, aos especialistas, ao público em geral, para que se discutissem essas idéias, e parece que nada vai para frente. Foi narrada aqui uma parte da história, da Comissão Sálvio de Figueiredo Teixeira, da 1ª comissão que elaborou as primeiras propostas, os primeiros anteprojetos, depois integrada por uma comissão revisora de que eu tive a honra de participar, e da qual saíram 7 projetos apresentados à Câmara dos Deputados, e que foram retirados pelo próprio Poder Executivo que os havia apresentado, porque mudou o Ministro, mudou a assessoria, mudou o gabinete. Mas o pior não é que tenham sido retirados, porque foram retirados sob a motivação de que seria para o seu aperfeiçoamento, então ótimo, vamos trabalhar para aperfeiçoá-lo, chamem outras pessoas para aperfeiçoá-los, mas na verdade o que se queria fazer era engavetá-los, e não porque não pudessem ser aprimorados, mas porque na verdade há uma luta de poder em diversos órgãos. Os projetos foram retirados a pretexto de aperfeiçoamento. E aí o novo Ministro me honrou, designando-me, junto com o professor Francisco Toledo e o professor Lauria Tucci, para fazer a revisão desses projetos. Acreditamos porque somos ingênuos e fizemos a revisão de um deles, exatamente do que versavam sobre procedimentos ordinário, sumário e sumaríssimo, que tinha que ser adaptado à nova Lei dos Juizados Especiais Criminais, que nesse ínterim havia corrido por fora, havia conseguido ser aprovado. Fizemos então essa revisão de um dos 7 anteprojetos, como um balão de ensaio. Nunca mais soubemos o que aconteceu com esse projeto. Então é difícil. É difícil mas eu não desanimo. E se me chamarem para outros anteprojetos, lá vou eu apresentar essas idéias que para mim valem muito para um processo penal de melhor qualidade. E eu sou tão incorrigível, que no presente momento estou integrando uma comissão, também do Ministério da Justiça, para a parte processual da nova lei antitóxicos, porque tem um substitutivo muito ruim no Senado. A parte processual penal ficou com um grupo que incorporo, e estamos tentando introduzir as mesmas idéias. Não sei o que vai acontecer com esse anteprojeto. Mas não faz mal, vamos em frente.

O que se conseguiu de todos esses projetos, antes que se despertasse a ciumeira, foi aprovar uma lei que modificou os arts. 366 e 367 do CPP, que tratam da revelia, e que suspendem o processo em caso de revelia. Isso nada mais é do que uma adequação à nossa Constituição e à Convenção Americana dos Direitos do Homem, no sentido de que ninguém pode ser condenado sem ter efetivamente exercido o direito de defesa e o contraditório. Evidente que, em casos de revelia, o chamamento ficto, que é o edital, não leva ao conhecimento do imputado à acusação, e um defensor de ofício não conhece os fatos e não pode produzir uma defesa efetiva, um contraditório efetivo. Mas o legislador ficou alerta. O que é isso? Isso é uma coisa extremamente perigosa. Aliás chgaram a nos perguntar: onde vamos colocar os processos que ficam suspensos? Eu não disse onde, porque seria impróprio e inadequado para uma senhora. Mas de qualquer maneira, essa era, aparentemente, a grande dificuldade. Não vamos ter espaço para colocar os processos, não tem prateleira. Então é melhor fingir que fazemos um processo, condenar alguém que não vamos encontrar nunca, porque não o encontramos para ser citado, e depois mandá-lo para o arquivo geral. Lá em São Paulo, temos a Vila Leopoldina. É o arquivo geral. Por sorte, de vez em quando se inunda, eu tenho a impressão de que a metade dos processos que vão para lá acabam. Mas então eu dizia, o legislador ficou alerta, e veio agora a lei de lavagem de dinheiro, que diz que esse artigo não se aplica. Aplica-se para tudo, menos para o crime de lavagem de dinheiro. Pode aplicar para a tortura, pode aplicar para crimes contra a integridade física da pessoa, mas nos crimes econômicos não, não pode aplicar a suspensão do processo em casos de revelia, e nós vamos voltar a colocá-la no projeto da lei antitóxicos, um dia alguém vai ganhar essa batalha.

O que existe em nosso ordenamento que deve ser corrigido para adequá-lo ao novo modelo causatório?

Não é grande coisa, não são muitas coisas. Mas uma delas que me incomoda bastante é essa passagem dos elementos probatórios, colhidos no inquérito policial, para o conhecimento do juiz que vai sentenciar. Alguém aqui, vocês estudantes que já viram o processo criminal, ao qual fica apensado o inquérito, pode achar que o juiz não vai olhar o inquérito? Que ele não toma conhecimento, que não é influenciado na formação de seu convencimento por aquilo que foi colhido pelo delegado, que não é juiz natural, muitas vezes sem contraditório, freqüentemente com meios coativos? Quando o juiz é sensível, ele não faz referência a esses elementos, porque sabe que não pode. Mas quando o juiz não tem essa sensibilidade para o contraditório, até afirma, os Tribunais até afirmam, que a prova é corroborada pelos elementos do Inquérito Policial. Como se faz isso na Itália? Existe um juiz das medidas cautelares, que recebe os elementos do inquérito, que com base neles pode determinar ou não uma medida cautelar, pessoal ou real, um seqüestro, um arresto, uma prisão preventiva. Depois de terminada essa fase, outro juiz, recebe a denúncia. E, depois disso, o inquérito fica de posse do Ministério Público e do defensor, porque se uma testemunha vier em juízo e contar uma versão destoante daquela que relatou no inquérito, o Ministério Público ou a defesa podem levantar o problema. Mas o juiz não sabe o que as testemunhas disseram lá. O juiz não sabe o que o acusado disse lá. Tudo efetivamente começa com a denúncia, e começa em público, em audiência perante o juiz. Claro que isso importa numa reforma da estrutura judiciária. Teríamos que ter um juiz tutelar do inquérito - um juiz de garantias, um juiz de medidas cautelares, um juiz de provas antecipadas - e um outro juiz para fazer a instrução do processo e para sentenciar. Mas não precisa dobrar o número de juízes. É só dividir o trabalho. É uma questão de racionalização, muito mais do que aumento de juízes.

Outra coisa prevista no Código Modelo e aplicada na Itália, em Portugal, na Alemanha, mais simples ainda, é o contraditório prévio ao recebimento da denúncia. O Ministério Público tem os elementos do inquérito para acusar, ninguém responde. A defesa prévia, hoje, não serve absolutamente para nada, a não ser para arrolar testemunhas. Quantas denúncias são recebidas automaticamente pelo juiz, com carimbo do cartório, e quantas denúncias poderiam morrer no nascedouro pelo menos com relação a alguns dos denunciados? Temos esse procedimento no Brasil para os funcionários públicos, com um contraditório prévio que pode ser só documental e que, o juiz o entender oportuno, poderá ampliá-lo para alguma prova prévia. Mas aí as pessoas dizem: ah! mas isso vai retardar o curso do processo. Gente, o que retarda o curso do processo não são os prazos que estão no Código, são os tempos mortos em que o processo fica parado no cartório, isso é estatístico, aumentar de quinze dias a duração de um processo para fazer uma efetiva defesa prévia e um recebimento da denúncia consciente pelo juiz, que vai ter que motivar sobre o recebimento da denúncia, é muito tempo ganho depois, exatamente porque aquele automatismo do juiz seria evitado.

Procedimentos. O nosso procedimento ordinário é um horror. Só não tem fórmulas sacramentais, porque o resto é do tempo das ordenações. Prazos e prazos e prazos e fala-se, fala-se, fala um e fala outro, e marca uma audiência hoje, outra para dali a dois meses quando o réu está solto, se o réu estiver preso anda um pouco mais por causa da prescrição. Mas muitas vezes se consuma a prescrição. E isso também pode ser simplificado. Na nossa proposta, o procedimento ordinário tem a estrutura que hoje tem o sumário, a grosso modo; e o sumário teria uma estrutura muito mais enxuta ainda. Isso é fácil de fazer. Não demanda estruturas, grandes transformações, nada disso. O nosso processo oral não é um processo oral. De oral só temos a audiência. Estamos tentando introduzir a idéia, de que salvo caso de extrema complexidade, as razões finais possam ser orais. Já não temos uma denúncia oral do Ministério Público, na Lei dos Juizados Especiais. Mas, uma coisa deve ser dita. Às vezes é mais fácil mudar estrutura do que mudar mentalidades. No entanto, há muita gente empenhada nesse movimento de enxugamento, de simplificação, de abandono do formalismo excessivo do processo, sem abandono das garantias, até mesmo com um realce ainda maior às garantias.

Para terminar, diria que os dois pontos fundamentais do novo processo penal que se delineia são, de um lado o garantismo, e do outro, a efetividade.

O garantismo, exatamente com o realce das garantias processuais, e a eficiência, no sentido de que o processo penal deve ser mais rápido, mais desburocratizado, mais acessível, não só em benefício da sociedade, mas também e sobretudo em benefício do próprio acusado, porque o processo penal é um castigo por si só, mesmo quando leva à absolvição, que será sempre uma absolvição tardia.

Os Direitos Humanos como fundamento epistemológico das reformas penais no Estado Democrático de Direito

André Copetti

1. Notas introdutórias

A hipótese cujo esboço pretendemos no presente trabalho é que o direito penal brasileiro encontra-se em uma situação de não adequação ao novo modelo normativo de Direito estruturado na Constituição Federal de 1988, limitado pela estrutura de garantias do Estado Democrático de Direito.

Partimos, para o desenvolvimento hipotético, do pressuposto de que a democracia é um conceito altamente dinâmico e temporalizado que impõe ao Estado a realização de uma constante atualização de seu instrumental coercitivo penal, sempre no sentido de uma abertura e minimização até o mínimo indispensável,[1] uma vez que, pela qualidade extremamente grave das sanções que o direito penal destina aos delinqüentes, este deve ser o último aparato a ser utilizado no combate à criminalidade.[2]

A mudança no quadro político brasileiro, a partir do início da década de 80, não teve a mesma repercussão em nosso sistema repressivo. Inobstante o texto da Constituição de 1988 conter dispositivos que a elevam ao nível das mais avançadas Constituições em todo o mundo, em termos de positivação e garantia de direitos

---
[1] Cfe. BUSTOS, J., HORMAZÁBAL, H. *Pena y Estado*. In: "Papers", n. 13, 1980, p. 97-128, p. 116.
[2] Cfe. BRICOLA, F. *Política Criminal y Derecho Penal*. In: *Revue Internationale de Droit Pénal*, n. 1, p. 105-112, p. 105.

humanos, como, *v.g.*, as Cartas portuguesa, espanhola e alemã, o nosso aparato incriminador, remanescente de uma cultura ditatorial, praticamente não se alterou. E isto não poderia ser assim, pois a passagem do autoritarismo para a democracia obriga aos representantes políticos a uma revisão de todo o seu sistema repressivo, aí incluindo-se o sistema jurídico-penal.[3]

Historicamente, o caminho inverso sempre foi construído com extrema rapidez. Quando, em diversos países, incluindo-se o Brasil, ocorreram mudanças, no sentido de uma autoritarização, imediatamente o aparato repressivo penal, juntamente com a noção de bem jurídico, foi modificado para servir como superestrutura necessária à concretização de um modelo de Estado que se sobrepunha sobre qualquer pretensão humanista.[4]

Para que possamos superar um modelo de direito penal que ainda não está adequado ao paradigma do Estado Democrático de Direito positivado em nossa Constituição, temos um longo e

---

[3] Cfe. HORMAZÁBAL. *Política Penal en el Estado Democrático*. In: *el Poder Penal del Estado*. Buenos Aires: De Palma, 1985. p. 155-171, p. 155.

[4] O grande exemplo disto é o direito penal soviético. Quase contemporaneamente à concepção de bem jurídico cunhada pelos alemães a partir do paradigma do Estado social, pactuado na Constituição de Weimar, o direito penal socialista soviético, considerado como uma mera superestrutura e conseqüência necessária da divisão da sociedade em classes, constrói a sua concepção de bem jurídico. A sua finalidade primordial foi a de proteger, por meio da repressão, o sistema de relações sociais e de produção, correspondentes aos interesses do proletariado, dirigido por um *establishment* burocrático. Destituído de um sistema efetivo de garantias individuais, o direito penal soviético não teve qualquer função de proteção do indivíduo ou da própria sociedade, mas, noutro sentido, constituiu-se em um instrumento de repressão com vistas a proteger interesses políticos de caráter revolucionário. Os bens jurídicos principais eram o Estado socialista soviético e as relações de produção comunistas, conforme é possível concluir-se pelo conteúdos dos conceitos materiais de delito inseridos na legislação em exame. O Código Penal de 1922 dispunha em seu artigo 6º que "cada delito deve ser considerada toda ação ou omissão socialmente perigosa, que ameaça os princípios básicos da constituição soviética e a ordem jurídica criada pelo governo dos operários e camponeses, para o período de transição ao Estado Comunista". Com a mesma ideologia manifestou-se a legislação penal de 1926 ao dispor que "é socialmente perigosa toda ação ou omissão que se dirija contra o sistema soviético ou atinja a ordem jurídica, que é instituída pelo regime dos operários e camponeses para o período da transição à ordem social comunista", concepção que se repetiu nos artigos 7º dos Princípios Gerais, de 1958, e do Código de 1960. Vê-se, nitidamente que a ordem econômico-produtiva socialista estava acima de qualquer outro bem jurídico, divergindo as concepções soviética de crime e bem jurídico de qualquer outra do mundo ocidental. Ver a respeito FERRAZ DE ANDRADE, Gilda Figueiredo. *O Crime na Legislação Soviética*. In: Cadernos de Advocacia Criminal. Porto Alegre: Sergio Fabris, 1988, v. 1, n. 3. p. 49-72.

árduo trabalho a realizar. O processo de revisão do direito penal deve ser realizado de acordo com critérios científicos e com olhares voltados para toda a gama de problemas que atingem nossa sociedade. Para a realização de tal objetivo, impõe-se uma perspectiva interdisciplinar que observe a unidade de nosso sistema social, bem como a funcionalidade dos subsistemas que o compõem internamente.

Esse trabalho é de responsabilidade não só dos legisladores penais, mas de todos os operadores e pensadores que se ocupam de nosso sistema repressivo, e para a sua execução, os ocupantes desses papéis sociais deverão observar, analisar e pensar o direito penal como parte do sistema social, do qual eles próprios fazem parte. Deverão observar o direito penal observando a si próprios, como membros de um sistema social que utiliza este instrumento de forma totalmente exacerbada, sem qualquer atendimento às pretensões de garantia dos direitos humanos.

Hodiernamente, se as propostas de reforma de nosso sistema normativo penal, formuladas por comissões de estudiosos do assunto, se concretizarem, não haverá qualquer alteração significativa que venha a mudar substancialmente as características de nosso sistema repressivo, pois estes projetos ainda não tiveram o aporte teórico das ciências sociais e do comportamento que iriam permitir uma revisão crítica do direito penal.

2. Sobre o Estado Democrático de Direito

Qualquer abordagem do sistema e do saber penal que tenha uma mínima pretensão ética deve ser feita sob a ótica dos direitos humanos. Bem sabemos da importância que estas construções da modernidade têm na consolidação do Estado moderno, e mais especificamente em sua última versão, o Estado Democrático de Direito. Foi sobre as três gerações de direitos humanos que se estruturou o modelo de Estado que hoje temos à nossa disposição, previsto abstratamente em nossa Constituição Federal.

A consolidação do conceito de Estado Democrático de Direito passa num primeiro momento pela instituição do Estado Liberal de Direito, num segundo, pela de Estado Social de Direito, para, num momento final, pós-Segunda Guerra, chegar ao modelo que hoje temos abstratamente à nossa disposição na Constituição Federal de 1988. Vejamos, sucintamente, esta evolução.

2.1. O Estado Liberal de Direito

É importante destacar incialmente que a concepção de Estado de Direito - versão inicial do que hoje conhecemos por Estado Democrático de Direito - não pode jamais ser destacada de um ponto de vista temporalmente condicionado, inteiramente aberto e influências de noções mutantes de Estado e de constituição, e de suas possibilidades de realização, o que importa sempre rejeitar a idéia de Estado como um fim em si mesmo. Neste aspecto, temos que concordar com Canotilho de que a história do Estado de Direito não deve ser compreendida como a "história de um conceito", mas como uma história enquadrada na "história geral das idéias e das instituições".[5]

Esta maneira de compreensão e análise do Estado de Direito também deve ser estendida às versões posteriores do Estado moderno: o Estado Social de Direito e o Estado Democrático de Direito. Estas versões de Estado são formas, mas que por si só seriam vazias e desprovidas de qualquer significado pragmático. Estas formas estatais adquiriram e adquirem uma enorme importância na história político-jurídica da humanidade na medida que serviram para dar uma cobertura crítica a alguns conteúdos materiais que em determinadas épocas não foram ou não estão sendo usufruídos por todos, situações que impedem a realização de uma concepção também temporal de cidadania.

A instituição do Estado de Direito, inobstante estar ligada conceitualmente ao pensamento germânico dos séculos XVII e XVIII, tem suas raízes em tempo muito anterior a estes. Num lapso temporal de mais ou menos mil anos, observa-se a construção de uma série de idéias que desaguaram na concepção única do Estado de Direito. Assim, temos na filososfia grega as idéias de *dike* (processo), *themis* (direito) e *nomos* (lei); na antiguidade, a idéia de uma constituição mista carregava consigo a pretensão de um poder regulado, moderado, em contraposição à tirania ilimitada; a idéia de vinculação do soberano às leis fundamentais do reino; as doutrinas de resistência contra tiranos e do contrato social; e, por fim, o pensamento medieval da liberdade no Direito, ou seja, a liberdade a partir de um determinado estatuto que conduziria à idéia de liberdade natural do homem.

Além desses precedentes mais longínquos, outros mais próximos não podem ser esquecidos. A *rule of law* inglesa ressaltava a

---

[5] Cfe. CANOTILHO, J. J. Gomes. *Direito Constitucional*. 5. ed. Coimbra: Almedina, 1991, p. 353.

proibição ao arbítrio, o princípio da pré-determinabilidade do direito penal, a legalidade da administração, a igualdade perante o Direito, a independência dos tribunais e a proteção das liberdades civis e políticas. Nos Estados Unidos, a idéia de um Estado constitucional desempenhou importante papel na garantização dos direitos de liberdade dos cidadãos, através da instituição de uma constituição formal e do devido processo legal (*due process of law*). Também na França desenvolveu-se o conceito de *règne de la loi*, vinculando a idéia da lei à vontade geral, e, também, o princípio da legalidade da administração, como resultado de um processo de conscientização da necessidade da defesa contra os abusos da administração.

Mas foi na França, em reação aos ordenamentos medievais e absolutistas, à sua pluralidade de poderes concorrentes e à oposição histórica e secular entre a liberdade do indivíduo e o absolutismo do monarca, que se estruturou de forma mais completa o Estado Liberal de Direito, no qual se refletiu a pugna da liberdade e da propriedade contra o despotismo na área continental européia.

Com a centralização da produção normativa e a divisão dos poderes, técnicas fundamentais de proteção dos direitos da liberdade, passaram o Estado e os governados a ter que se submeterem ao ordenamento jurídico. Mas essas técnicas eram apenas fórmulas ou formas para garantir a realização de algumas pretensões materiais pretendidas pela burguesia. Como bem anota Canotilho, *mais do que um conceito jurídico, o Estado de direito era um conceito político e, além disso, um conceito de luta política. Concretamente, constituia o instrumento da luta política da burguesia contra o Estado absolutista centralizador, contra os resquícios do Estado feudal, contra as sobrevivências estamentais.*[6] Era um Estado que nas palavras de Kant deveria respeitar a liberdade ética do homem individual e reconhecer uma vinculação jurídica para os próprios atos.

Inobstante ser o Estado de Direito visualizado como uma forma ou espécie de Estado, ou, melhor dizendo, uma forma do atuar estatal, essencialmente era um Estado de Direito Material, que traduzia algumas pretensões materiais da burguesia. E que pretensões eram estas?

Restou caracterizado o Estado Liberal de Direito[7] da seguinte maneira:

---

[6] *Idem*, p. 356.

[7] É importante destacar que a constituição do Estado Liberal de Direito não esteve atrelada, em momento algum, à instituição do Estado Democrático sob o aspecto formal. Este teve sua primeira manifestação na França, em 1848, com a vitória das armas revolucionárias que instituíram o princípio democrático do sufrágio universal.

a) o Estado é jusracionalisticamente entendido, com o afastamento das idéias transpessoais do Estado como instituição ou ordem divina, para se considerar apenas a existência de uma *coisa pública* destinada a satisfazer os interesses dos indivíduos, o que mais tarde revelou-se como sendo os interesses de uma determinada classe: a burguesia;

b) limitação dos fins e tarefas do Estado à garantia da liberdade e segurança da pessoa e da propriedade individual;

c) organização e regulamentação da atividade estatal segundo princípios racionais de modo a construir uma ordem estatal justa: reconhecimento dos direitos individuais, garantias dos direitos adquiridos, independência dos juízes, responsabilidade do governo, prevalência da representação política e participação desta no poder;

d) conceito de lei como eixo de concretização constitucional do Estado de Direito;

e) esta lei é juridicamente vinculante para a administração (legalidade da administração).

Com fundamento nestes princípios surge uma concepção liberal de cidadania limitada à proteção dos direitos do indivíduos, sem qualquer interferência do poder estatal na vida privada, ou seja, uma noção individualista de cidadania.

2.2. O Estado Social de Direito

Com o não-cumprimento pela burguesia dos princípios filosóficos que embasaram sua revolta social, e com a evidência de que o Estado jurídico puro se revelara inócuo para transformar as amargas realidades sociais, constituindo-se como uma espécie de leito de Procusto, diante de todas as possibilidades ofertadas e das necessidades demandadas pela vida, tomou consciência o "Quarto Estado" que a igualdade em que se arrimou o liberalismo era apenas formal e não substancial, e que a liberdade tão desejada se identificava com a emancipação econômica.

Instigados faticamente pela contradição entre a liberdade do liberalismo e a escravidão social em que viviam, e teoricamente nas doutrinas socialistas utópica e científica, de Saint Simon e Marx, a massa proletária ao arrebatar o sufrágio universal, não se contentando apenas com a concessão formal desse direito, mas utilizando-o em seu próprio benefício, deu início ao processo de instituição do Estado Social. Cede assim o Estado liberal-burguês às exigências dos trabalhadores. Entrega os anéis para não perder os dedos, vendo-se forçado a conferir, constitucionalmente, direitos do trabalho, da previdência, da educação, a ditar o salário, a manipular a moeda, a intervir na econonomia como distribuidor, a comprar a produção, regular preços, combater o desemprego, proteger o trabalhador, controlar as profissões, enfim, passa a intervir na dinâmica sócio-econômica da sociedade civil.[8]

Para o liberalismo que temia pelo seu próprio fim, com o advento de um sem-fim de insurreições do proletariado, a transformação social embasada especialmente no socialismo democrático alemão, afigura-se como uma perspectiva riquíssima de possibilidades, transferindo para um período futuro mais remoto o perigo de desintegração, extinção ou superação do sistema capitalista, sem falar na eliminação da mudança social através do recurso à violência revolucionária.[9]

Transforma-se, assim, a concepção de cidadania, passando esta do plano civil e político para a esfera social, e a ordem jurídica transforma-se em instrumento de atingimento de metas sociais concretas, dentro de uma lógica distributivista de satisfação de direitos humanos sociais, igualitários, destinados a organizar a sociedade de forma mais justa. O Estado de Direito deixou, assim, de ser formal, neutro e individualista, para transformar-se em Estado material de Direito, com a pretensão de realização da justiça social.

Sem dúvida alguma, como bem refere José Afonso da Silva, *os regimes constitucionais ocidentais prometem, explícita ou implicitamente, realizar o Estado Social de Direito, quando definem um capítulo de direitos econômicos e sociais,*[10] mas a efetivação desses direitos não tem encontrado um caminho tão pacífico quanto possamos imaginar.

---

[8] Este processo de adaptação do Estado liberal-burguês a certas condições históricas, como requisito necessário e fundamental para sua sobrevivência, é bem salientado por Paulo Bonavides ao dizer que *o Estado social representa efetivamente uma transformação superestrutural por que passou o antigo Estado liberal. Seus matizes são riquíssimos e diversos. Mas algo, no Ocidente, o distingue, desde as suas bases, do Estado proletário, que o socialismo marxista intenta implantar: é que ele conserva sua adesão à ordem capitalista, princípio cardial a que não renuncia.* Ver a respeito BONAVIDES, Paulo. *Do Estado Liberal ao Estado Social.* 4. ed. Rio de Janeiro: Forense, 1980, p. 205.

[9] É importante destacar que o Estado social instala-se historicamente em países com regimes políticos diversos e até mesmo antagônicos, como a democracia, o fascismo e o nacional-socialismo, o que não ocorre com o Estado socialista, que via de regra, instala-se sob a forma de regimes políticos autoritários.

[10] Cfe. SILVA, José Afonso. *Curso de Direito Constitucional Positivo.* 13. ed. São Paulo: Malheiros, 1997, p. 116.

Ainda existem vacilos teóricos, hermenêuticos e operativos que impedem a extração de efeitos jurídicos mais concretos das normas constitucionais de natureza social.

O enunciado constitucional do social, quando não provocou simplesmente um desconcerto, tampouco despertou em um primeiro momento maior interesse. Ainda convivemos com uma significativa parcela de dogmáticos e operadores jurídicos que qualificam as cláusulas do Estado Social como conceitos em branco, carentes de substantividade, como uma fórmula vazia de conteúdo, nebulosa, que, na melhor das hipóteses pode ser considerada como uma norma programática. Neste sentido, atribuem a esta categoria de cláusulas constitucionais valor político, mas jamais jurídico.

Se ainda visualizamos dificuldades na aplicação prática destas cláusulas, por outro lado, também já está se construindo um acordo teórico e pragmático que encerra a idéia de que as normas constitucionais que fundamentam o Estado Social se constituem em princípios reitores vinculantes para os poderes públicos, e não mais expressões polissêmicas que manifestam fórmulas vaporosas.

2.3. Os direitos pós-materiais e o plus *transformador do* Estado Democrático de Direito

Numa terceira fase, pós-Segunda Guerra Mundial, pelo qual está passando o Estado moderno, diante do surgimento de novos problemas sociais, temos a instituição de uma terceira geração de direitos humanos, os chamados direitos pós-materiais, que passam a ser reclamados na medida em que o desenvolvimento industrial e tecnológico passou a atingir bens até então intocados, como o ar, a água, todo o ecossistema global e outros interesses coletivos, difusos e transindividuais, ficando evidenciada, a partir daí, a necessidade de institucionalizar-se a sua proteção.

Estas três fases de constituição do Estado moderno, a partir da positivação dos direitos humanos, realçam a atuação de cada uma das funções estatais clássicas, para a sua realização. Assim, os direitos humanos de primeira geração destacaram a atuação legislativa; os de segunda, a atuação executiva; e os de terceira ou pós-materiais exigem uma atuação mais concreta do Poder Judiciário e do Ministério Público, um pela avocação da responsabilidade de conferir, via decisão, os direitos; o outro pela possibilidade de provocação do primeiro através das ações de natureza coletiva e *writs* constitucionais que estão à sua disposição.

Para Bolzan de Morais, o Estado para ser Democrático de Direito deve atender aos seguintes princípios:
a) constitucionalidade;
b) democracia;
c) sistema de direitos fundamentais;
d) justiça social;
e) igualdade;
f) divisão de poderes;
g) legalidade;
h) segurança e certeza jurídica.[11]

Assim, vê-se que a grande novidade histórica caracterizadora do Estado Democrático de Direito, em relação aos demais modelos do passado, consiste em ter incorporado ao ordenamento positivo, transformando-os em fontes de legitimação interna de natureza constitucional, os princípios de direito natural que funcionavam como fontes de legitimação externa relativamente ao "quando" e ao "como" do exercício dos poderes públicos.

Sucedeu-se, com a formação dos modernos Estados constitucionais, que o direito positivo incorporou grande parte dos conteúdos ou valores de justiça elaborados pelo jusnaturalismo racionalista e ilustrado: o princípio da igualdade, o valor à pessoa humana, os direitos civis e políticos e, também, todas as demais garantias penais e processuais de liberdade e de certeza. Segundo Ferrajoli,

"todos estos principios, afirmados por las doctrinas jusnaturalistas de los siglos XVII y XVIII en forma de derecho o derechos naturales, han sido consagrados en las modernas constituciones en forma de principios normativos fundamentales que contienen limitaciones y imperativos negativos - o también positivos, como los expresados por los llamados 'derechos sociales' o 'materiales' (al trabajo, a la salud, a la subsistencia, a la educación, etc.) añadidos en las constituciones de este siglo - cuyos destinatarios son los legisladores y el resto de los poderes públicos".[12]

Esses direitos fundamentais não são, senão, a forma jurídica positiva que os direitos naturais assumiram com sua garantia enquanto direitos subjetivos constantes nas Constituições modernas.

---
[11] Cfe. BOLZAN DE MORAIS, José Luis. *Dos Direitos Sociais aos Interesses Transindividuais*. Porto Alegre: Livraria do Advogado, 1996, p. 67.
[12] Cfe. FERRAJOLI, Luigi. *Derecho y Razón*, p. 355-356.

Sob o aspecto da legitimação, o fundamento político ou externo do Estado Democrático de Direito baseia-se na sua função de garantia dos direitos fundamentais mediante a sanção da anulabilidade dos atos inválidos: das leis por violação das normas constitucionais; de outros atos administrativos e decisões judiciais, por violação das leis constitucionalmente válidas.[13]

Ainda para Bolzan de Morais, o Estado Democrático de Direito *tem a característica de ultrapassar não só a formulação do Estado Liberal de Direito, como também a do Estado Social de Direito - vinculado ao Welfare State neocapitalista - impondo à ordem jurídica e à atividade estatal um conteúdo utópico de transformação da realidade.*[14]

O Estado Democrático de Direito, ao lado do núcleo liberal agregado à questão social, tem como questão fundamental a incorporação efetiva da questão da igualdade como um conteúdo próprio a ser buscado garantir através do asseguramento mínimo de condições de vida ao cidadão e à comunidade. Ou seja, nele a lei passa a ser, privilegiadamente, um instrumento de ação concreta do Estado,[15] tendo como método assecuratório de sua efetividade a promoção de determinadas ações pretendidas pela ordem jurídica. Neste sentido, manifesta-se também Streck,[16] dizendo que *no Estado Democrático de Direito há - ou deveria haver - um sensível deslocamento do centro de decisões do legislativo e do executivo para o judiciário*, concluindo que por tal via há a possibilidade de realização dos direitos previstos legal e constitucionalmente, podendo o Judiciário, através do controle da constitucionalidade das leis, servir como via de resistência às investidas dos Poderes Executivo e Legislativo, que representam retrocesso social ou ineficácia dos direitos individuais ou sociais.

Temos, então, que a configuração do Estado Democrático de Direito não significa apenas unir formalmente os conceitos de Estado Democrático com o de Estado de Direito, trata-se de um

---

[13] Idem, ibidem. Analisando o processo de positivação dos direitos naturais, na formação do Estado de Direito, manifesta-se Ferrajoli no sentido de que o *resultado de este proceso de positivación del derecho natural ha sido una aproximación entre legitimación interna o deber ser jurídico y legitimación externa o deber ser extrajurídico, es decir, una juridificación de éste mediante la interiorización en el derecho positivo de muchos de los viejos criterios y valores substanciales de legitimación externa que habían sido expresados por las doctrinas ilustradas del derecho natural.*
[14] Cfe. BOLZAN DE MORAIS, José Luis, *Dos Direitos Sociais aos Interesses Transindividuais*, p. 67 e segs.
[15] Idem, ibidem.
[16] Cfe. STRECK, Lenio Luiz, *Dogmática e Hermenêutica*, p. 15.

conceito novo, que leva em conta os conceitos dos elementos componentes, mas os supera na medida em que incorpora um componente revolucionário de transformação do *status quo*.

A partir disso, o compromisso básico do Estado Democrático de Direito situa-se na harmonização de interesses que se manifestam em três esferas fundamentais: a esfera pública, ocupada pelo Estado; a esfera privada, preenchida pelos indivíduos; e a esfera coletiva, onde aparecem os interesses dos indivíduos enquanto grupo.

Visto sucintamente este conceito, cabe, dentro dos propósitos deste trabalho, a formulação de duas questões fundamentais:

a) está a atuação penal do Estado, fundamentada no direito positivo e no trabalho dogmático desenvolvido pelo senso comum teórico dos juristas, dirigida à realização do Estado Democrático de Direito, no Brasil, pela realização dos direitos humanos?

b) qual o prognóstico normativo que o paradigma do Estado Democrático de Direito brasileiro possibilita ao direito penal positivo e à atuação estatal penal?

A resposta à primeira questão revela-nos que a atuação estatal penal, dividida em quatro fases distintas, está um tanto quanto distante de qualquer pretensão humanista de realização de um novo projeto de sociedade, com características eminentemente humanistas. A crise do sistema penal brasileiro começa no momento da produção normativa, passando pela aplicação e execução da lei penal, para aportar, a final, na fase pós-executiva, na qual há um verdadeiro abandono daqueles que são submetidos à violência do cumprimento das penas privativas de liberdade.[17]

Não sendo os objetivos do presente trabalho particularizar a análise acerca do problema do caos atual vivido por nosso sistema penal, mas apenas levantá-lo para justificar a necessidade de uma reforma penal ampla, em todas as fases antes enumeradas, não nos aprofundaremos neste aspecto. Para o cumprimento de nossos

---

[17] Inúmeros dados estatísticos oficiais revelam a crise do nosso sistema punitivo em suas mais diversas fases de atuação. Os recortes analíticos que podem ser feitos a partir destes dados circunscrevem-se ao aumento da violência, ao caráter seletivo das leis penais, à propagandização pela mídia da violência, à crise de legalidade dos poderes públicos, ao desconhecimento das agências oficiais acerca da situação dos presos, ao déficit estrutural do sistema, à incapacidade do sistema de cumprir com seus objetivos de prevenção e ressocialização, além da quantidade de verbas públicas investidas num sistema falido sem a obtenção de qualquer resultado postivo. A respeito, ver o nosso *Direito Penal e Estado Democrático de Direito*, Porto Alegre: Livraria do Advogado, 2000, p. 59-76.

escopos no limite deste ensaio, deter-nos-emos, unicamente, no apontamento de alguns pontos que julgamos importantes serem considerados para qualquer reforma que pretenda uma adequação do sistema punitivo, especialmente em sua parte normativa, ao novo modelo social, estatal e legal constitucionalizado, que compõem o que hoje denominamos Estado Democrático de Direito.

3. O Direito Penal no Estado Democrático de Direito e a síntese normativa entre o Estado liberal e o Estado social

Diante de uma inquestionável crise de legitimação do sistema punitivo brasileiro, impõe-se, como medida profilática urgente, a sua reengenharia político-normativa, a partir de reflexões desenvolvidas desde a rede normativa do texto constitucional, buscando-se, com isso, dentro de parâmetros racionais-humanistas, a construção de um prognóstico normativo autorizado pelo modelo de Estado Democrático de Direito projetado constitucionalmente.

Isso nos leva, obviamente, a uma complicada tarefa de sintetizar os núcleos de regras liberais e sociais previstos em nossa Constituição, para daí ser extraído o substrato hermenêutico que irá possibilitar uma nova exegese de nosso direito penal e, por conseqüência, a sua conformação a este projeto de Estado e de sociedade pretendido. De um lado, temos que pensar nos tradicionais princípios do Estado de Direito, e de outro, nas exigências das necessidades de democratização da própria sociedade.

A Constituição Federal de 1988, sem dúvida alguma, contém um projeto com objetivos voltados a um processo de transformação do Estado e da sociedade brasileira, e isso exige não só a sujeição do Estado a processos jurídicos e a realização não importa de que idéia de Direito, mas também a sua sujeição a critérios materiais que o transcendem, especialmente através da conjugação de dois princípios substantivos constantes na Constituição Federal: o princípio da soberania do povo e dos direitos fundamentais, previsto no artigo 1º, parágrafo único, incisos I, II e III, e o da realização da chamada democracia econômica, social e cultural como objetivo da democracia política, que está também no artigo 1º, nos incisos IV e V, e no artigo 3º, incisos I, II, III e IV.

Historicamente se observa que, em termos de compatibilização do Estado de Direito com o Estado Social, as dificuldades são significativas. Inobstante a existência, desde a Constituição de 1934, de cláusulas constitucionais sociais que fundamentassem um projeto de mudança social em nosso País, o que se verificou historicamente até nossos dias foi o desenvolvimento de um projeto econômico eminentemente liberal, sustentado por uma práxis autoritária nas relações de poder e até mesmo do Estado com a sociedade.

As dificuldades dessa compatibilização repousam no fato de que os grandes núcleos de regras constitucionais têm natureza totalmente distintas. Enquanto o núcleo social leva a um compromisso político de realização material de todos os estratos populacionais, o núcleo liberal objetiva um quadro jurídico de rigor constitucional e legal.

Na busca dessa síntese, qual será o prognóstico normativo para o direito penal? Enquanto no Estado de Direito o fenômeno do exercício do poder é por definição circunscrito e delimitado no seu conteúdo constitucional, no Estado Social há um extravasamento dessas limitações porque nele as possibilidades de extensão das formas de domínio são imensas, podendo atingir intensidades sutis e num certo sentido até fora de controle do ponto de vista do Estado de Direito.

Temos na Constituição Federal as formalidades ou a forma do projeto de Estado Democrático de Direito pretendido. Para efeito de um modelo constitucional para o Estado de Direito, concebido como um Estado mínimo, reduzido em suas funções, esta formalidade adquire os contornos de uma cláusula de bloqueio ou função de bloqueio; enquanto para o atendimento do núcleo social do Estado, temos um modelo constitucional alicerçado em uma cláusula com a função de legitimação das aspirações sociais, o que de certa forma já existia nas Constituições de 1934, 1937, 1946, 1967/69.

O problema a que aqui nos referimos pode ser expresso da seguinte maneira: há uma Constituição que apresenta no seu corpo normativo um sistema de valores, propondo um modelo de Estado cuja efetivação depende da realização de tais valores. A concretização deste projeto social necessariamente irá enfrentar o conflito entre o modelo de Estado com a função de bloqueio e o Estado com a função de legitimação de aspirações sociais.

Diante desta situação, a questão que se coloca diz respeito à captação do sentido da Constituição no momento em que, concebida como um sistema de valores, o modelo de Estado que ela institui se transforma num instrumento de realização política, com base na qual a atividade legislativa e judicial será forçada, pela pressão social, a concretizar princípios e programas encerrados no texto constitucional. Há, assim, um problema de conformação política dos fatos ao modelo, isto é, de sua transformação conforme um projeto social ideológico.

Na Constituição de 1988, as tarefas colocadas ao Estado, ensejam não só uma multiplicação de normas, mas também à sua modificação estrutural, colocando-se a descoberto as suas limitações. Exige-se do Estado a responsabilidade pela transformação social adequada da sociedade, o que coloca para ele outras funções que não se casam plenamente com a função de bloqueio dos velhos modelos constitucionais.

Essa situação, quando confrontada com as vicissitudes de um direito penal dentro do Estado Democrático de Direito, enseja uma certa preocupação, pois a função de bloqueio foi instituída, em sua maior parte, em razão de desumanas passagens históricas proporcionadas pela atuação do sistema punitivo. Neste sentido, cabe-nos questionar quais os limites da contribuição do direito penal para a realização do Estado Social brasileiro. Como deverá ser um direito penal inserido dentro de um paradigma de Estado Democrático de Direito, no qual as liberdades sejam amplamente garantidas, mas também as pretensões materiais satisfeitas, como forma de realização da dignidade e cidadania dos brasileiros?

Sem aprofundar a análise de que uma intervenção penal máxima somente poderia servir à formação de um Estado totalitário, também um modelo mínimo ou a abolição de toda e qualquer forma de controle social penal do Estado podem servir a uma atuação penal desmedida e autoritária, distanciada da realização de um Estado Democrático de Direito, especialmente se, paralelamente às reduções, depararmo-nos com uma supressão das garantias.

Todo o projeto político da modernidade, pelo menos em tese, está fundamentado na realização dos direitos humanos, sendo este o paradigma ideal de justiça política que se pretende. O Estado moderno estruturou-se em cima desta idéia. Todo o sistema de divisão e independência de poderes, dentro de um esquema de pesos e contrapesos, a isto se destinou. Mas, como antes já demonstramos, nem sempre os titulares dos poderes desenvolveram seus esforços no sentido da realização de uma justiça política. Mesmo tentando a realização, na maioria das ocasiões, do paradigma da filosofia da consciência, pelo distanciamento dos conflitos como fator de legitimação de decisões, os detentores do poder não conseguiram jamais se imunizar de suas paixões, mas, pelo contrário, no exercício de suas prerrogativas dentro dos conflitos sociais, esqueceram suas atribuições, atendendo, não raras vezes abusivamente, seus próprios interesses.

Na atuação estatal penal isto não tem sido diferente. Mesmo estando investidos em seus poderes a partir de processos democráticos de representação, não têm os protagonistas das decisões de interesse público obtido o resultado pretendido dentro de padrões ético-políticos de justiça que visem à realização dos direitos humanos. E se as estratégias de justiça política até aqui adotadas, desde os primórdios da modernidade, não lograram tal êxito, qual o caminho a seguir, visando a atingir este fim? Não podemos esquecer nosso passado penal e, por isso, concordamos com Höffe quando este afirma que *são experiências históricas e considerações interdisciplinares que esclarecem de que modo os princípios de justiça e sua condição de realidade, o poder jurídico coletivo, se realizam adequadamente no mundo empírico.*[18]

No Estado Social há uma nova concepção de democracia: a social, que ultrapassa o mero formalismo da democracia representativa,[19] e todo ordenamento jurídico deve estar voltado à sua realização. Algumas parcelas do ordenamento devem contribuir mais do que outras, e neste aspecto entendemos que o direito penal,

---

[18] Cfe. HÖFFE, Otfried. *Justiça Política. Fundamentação de uma Filosofia Crítica do Direito e do Estado*. Petrópolis: Vozes, 1991, p. 368.

[19] Há aproximadamente dois séculos a democracia, ou pelo menos, o termo democracia tem aparecido como um denominador comum de todos os regimes que se desenvolveram nos países econômica e politicamente mais avançados. Fala-se, muitas vezes inadvertidamente, de liberalismo ou de socialismo democrático, o que implica seriamente concepções totalmente distintas. Num primeiro momento, podemos entender democracia, adotando as palavras de Bobbio, como um método ou um conjunto de regras de procedimentos para a constituição de um Governo e para a formação das decisões políticas mais do que uma ideologia. Para este autor, na teoria política contemporânea, as definições de democracia tendem a resolver-se e esgotar-se num elenco mais ou menos amplo de regras do jogo, ou, com outra expressão, em "procedimentos universais" destinados ao estabelecimento de *como* se deve chegar à decisão política, deixando de lado *o que* se deve ou não decidir. Dentro desta concepção teríamos, segundo o senador peninsular, um conceito formal de democracia no qual as principais regras do jogo seriam: a) a existência de um órgão máximo legislativo eleito direta ou indiretamente pelo povo; b) a necessidade de coexistência junto ao órgão legislativo de outras instituições com dirigentes eleitos; c) o corpo de eleitores formados por todos os cidadãos que tenham atingido a maioridade; d) o voto igual (*one man, one vote*); e) o voto livre, segundo a opinião a ser formada o mais livremente possível; f) o oferecimento de alternativas de escolha para o eleitor; g) o princípio da maioria numérica; h) a imposição de que as decisões tomadas pela maioria não devem limitar os direitos da minoria, especialmente de se tornar maioria; i) a necessidade de o órgão do governo gozar de confiança do Parlamento ou do chefe do Poder Executivo, por sua vez, eleito pelo povo.

pela gravidade das sanções que impõe, deva ser a parte do ordenamento jurídico menos utilizada para tal fim, pois uma exacerbação do ordenamento e da atuação estatal penal para a realização do Estado Social implicaria necessariamente uma violenta redução das liberdades individuais que são, sem dúvida alguma, um dos pilares fundamentais do Estado Democrático de Direito.

A tradicional teoria acerca da democracia, considera-a, sem dúvida alguma, em função dos efeitos substanciais que potencialmente podem surgir a partir do estabelecimento e cumprimento das regras formais do jogo, como o melhor e mais seguro caminho para a justiça concreta, sendo ela a forma exata de organização do estado de justiça, não sendo possíveis tensões entre democracia e justiça.

Partindo-se dessa nota conceitual sobre democracia formal, e jamais desprezando o processo histórico por ela caracterizado, não é possível crer-se que o simples respeito aos procedimentos formais democráticos possa garantir que uma decisão política venha a satisfazer a realização de uma pretensão de justiça voltada para a concretização dos direitos humanos, não só das vítimas do sistema penal, mas também das vítimas das ações delituosas. Neste aspecto, razão parece ter Höffe quando diz que:

> "Os procedimentos democráticos de decisão são determinados por regras de maioria, mas decisões de maioria são, quando muito, vantajosas, para a maioria e, de modo algum, para todos. Mas a maioria pode impor seus interesses à minoria, de modo que a democracia pode se tornar uma variante do 'direito do mais forte'".[20]

Até mesmo Rousseau, um dos teóricos clássicos da democracia, reclama, como uma de suas condições suplementares a existência de *bastante igualdade nas classes e nas riquezas, sem o que a igualdade não poderia subsistir muito tempo nos direitos e na autoridade*".[21]

---

[20] Cfe. HÖFFE, Otfried, *Justiça Política*, p. 370. É necessário destacar que inobstante tenhamos observado nos últimos dois séculos uma significativa evolução no conceito e na realização da democracia formal, não raras vezes observamos a ocorrência de uma das mais acreditadas regularidades ou uniformidades captadas pela ciência política, transformada até mesmo em dogma científico por Roberto Michels: a lei férrea da oligarquia, segundo a qual em cada regime, seja qual for sua "fórmula política", é sempre uma minoria organizada ou um número muito restrito de minorias, em luta entre elas, que governam um país. A respeito, ver Bobbio, Norberto, *Dicionário de Política*, vol. I, p. 166.
[21] Cfe. ROUSSEAU, Jean-Jaques. *O Contrato Social*. São Paulo: Cultrix, p. 74.

Repensar o discurso jurídico-penal e a atuação do sistema penal nele baseada importa repensar o modelo de sociedade desejada, o que, por sua vez, demanda uma reconsideração da própria noção de democracia.

A sociedade brasileira, inobstante não ter jamais observado, e ainda não observando todas as regras do jogo democrático formal, estabeleceu, a partir da promulgação da Constituição Federal de 1988, um pacto dirigido a um novo modelo de sociedade, fundado no paradigma do Estado Democrático de Direito, onde se delimitou claramente as abstenções dos poderes públicos frente às garantias individuais liberais dos cidadãos, bem como as obrigações de fazer do Estado a fim de satisfazer os direitos sociais de sua população.

A partir desse momento histórico, passou a existir, urgentemente, a necessidade de refazermos a noção de democracia no imaginário social de nosso povo e de nossos governantes. Falamos de uma concepção democrática substancial ou material, com referência a certos conteúdos inspirados em ideais característicos da tradição do pensamento democrático, especialmente o igualitarismo, não só jurídico, mas também social e econômico.

Importante salientar neste ponto que ambas as noções de democracia não são excludentes uma da outra, mas, pelo contrário, complementares, ressalvando-se apenas que a material situa-se num lugar preferencial, incorporando, no plano axiológico, valores mais importantes e, por conseguinte, prévios em relação à outra.

Recorrendo-se a Ferrajoli,[22] veremos que em um sentido não formal e político, mas substancial e social de democracia, esta se equipara ao Estado de Direito, refletindo não só a vontade da maioria, mas, muito além disto, os interesses e as necessidades vitais de todos. Para o mestre da Universidade de Camerino, as garantias, tanto liberais como sociais, expressam, com efeito, os direitos fundamentais dos cidadãos frente aos poderes do Estado, os interesses dos fracos em relação aos fortes, a tutela das minorias marginalizadas ou discrepantes em relação às maiorias integradas, as razões de *los de abajo respecto a los de arriba*. Neste sentido, para ele, não existe diferença entre os direitos de liberdade e os direitos sociais: também os direitos sociais como cada vez se faz mais evidente nos países ricos, em que a pobreza tende a converter-se em uma condição minoritária, são direitos individuais virtualmente contrários à vontade e aos interesses das maioria.

---
[22] Cfe. FERRAJOLI, Luigi, *Derecho y Razón*, p. 864.

A partir disso, propõe uma redifinição do conceito de democracia, chamando de democracia *substancial* ou *social* ao "Estado de Direito" dotado de garantias efetivas, tanto liberais como sociais, e democracia *formal* ou *política* ao "Estado político representativo", é dizer, baseado no princípio da maioria como fonte de legalidade. Arrolam, neste passo, duas categorias de normas: a) as *substanciais*, em relação às *formais* de democracia política, são as normas consideradas secundárias que enunciam tais condições, as quais, de maneira diferente das normas sobre o *"que"* e sobre o *"como"* se deve decidir, que se referem às fontes e às formas de produção das normas primárias, fazem referência ao "que" se deve ou não decidir; b) e *sociais*, em relação às políticas em matéria de representação, podem ser consideradas suas funções: enquanto, com efeito, o Estado representativo supõe que a soberania resida no povo e, por conseguinte, seu exercício seja legítimo enquanto represente a vontade da maioria, o Estado de Direito requer que as instituições políticas e jurídicas sejam instrumentos dirigidos à satisfação dos interesses primários de todos e sejam, portanto, legítimas enquanto tutelem e realizem concretamente tais interesses.

Como consectário dessas exigências da democracia substancial, o princípio da democracia política, relativo ao *quem* decide, encontra-se subordinado aos princípios da democracia social relativos ao *que não é lícito decidir e ao que é lícito deixar de decidir*.

Para Ferrajoli, a expansão democrática a partir de sua concepção substancial pode acontecer não só mediante a multiplicação das sedes não-políticas nas quais resulta formalmente democratizado o *quem* e o *como* das decisões, mas sobretudo mediante a extensão dos vínculos estruturais e funcionais impostos a todos os poderes - democráticos, burocráticos, públicos e privados - e pela elaboração de novas técnicas garantistas aptas para assegurar uma maior efetividade.[23]

Neste projeto de democracia social deve ser observada uma expansão dos direitos dos cidadãos e, correlativamente, dos deveres do Estado, o que em outros termos importa uma maximização das liberdades e expectativas e uma minimização dos poderes.

A partir daqui começa a se desenhar uma proposta de um Estado liberal mínimo e de um Estado social máximo, o que implica um Estado e um Direito mínimo na esfera penal e, por outro lado, um Estado e um Direito máximo na esfera social. Com essa fórmula,

[23] FERRAJOLI, Luigi, *Derecho y Razón*, p. 865.

que não cremos nem pretendemos seja mágica, achamos possível resgatar grande parte das pretensões de um Estado Democrático de Direito, que temos pactuado em nossa Constituição, especialmente no campo penal, com a realização dos direitos fundamentais não só daqueles que se vêem enredados com o sistema penal pela prática de ações tidas como delituosas e amargam suas sanções oficiais e paralelas, mas também com a realização dos direitos fundamentais do restante da população, potencial destinatária de ações delituosas que somente serão reduzidas a níveis aceitáveis com a instituição de um Estado social que até a presente época não passou de um simulacro em nosso País.

Cremos que para a realização do Estado Democrático de Direito, diante dos abusos por parte dos poderes públicos constituídos sob uma democracia formal, faz-se necessário não só a efetiva observância do cumprimento dos limites fixados a eles através da Constituição, mas, também, a revisão objetivando uma ampliação desses limites. Estes necessariamente devem ser mais estritos, e os critérios de suas escolhas devem seguir princípios de uma justiça política do ponto de vista ético-humanitário, o que somente é possível através da positivação e realização dos direitos humanos.

Nesta concepção, a democracia passa não mais a ser uma série de meios e procedimentos visando a atender, no que se refere aos processos decisórios, ao princípio da maioria, mas, noutro sentido, a um conjunto de fins, com função de proteção das minorias, garantindo a igualdade em direitos em relação àqueles que não possuem as mesmas convicções econômicas, sociais, políticas, religiosas e formação lingüístico-cultural da maioria.

Para isso, adiante da consolidação e institucionalização dos direitos humanos, devem eles ser considerados como parte do direito positivo de um Estado. Deve ser ultrapassada a sua consideração dentro de um plano ideal, como solenes declarações de intenção, de esperanças ou postulados genéricos inatingíveis ou irrealizáveis. Muito mais do que isso, são eles princípios de legalidade, componentes de um pacto social traduzido em uma Constituição, e para a sua realização não basta a observância do princípio da maioria nos processos decisórios. Exige a concretização dos direitos humanos o cumprimento da Constituição não só pelos cidadãos componentes da população de um Estado, mas, principalmente, pelos próprios poderes públicos que têm uma função de proteção. Com isso, realizam-se no plano concreto as pretensões dos destinatários dos direitos fundamentais positivados no que se refere ao seu significado de proteção, seja em relação aos outros cidadãos, seja contra as instâncias de poder público ou privado.

Utilizando as palavras de Höffe,[24] é pela estruturação jurídica do Estado constitucional democrático, com tribunais independentes, que se torna possível o cumprimento das vinculações do poder estatal e a monitoração dos poderes individuais. É por este caminho, desde uma eliminação do monopólio e da ilimitação do poder, por uma múltipla articulação da rede de poderes públicos, com um sistema de controle recíproco entre eles, que se apresenta como possível a efetiva realização dos direitos fundamentais. E isto é de fundamental importância quando transferido para toda e qualquer pretensão de análise e reestruturação do discurso jurídico e do sistema penal.

O grande momento vivido pela experiência constitucional brasileira atual na instauração do Estado Democrático de Direito está, assim, no modo como as exigências do Estado Social se jurisfaçam nos contornos do Estado de Direito. Ainda observa-se no imaginário dos aplicadores da lei uma lógica liberal, e no dos agentes das instituições do Estado policial uma práxis autoritária, situação bastante temerária para um quadro de expansão dos limites do direito penal, tendo em vista sua participação para a realização do Estado Social.

O princípio legitimador deste modelo de Estado, ainda que muito abstrato e genérico, tendo pela frente a compatibilização das funções de bloqueio e de legitimação das aspirações sociais, deve ser baseado na possibilidade de impedimento de que as funções sociais do Estado se transformem em funções de dominação. Esse é o grande risco de um direito penal exacerbado voltado para a realização do social. Será preciso ver no reconhecimento do Estado Democrático de Direito uma espécie de repúdio à utilização desvirtuada das necessárias funções sociais como instrumento de poder, especialmente de poder penal, porque isto destruiria o Estado de Direito, pervertendo-se a base do Estado Social que estaria tão desnaturado. Em conseqüência, o Estado Democrático de Direito perderia seu contorno constitucional.

Por outro lado, também não podemos esquecer que não mais se admite levar à interpretação da Constituição todos aqueles formalismos típicos da interpretação liberal-individualista. A constituição tem que ser entendida como a instauração do Estado e da comunidade. Ela não deve se submeter àquele puro formalismo sob pena

---
[24] Cfe. HÖFFE, Otfried, *Justiça Política*, p. 377-378.

de fazermos o inverso, impedindo a realização do Estado Social. O difícil é fazer essa composição sem desfigurar a idéia de Estado Democrático de Direito.

3.1 A utilização do Direito Penal para a regulação da liberdade individual no Estado Social

Mesmo após mais de duzentos anos da instituição do Estado de Direito Liberal, não houve ainda uma solução satisfatória em relação à garantia da liberdade individual frente à intervenção estatal. Os direitos fundamentais que são eficazes contra o Estado protegem o cidadão frente às arbitrariedades dos poderes públicos. A visão do homem de nosso tempo parte da idéia do cidadão emancipado, aquele que, em tese, deverá fazer o uso adequado da liberdade garantida. Quais os limites desta liberdade? Quais as restrições que o Estado pode impor aos indivíduos para realizar um projeto de Estado Social que nosso País ainda não atingiu concretamente, mas que abstratamente está contemplado na Constituição?

A liberdade de participação na vida pública, para decidir quais os caminhos que deverão ser percorridos pelo grupo, é um privilégio usufruído por um pequeno número de cidadãos, formado em sua maioria por componentes das classes economicamente mais fortes. O restante da população limita-se a participar dos processos eletivos, destinados à formação da vontade do Estado. Dessa situação é possível concluir que a regulação jurídica detalhada das relações sociais, decisiva para a situação existencial dos indivíduos, é realizada por uma diminuta minoria, filiada a partidos políticos e que consegue, por articulações variadas, dominar os foros de discussão e determinação destas instituições. A grande maioria dos cidadãos está excluída deste processo, e não há um efetivo sistema de comunicação entre representantes e representados.

A não-realização dos anseios e desejos da maioria da população tem levado esta a recorrer, em um significativo número de situações, às iniciativas civis, não-governamentais, que hoje já ocupam espaço em grande parte de atividades que originariamente deveriam ser executadas pelo Estado.

Talvez seja verdadeira a afirmação de que os cidadãos não estão tão emancipados quanto imaginem, e parcialmente impedido esteja o exercício da cidadania, a fim de atingir-se uma qualidade de vida satisfatória. E isso ocorre em grande medida em razão da forma como tem atuado nosso Estado, seja não realizando os direitos sociais, seja violando ou não permitindo o gozo das liberdades individuais.

Diante desse quadro, a proteção constitucionalmente garantida contra intervenções ilegítimas do Estado na configuração existencial do indivíduo é assumida como óbvia e necessária.

Mas a ameaça à liberdade não pode, hoje, ser colocada em termos estritamente individuais. As condições de vida negadas são constrangimentos objetivos tão ou mais perigosos que uma violação individual.

Das estruturas da sociedade moderna, dos efeitos da tecnologia, da acumulação do capital, condições que afetam diretamente a vida dos cidadãos, resultam limites fáticos à livre manifestação da personalidade constitucionalmente garantida. A liberdade deve ser invocada dentro de uma condição comunitária, em que prevaleça a vinculação do indivíduo com o grupo social, dentro de uma relação de dependência recíproca.

Nessa conjuntura, o postulado do Estado Social reclama a uma forçosa limitação da liberdade individual. Mas em que planos deve dar-se esta limitação, e quais os instrumentos normativos que o Estado deve utilizar para regular estas privações individuais?

É uma conseqüência inafastável do mandato do Estado Social tornar possível uma compensação adequada de interesses, que jamais poderá significar liberdade absoluta, mas a garantia justa de um espaço suficiente de liberdade para cada um.

O Estado Social demanda uma redução da liberdade, especialmente porque uma liberdade ilimitada conduziria, na moderna sociedade de classes, a uma hegemonia dos economica e socialmente mais fortes sobre os débeis. Toda regulação que sirva à compensação de poder comporta, simultaneamente, diminuição de liberdade para uns e ampliação da mesma para outros. Esta regulação de interesses antagônicos é a tarefa essencial do Estado Social, e o Direito é o principal instrumento para a concretização desta empreitada.

Sendo o direito penal o mais violento instrumento normativo de regulação social, particularmente por atingir, pela aplicação das penas privativas de liberdade, o direito de ir e vir dos cidadãos, deve ser ele minimamente utilizado. Numa perspectiva político-jurídica, deve-se dar preferência a todos os modos extrapenais de solução de conflitos. A repressão penal deve ser o último instrumento utilizado, quando já não houver mais alternativas disponíveis. Mas não utilizada da maneira como vem sendo feita, paralelamente a outros procedimentos de natureza não-penal, como tem ocorrido especialmente nos crimes econômicos e tributários. Devem ser esgotadas as opções não-penais, antes de iniciar-se a persecução penal.

A realização do Estado Social depende muito mais do aporte de recursos para a implementação de uma série de direitos, do que propriamente de repressão à liberdade individual.

A diminuição da liberdade individual, como corolário do aumento da liberdade comunitária, deve dar-se, preferencialmente em relação à propriedade, tributos, acumulação de capital, ou seja, nos pontos fundamentais que irão possibilitar uma redistribuição social e a realização da igualdade material. E para isto o aparato jurídico não-penal disponível já dispõe de uma série de mecanismos capazes de atingir esses objetivos. Evidentemente que, quando o Estado não lograr êxito no campo extrapenal, deve ele utilizar, em última instância, a aplicação da lei penal.

Com a utilização mínima do direito penal estar-se-á privilegiando não só a liberdade individual, valor fundamental do Estado Democrático de Direito, mas, como já dito anteriormente, pela redução do aparato repressivo estatal e, conseqüentemente, com a diminuição desta despesa pública, poderão os recursos desta rubrica serem alocados para a realização de direitos sociais.

3.2. Da necessária fundamentação antropológica de uma política criminal no Estado Democrático de Direito

Se no desenvolvimento constitucional ocidental não pudemos observar a um processo progressivo de reconhecimento e realização dos direitos humanos, grande parcela deste fenômeno se deve ao exercício do poder penal estatal. Zaffaroni bem lembra, quanto a isto, que *enquanto os direitos humanos assinalam um programa de igualdade de direitos de longo alcance, os sistemas penais são instrumentos de consagração ou cristalização da desigualdade de direitos em todas as sociedades.*[25]

Essa situação do penalismo, especialmente latino-americano, impõe que qualquer reengenharia do discurso e do sistema penal passe necessariamente pelo filtro de um programa transformador cunhado a partir dos direitos humanos positivados constitucionalmente, como priorização da vida e da pessoa humana, dentro de uma legitimação antropológica do poder penal.

---

[25] Cfe. ZAFFARONI, Eugenio Raul, *Em Busca das Penas Perdidas*, p. 149.

Nesse sentido, toda e qualquer resposta à deslegitimação enfrentada pelo discurso jurídico-penal e pelo sistema penal importa em repensar o próprio modelo de sociedade. Sendo o Direito uma ferramenta, um instrumento disponível ao homem, deve ele estar atrelado à noção de homem pretendida, nela estando compreendida uma noção de cidadania, de emancipação e, principalmente, de liberdade. E isto desemboca necessariamente na concepção de sociedade desejada. Este paradigma já foi estabelecido constitucionalmente a partir da Carta de 1988, com a especificação, pelo legislador, de todos os padrões morais, sociais, pautas de valor e de cultura que devem orientar nossa sociedade.

Para o juspositivismo dogmático, os questionamentos antropológicos parecem estar já respondidos na lei penal positivada, como resultado de uma atividade desenvolvida no plano da política criminal. Isto é insustentável, e só serve para justificar uma separação radical entre dogmática e política, além de proporcionar a construção de toda uma argumentação dogmática de legitimação interna do discurso jurídico.

Se não é a dogmática penal que nos fornece o conceito de homem do qual deve-se nutrir toda a construção jurídico-penal, inevitavelmente deve ela manejar seu objeto de reflexão a partir desse conceito de homem cunhado a partir da realidade social e do paradigma de sociedade pretendido constitucionalmente.[26]

Pela falta de uma fundamentação antropológica nos termos antes reclamados, cremos que o exercício do poder penal estatal não pode ser considerado como o exercício de um direito penal funda-

---

[26] Estes requisitos exigíveis para um profícuo manejo da lei parecem estar sendo esquecidos pelos juspositivistas dogmáticos que têm construído toda ciência penal desde fatos primeiros, apriorísticos, traduzidos pelos institutos legais. Buscam eles constantemente a legitimação e a coerência interna do discurso e do sistema, esquecendo que há uma necessidade muito maior e substancial de legitimar-se todo exercício estatal penal a partir de uma concepção antropológica de liberdade e emancipação não só jurídica mas, principalmente, econômico-social. Isto não tem sido levado em conta pelos construtores de uma ciência penal alienada e idólatra dos institutos penais que, para eles, parecem ter uma essência em si mesmos, serem fatos apriorísticos ao próprio homem, concepção que tem dificultado toda e qualquer compreensão e interpretação do fenômeno jurídico. Sobre este aspecto coloca Zaffaroni que *el derecho penal sea para el hombre implica que el mismo significa para el hombre, es decir, que es algo significativo, que no es un "hecho puro". Si separamos al derecho penal de su significación, le quitamos su carácter de hecho humano de la misma manera que a cualquier cosa que le quitamos su significación. Aquí radica esencialmente la necesidad de una comprensión teleológica del derecho penal fundada en lo antropológico".* Cfe. ZAFFARONI, Eugenio Raul. *Tratado de Derecho Penal.* Buenos Aires: Ediar, t. II, p. 424.

mentado eticamente em noções humanistas, por não ter a capacidade de cumprimento da função que lhe é atribuída ou que deveria ser atribuída no atual estágio de desenvolvimento cultural da humanidade, qual seja, nas palavras de Zaffaroni, a de *possibilitar las condiciones externas de realización del hombre o sea, asegurar los bienes jurídicos históricamente necesarios para la posibilitación de la autenticidad (libertad) de cada uno de los co-existentes, de la mejor manera posible en las circunstancias dadas.*[27] E isso em grande parte ocorre porque o exercício do poder penal não reconhece a autodeterminação do homem, e as definições do direito penal não raras vezes se esgotam no formal, distanciando-se não só de seus requerimentos básicos de existência e funcionamento, mas, principalmente da necessária referência histórica.

Temos neste passo que um direito penal antropologicamente fundado é um direito penal liberador, que assume uma forma utilitária ao homem a partir do cumprimento de suas atribuições de garantia que possibilitarão a auto-realização dos indivíduos, contrariamente ao que ocorre num direito penal repressivo que faz do homem um instrumento do Estado, de sua lei penal, configurando-o e retirando a imensa maioria de suas possibilidades de eleição e de autogestão.

Avanços e retrocessos existiram na história penal da humanidade no que se refere à aproximação ou distanciamento da legislação penal em relação a uma fundamentação antropológica. À medida que se operou o afastamento, o pensamento e as práticas penais encobriram o homem, dando relevância às coisas e aos esquemas teórico-jurídicos completos e plenos, deixando, com isso, o direito penal de ser útil ao homem e à sociedade. Por estas vias houve a pretensão da solução de problemas sociais através de um ponto de vista individualista, sobre casos particulares, proibindo o que não se pode alcançar, aumentando penas para compensar a impunidade, criminalizando condutas sem relevância social, etc. Assim se posicionando e agindo, o direito penal não logrou e não logrará garantir os bens que são necessários para projetar a realização do mundo em bases ético-humanísticas, ou, em outras palavras, não possibilitou e não possibilitará que uma maioria mais ou menos ampla goze desta garantia.

Um direito penal não fundamentado antropologicamente não garante efetivamente os bens jurídicos fundamentais aos homens. É o que acontece no Estado gendarme. Os bens jurídicos devem estar

---
[27] Cfe. ZAFFARONI, Eugenio Raul, *Em Busca das Penas Perdidas*, p. 426.

ao alcance de cada homem enquanto deles necessita para projetar-se e realizar-se no mundo. Cada bem jurídico tem um lugar no espaço, mas este espaço só pode ser criado pelo legislador a partir do modelo social pretendido e pactuado constitucionalmente. Com isso, temos como impositivo que, diante de uma nova ordem social constante na Constituição Federal, para a consecução de um direito penal de fundamentação antropológica, necessário se faz reassentar a teoria do bem jurídico penal dentro de padrões e limites constitucionais, com a máxima atenção ao direitos individuais e sociais positivados.

4. Sobre a relação entre o modelo de sociedade pretendido pelas classes detentoras do poder político e o conceito de bem jurídico-penal

Historicamente, nem sempre houve a necessária vinculação dos bens jurídico-penais aos preceitos constitucionais estabelecedores e garantidores dos direitos fundamentais dos cidadãos.

Em uma breve síntese evolutiva,[28] ainda que reconheçamos que a moderna idéia de bem jurídico surge a partir do movimento liberal iluminista, no qual também se fundam as bases do direito penal contemporâneo, não podemos olvidar que mesmo nos Estados teocráticos a associação de uma pena a um ato tido como criminalmente lesivo ocorria porque havia a afetação de um bem jurídico que era devido a Deus, entidade que posteriormente veio a ser substituída pelo Estado na justificação da intervenção das mais diversas potestades, especialmente a penal.

O movimento iluminista, a partir de duas correntes filosóficas distintas: o racionalismo cartesiano e o empirismo inglês, construiu um processo evolutivo em que, totalmente desvinculado de noções ético-religiosas, o delito passou a ser considerado como violação do pacto social e a pena como instrumental de sua prevenção, havendo, com isso, o favorecimento e garantia dos bens individuais frente à incerteza da atuação estatal nos procedimentos persecutórios e de execução penal. O conceito liberal de bem jurídico corresponde ao

---

[28] Ver a respeito PRADO, Luiz Régis, *Bem Jurídico-Penal e Constituição*, p. 27 e seguintes; ZAFFARONI, Eugenio Raul, *Manual de Direito Penal Brasileiro* p. 247 e seguintes; FRAGOSO, Heleno. *Direito Penal e Direitos Humanos*, p. 34 e seguintes; MALAREÉ, Hernan Hormazábal. *Política Penal en el Estado Democrático*. In: El Poder Penal del Estado; FERRAJOLI, *Derecho y Razón*.

de direito subjetivo, compreendendo como tais os direitos pré-legislados, a entes jurídicos que existem como tais, independentes de seu reconhecimento jurídico. Há um matiz jusnaturalista a alimentar tal concepção.

Para o pensamento ilustrado, partindo de Beccaria, e recorrendo de Feuerbach a Filangieri, de Romagnosi a Carmignani, a violação causada pelo delito atingia um direito subjetivo variável conforme a espécie delitiva. O objeto do delito tinha que ser necessariamente um direito subjetivo natural da pessoa, um dos bens fundamentais para cuja tutela existia o Estado, e que seriam a vida e os meios necessários a sua preservação, como a liberdade, a saúde, os membros ou os bens. Em suma, *o crime é a ação que contradiz ao direito de outrem.*[29]

Em um momento ulterior, numa busca da superação das concepções individualistas, e especialmente da tese feuerbachiana, Birnbaun cunha a concepção materialista de bem jurídico em substituição à de direito subjetivo. Para ele era decisivo para a tutela penal a existência de um bem radicado diretamente no mundo do ser ou da realidade (objeto material), de relevância individual ou coletiva, e que pudesse ser lesionado pela ação delitiva. Segundo Polaino Navarrete, citado por Prado,[30] há um afastamento de Birnbaun em relação à tese de Feuerbach em três pontos: *na configuração do conceito de bem comum, na ampliação do fim do Estado e na renúncia de extrair a doutrina, do objeto do delito, os postulados das condições de vida em sociedade, como haviam feito o iluminismo e o liberalismo originário.*[31]

---

[29] Cfe. FEUERBACH citado por FRAGOSO, Heleno, *Direito Penal e Direitos Humanos*, p. 34-35. A tese de Feuerbach acerca do bem jurídico atende a toda uma conjuntura ideológica com reflexos em vários campos culturais. No âmbito jurídico traduz-se num traslado dos direitos da esfera teológica para a esfera antropológica; no econômico há uma ruptura no paradigma de propriedade medieval (feudalismo).

[30] PRADO, Luiz Régis, *Bem Jurídico-Penal e Constituição*, p. 30.

[31] Em Birnbaun, novamente se observa a vinculação do conceito de bem jurídico com o modelo de sociedade e de exercício do poder pretendido e executado em uma determinada época. No período da Restauração, especialmente com fundamento na doutrina político-filosófica de Hegel, o Estado é o único depositário de todo e qualquer bem jurídico. O único objeto do delito era a vontade geral, e o fato individual é concebido como uma lesão ou perigo, não de um interesse individual, mas de um bem de valor coletivo para toda a sociedade. Com isso atende-se novamente aos interesses de proteção penal através da criminalização e penalização dos delitos contra a religião e contra a moral, excluídos da intervenção penal estatal à luz da teoria privatista de Feuerbach.

Com a ideologia do positivismo, dentro do contexto de uma Alemanha recém-unificada, há a consolidação definitiva do conceito de bem jurídico. Segundo Malarée,[32] a Alemanha nesta época caracterizava-se por uma estrutura econômica baseada na agricultura, pouco industrializada, encontrando-se totalmente atrasada economicamente em relação ao resto da Europa. Diante desta situação, o resgate econômico alemão e a busca do terreno perdido em relação às demais potências industriais européias exigiam um poder estatal forte e autoritário, havendo a necessidade de seu fortalecimento e equiparação em relação ao indivíduo. A solução encontrada pela teoria política segundo o penalista catalão é o reconhecimento da autonomia do Estado, sua personalidade moral ou jurídica e também o poder público, o poder de dominar como um direito, passando o Estado, desde aí, a ser titular de um direito subjetivo público de exigir a obediência, o que se refletiu imediatamente no paradigma penal.

É neste contexto de conservadorismo social embasador de uma pretensão de progressismo econômico que o positivismo jurídico, através das correntes parcialmente antagônicas frenteadas por Karl Binding e Franz von Liszt, constrói novos conceitos de bem jurídico penal. Genericamente pode-se apontar que há uma reação antiilustrada ou antigarantista que, segundo Ferrajoli,[33] determina a perda de toda função axiológica do bem jurídico e o deslocamento dos interesses individuais afetados ao interesse do Estado, ou seja, o âmbito da lesão passa a ser o universal estatal. Disso decorreu uma progressiva desmaterialização do conceito de bem jurídico, que a partir das concepções hegelianas passa a atender aos interesses e à vontade do Estado e, posteriormente, à simples idéia de Direito e de Estado.

Para Binding, os bens jurídicos são uma criação exclusiva do legislador, cuja única limitação de atuação é constituída pela lógica, dentro de um positivismo jurídico fundamentado no poder do Estado e no dever de obediência que têm os cidadãos. O delito é conceituado como uma lesão de um direito subjetivo do Estado, identificado como o seu direito de mandar, que por si mesmo é suficiente para exigir a obediência. Com este objeto, dirigiu-se a atenção do direito penal para o fim das normas que seriam, segundo ele, a manutenção das condições concretas para uma sã

---

[32] Cfe. MALARÉE, Hernan Hormazábal, *Política Penal en el Estado Democrático*, p. 158.
[33] Cfe. FERRAJOLI, *Derecho y Razón*, p. 468-469.

vida em comum, que se materializariam nos bens jurídicos por sua qualidade de bens para a vida. Os bens, enfim, são nessa concepção, uma criação exclusiva do legislador, que atua sem outra limitação que não a sua própria consideração, imposta somente pela lógica.[34]

Já em von Liszt, o delito ultrapassa as raias do âmbito normativo e avança na seara de todas as demais ciências que se ocupam de tal fenômeno, adquirindo contornos materiais. Na concepção lisztiana o bem jurídico constitui uma realidade válida em si mesma, cujo conteúdo valorativo não depende do legislador, por ser um dado social pré-existente. Contrariamente a Binding, para von Liszt o bem jurídico não é um conceito exclusivamente jurídico, uma criação do legislador contida na formulação da norma, mas uma criação da vida e como tal um interesse vital do indivíduo ou da comunidade, que a proteção do Direito lhe dá a categoria de bem jurídico; a norma não cria o bem jurídico, mas o encontra dentro da realidade social, originado-se disso, o seu caráter restritivo, porque o fim do Direito não é outro que o de proteger os interesses do homem, e estes preexistem à intervenção normativa, não podendo eles ser de modo algum criação ou elaboração jurídica, mas uma imposição que a ela se faz.[35]

Ao conceber o bem jurídico como um interesse juridicamente protegido, identificando as "condições da existência social" com as "condições da comunidade estatal", von Liszt ainda atrela as definições do que deve ou não ser um bem jurídico às decisões políticas do Estado, e, inobstante abrir uma gama muito maior de possibilidades do que a concepção de Binding, nela permanecem caracteres conservadores da defesa social e do fortalecimento de um Estado que haveria de conduzir a Alemanha a sua esperada revolução econômica.[36]

---

[34] Vê-se que a teoria jurídico-penal de Binding, concebida dentro de um modelo positivista jurídico, e marcadamente formalista, fundamenta-se no poder do Estado e no dever de obediência dos cidadão. Para MALAREÉ, *Política Penal en el Estado Democrático*, p. 159, o pressuposto ideológico desta teoria *parte de la consideración del Estado como persona jurídica que se autolimita en virtud del derecho, lo que a su vez legitima ideológicamente la titularidad del Estado de derechos subjetivos públicos, como, por ejemplo, el derecho de exigir obediencia a los ciudadanos*".
[35] Cfe. VON LISZT, Franz, citado por PRADO, Luiz Régis, *Bem Jurídico-Penal e Constituição*, p. 32.
[36] Apesar de haver significativas diferenças entre as teorias de Binding e de von Liszt, particularmente no que se refere a sua origem social ou normativa, ambas coincidem em suas manifestações a favor de um modelo de sociedade e uma forma de Estado, ao buscarem legitimar ideologicamente o *jus puniendi* estatal.

Com a finalização do Segundo Império arquitetado por Otto von Bismarck, ocorrida ao final da primeira guerra mundial, a partir da Constituição de Weimar alterou-se radicalmente o modelo de sociedade pretendido para a Alemanha. Com o novo pacto social recuperou-se a idéia de liberdade iluminista, mas a ela agregou-se um programa econômico-social, que passou a ser preponderante em razão das desigualdades sociais causadas pelo processo de industrialização. No plano político-filosófico, resgatou-se o pensamento kantiano, devendo a ideologia legitimadora do poder ser coerente com a idéia do relativismo. No âmbito penal desenvolveu-se a partir disto uma concepção metodológica ou teleológico-metodológico do bem jurídico. Começa, como refere Malareé,[37] um processo de espiritualização dessa categoria jurídica, passando a ser considerada como um valor cultural abstrato, de cunho ético-social, o que para Ferrajoli[38] determinou uma definitiva desmaterialização do conceito de bem jurídico, transformando-se, de critério de delimitação e deslegitimação externa, em instrumento positivo e auto-reflexivo de legitimação política dos interesses tutelados assumidos como valores ético-culturais, o que deu lugar a considerar-se a sua violação como um comportamento imoral.

Quase contemporaneamente à concepção de bem jurídico cunhada pelos alemães a partir do paradigma do Estado social, pactuado na Constituição de Weimar, o direito penal socialista soviético,[39] considerado como uma mera superestrutura e conseqüência necessária da divisão da sociedade em classes, constrói a sua concepção de bem jurídico. A sua finalidade primordial foi a de proteger, por meio da repressão, o sistema de relações sociais e de produção, correspondentes aos interesses do proletariado, dirigido por um *establishment* burocrático. Destituído de um sistema efetivo de garantias individuais, o direito penal soviético não teve qualquer função de proteção do indivíduo ou da própria sociedade, mas, noutro sentido, constituiu-se em um instrumento de repressão com vistas a proteger interesses políticos de caráter revolucionário. Os bens jurídicos principais eram o Estado socialista soviético e as relações de produção comunistas, conforme é possível concluir-se

---

[37] Cfe. MALAREÉ, *Política Penal en el Estado Democrático*, p. 163.
[38] Cfe. FERRAJOLI, *Derecho y Razón*, p. 469.
[39] Ver a respeito ASÚA, Luis Jimenez. *Tratado de Derecho Penal*. Buenos Aires: Losada, t. 01, p. 551 e seguintes; FERRAZ DE ANDRADE, Gilda Figueiredo. *O Crime na Legislação Soviética*. In: Cadernos de Advocacia Criminal. Porto Alegre: SAFE, v. 01, n. 03, 1988, p. 60-66.

pelos conteúdos dos conceitos materiais de delito inseridos na legislação em exame. O Código Penal de 1922 dispunha em seu artigo 6º que "cada delito deve ser considerada toda ação ou omissão socialmente perigosa, que ameaça os princípios básicos da constituição soviética e a ordem jurídica criada pelo governo dos operários e camponeses, para o período de transição ao Estado Comunista". Com a mesma ideologia manifestou-se a legislação penal de 1926 ao dispor que "é socialmente perigosa toda ação ou omissão que se dirija contra o sistema soviético ou atinja a ordem jurídica, que é instituída pelo regime dos operários e camponeses para o período da transição à ordem social comunista", concepção que se repetiu nos artigos 7º dos Princípios Gerais, de 1958, e do Código de 1960. Vê-se, nitidamente que a ordem econômico-produtiva socialista estava acima de qualquer outro bem jurídico, divergindo as concepções soviéticas de crime e bem jurídico de qualquer outra do mundo ocidental.

Voltando ao pensamento penal alemão, em Richard Honig há a negação da existência de bens jurídicos reais, havendo para eles a atribuição de uma mera função de ajuda à interpretação. Define-os como o fim reconhecido pelo legislador em um preceito jurídico penal particular em sua mais breve formação. Nesta concepção, o bem jurídico passa a ser considerado como uma "síntese categorial" na qual o pensamento jurídico se esforça para captar o sentido e o fim das prescrições penais particulares. Diante desse posicionamento, o bem jurídico material e concreto de von Liszt, que assumira uma função eminentemente garantidora, desaparece, convertendo-se na mera finalidade perseguida pelo legislador.[40]

A partir dessa noção metodológico-teleológica, e também em contraposição ao positivismo, o bem jurídico é introduzido por

---

[40] O desaparecimento da função limitadora e garantidora do bem jurídico nas teorias espiritualistas com fundo kantiano, traduziu-se no esforço para distinguir-se o objeto da ação, do objeto material do delito e do objeto jurídico do delito, e cujo resultado foi uma exacerbação do abstracionismo das teorias sobre o bem jurídico. Isto tudo parece sintonizar-se com as diretrizes do novo modelo de Estado, o social, que surge a partir da Constituição de Weimar. Com a inserção de cláusulas sociais nas Constituições, não se contempla nestas Cartas somente as garantias individuais, mas passa-se a dar relevância para a realização de direitos sociais, e as normas que dispõem sobre tais direitos passam a ser consideradas pela doutrina constitucionalista como programáticas, cujo conteúdo expressa um objetivo, uma finalidade desejada pelo Estado. Isso parece ter gerado um reflexo em matéria penal, com o esvaziamento da sua função de garantia, cujo principal efeito vem a ser uma significativa inflação penal nos limites do Estado social europeu.

Hans Welzel nos domínios do pensamento finalista. Para este autor, cuja teoria penal fundou-se na distinção entre o desvalor do ato e o desvalor do resultado, o bem jurídico é uma instância pré-jurídica, na realidade social influindo e sendo influenciada pela relação social.[41]

Contemporaneamente, especialmente a partir dos anos setenta, surgem, em continuação da corrente inaugurada por von Liszt, as chamadas correntes sociológicas sobre o bem jurídico, divididas entre o funcionalismo sistêmico e o interacionismo simbólico. Temos, assim, em K. Amelung uma relevância ao critério da nocividade social; em G. Jacobs, uma legitimação substancial na vigência da norma enquanto objeto de tutela; em H. Otto, o bem jurídico como uma situação/relação real ou fática de um sujeito com um objeto; em Habermas, a identidade social como principal critério para a criação de bens jurídicos; em W. Hassemer, a valoração subjetiva, com as variantes dos contextos sociais e culturais, como o que realmente importa para a construção de uma doutrina realista do bem jurídico, fundada em diretrizes político-criminais de ordem racional. Acrescente-se a estas teorias a inserção do conceito de bem jurídico dentro de uma estrutura social de interação, vinculada ao Estado Democrático de Direito, realizada por Callies, além da vinculação do bem jurídico à idéia de danosidade social feita por Mir Puig. Por fim, em termos de doutrina sociológica, cabe fazer referência ao funcionalismo, desenvolvido por Parson, Merton e Luhmann, a partir da obra de Durkhein, e onde a sociedade é compreendida como um sistema global ou de interação, e o Direito como um subsistema do sistema social geral, com a finalidade de reduzir complexidades. Neste contexto, o delito vem a ser um comportamento disfuncional que obstaculiza o funcionamento do sistema, e o bem jurídico passa a ter uma relevância na medida em que está dirigido ao bom funcionamento do próprio sistema, relegando-se a um segundo plano a figura dos indivíduos, seus interesses e necessidades.

---

[41] A crítica a Welzel é feita no sentido de que a partir da sua teoria sobre o bem jurídico, inobstante o fato de ter resgatado esta categoria para a relação social, tornou-se possível a instituição de figuras delitivas sem qualquer bem jurídico a ser protegido, e o fato de derivá-la da norma sem explicar sua gênese, o que levou a considerar-se sua definição como formal, impossibilitando a explicação sobre o que é que realmente protege o Estado quando sanciona a realização de uma determinada conduta. A respeito ver MALAREÉ, *Política Penal en el Estado Democrático*, p. 165.

Inobstante todas as teorias antes mencionadas atenderem a demandas de logicidade e sistematicidade, não podemos deixar de referir que a racionalidade das mesmas sempre atendeu a projetos de sociedade e de exercício do poder pelas classes dominantes ligadas ao Estado. A aplicação estanque de uma ou outra jamais atendeu a um projeto racional de construção de um direito penal dirigido indistintamente a todos os estratos sociais, e sob o aspecto científico, ora adotaram uma postura normativista exacerbada, ora amarraram-se a exagerados sociologismos funcionalistas que alimentaram projetos totalitários de sociedade. Por outro lado, analisa Ferrajoli[42] que, ou são muito amplas, como as eticistas, caindo na vala de vagos princípios, ou são muito estreitas, como as ilustradas, que ao identificarem bens jurídicos com direitos ou interesses individuais, impossibilitam ou tornam inidôneas as proibições de condutas que atingem bens públicos ou coletivos, como por exemplo os crimes contra a administração pública ou de sonegação fiscal. De extrema lucidez também é a análise feita por Luisi acerca dessas diversas concepções históricas de bem jurídico, ao afirmar que:

"Todos esses enfoques, seja os que encaram o bem jurídico enquanto preexistente à própria ordem jurídica, como os que acentuam a sua natureza funcional ou sistêmica, primam pela carência de concretitude, posto que não definem conteúdos, ou seja, não dizem, por exemplo: quais as unidades sociais de função ou quais das disfunções afetam a conservação do sistema e o *quantum* da nocividade social das mesmas. Em verdade, como acentuou Ferrando Mantovani, o bem jurídico tem sido reduzido à categoria formal que os diferentes Estados usam para tutelar os bens que entendem, na ótica ideológica de cada um, mais relevantes e necessários de preservação".[43]

Diante dessa situação, impõe-se-nos o seguinte questionamento: que conceito de bem jurídico devemos cunhar e quais os critérios a serem adotados para o estabelecimento do que é mais relevante em nossas relações sociais a ponto de sofrerem a incidência da lei penal? A resposta a tal questão abre desde já a perspectiva de estabelecimento de um rol de limites à atividade legislativa penal, o que, presentemente, com raras exceções, parece não se constituir em objeto de preocupação e pesquisa pelos juristas de nosso País.

---

[42] Cfe. FERRAJOLI, *Derecho y Razón*, p. 471.
[43] Cfe. LUISI, Luiz. *Bens Constitucionais e Criminalização*. In: Revista do Centro de Estudos Judiciários do Conselho da Justiça Federal. Brasília, n. 04, 1998, p. 105.

5. Parâmetros constitucionais do bem jurídico-penal

É importante destacar com Ferrajoli que, inobstante ter havido uma parábola involutiva do conceito de bem jurídico, desde o surgimento do pensamento ilustrado - o que revelou uma progressiva perda do ponto de referência externo -, após a Segunda Guerra Mundial, com o renascimento de uma cultura liberal e democrática, recuperou o conceito de bem jurídico o seu caráter garantista, tanto pelo resgate de sua referência a situações objetivas e interesses de fato independentes das normas jurídicas, quanto pela retomada de sua relevância crítica e função axiológica, a partir de limites estabelecidos com base em valores ou bens constitucionais.[44] Seguindo este último caminho, ingressa a teoria jurídico-penal, no que se refere ao bem jurídico, no âmbito das teorias constitucionais, dentro de limites impostos pelo paradigma do Estado Democrático de Direito. Por aí entendemos devam seguir as orientações político-criminais para a definição dos bens a serem protegidos pela lei penal e, conseqüentemente, quais condutas devam ser proibidas. Neste sentido manifesta-se Luisi com grande propriedade ao dizer que:

> "As constituições, portanto, não apenas são o repositório principal dos bens passíveis de criminalização, mas também contêm princípios relevantíssimos que modelam a vida da comunidade e que, para usar a linguagem dos constitucionalistas, constituem cláusulas pétreas, embasadoras do sistema constitucional, insuscetíveis de serem revistas. E a presença destas cláusulas e dos direitos que elas consagram e delas derivam marcam limites que o legislador ordinário, principalmente em matéria penal, não pode transpor. A criminalização há de fazer-se tendo por fonte principal os bens constitucionais, ou seja, aqueles que, passados pela filtragem valorativa do legislador constitucional, são postos como base e estrutura jurídica da comunidade. E, embora o legislador criminal possa tutelar com suas sanções bens não previstos constitucionalmente, só o pode fazer desde que não violente os princípios básicos da constituição".[45]

O objetivo imediato de qualquer política penal em nosso País deve estar direcionado para a realização dos dois núcleos fundamentais que compõem o nosso Estado Democrático de Direito: o

---
[44] Cfe. FERRAJOLI, Luigi, *Derecho y Razón*, p. 470.
[45] Cfe. LUISI, Luiz, *Bens Constitucionais e Criminalização*, p. 106.

liberal e o social, bastante desfigurados pela atuação do sistema penal, conforme antes demonstrado. Nesse sentido deve direcionar-se para a redução do número de mortes, de violência e de ilegalidades com que atua o sistema penal e permitir a geração de espaços de emancipação e de realização da cidadania pela reconstrução de vínculos comunitários de solidariedade.

Para isso, partindo do pressuposto de que o conceito que encerra o nosso paradigma de Estado Democrático de Direito é algo dinâmico e não estático, com a sua instituição na Constituição Federal de 1988 tornou-se imperativo a revisão pelo Estado de todo o seu aparato coercitivo,[46] para, num processo constante de abertura, reduzir a coerção penal ao mínimo indispensável.

Compreendendo-se a atuação estatal penal como a *ultima ratio* para a solução dos conflitos nominados como criminais, quando num Estado Democrático de Direito decidem os poderes públicos incriminar uma conduta - o que significa definitivamente o reconhecimento do fracasso de sua política social -, o objeto de proteção da norma penal deve ser estritamente individualizado.[47] Isto significa assinalar claramente, livre de qualquer encobrimento ideológico, o que realmente deve ser protegido pela norma penal. Trata-se, neste sentido, de que o bem jurídico protegido pelo preceito penal

---

[46] Coincidente é a manifestação de LIMA DE CARVALHO, Márcia Dometila. *Fundamentação Constitucional do Direito Penal*. Porto Alegre: Sergio Fabris, 1992, p. 22, ao dizer que *com a substituição da antiga ordem constitucional, de cunho ao mesmo tempo liberal e autoritário, pela nova ordem constitucional de 1988, fruto de uma longa discussão em ampla Assembléia Constituinte, urge pôr-se em debate a questão da validade e eficácia das normas infraconstitucionais precedentes, de caráter penal, especialmente a tipologia penal*. Considerando a indispensabilidade da legislação penal, indaga mais adiante *qual o tratamento a ser dado às antigas leis penais, produzidas e fundadas em uma situação histórica diversa, a fim de torná-las compatíveis com a nova ordem constitucional, sem feri-la, por via reflexa, por inadequação com os seus princípios e valores, mormente o valor justiça, adjetivado, na nova ordem, pelo valor social*. Em resposta preliminar, assevera que *a não fundamentação de uma norma penal em qualquer interesse constitucional, implícito ou explícito, ou o choque mesmo dela com o espírito que perambula pela Lei Maior, deveria implicar, necessariamente, na descriminalização ou não aplicação da norma penal*.

[47] Caso absurdo de indeterminação do bem jurídico protegido por um tipo penal está na Lei nº 9.112/95, que dispõe sobre a exportação de bens sensíveis e serviços diretamente vinculados. O artigo 7º, que institui um tipo para toda a lei, com pena entre um e quatro anos de reclusão, diz o seguinte: as pessoas físicas que, direta ou indiretamente, por ação ou omissão, concorrerem para o descumprimento desta lei, incorrerão em crime. Este tipo de previsão genérica ofende aos mais elementares princípios garantistas de delimitação do bem jurídico, gerando uma área de incerteza para os cidadãos que realizam este tipo de atividades na vida contidiana.

seja uma expressão real da superação da contradição que se gera entre o Estado como monopolizador da coerção e agente realizador de um significativo rol de direitos sociais que muitas vezes demandam proteção através do direito penal, e a liberdade que o Estado Democrático de Direito reconhece e garante aos indivíduos.

Este processo de revisão do direito penal deve ser feito conforme a critérios científicos e com sensibilidade aos problemas que afetam à sociedade. Isto reclama o abandono da concepção do direito penal como uma ciência dogmática no sentido mais estrito da palavra, fundado em uma concepção asséptica do Direito que pretenda desconhecer sua natureza de ciência social e, portanto, sua natureza essencialmente política. Disso surge a exigência para o jurista de não desconhecer a necessidade do aporte do resto das ciências sociais à revisão crítica do direito penal, o que em nossa visão deve ser iniciado mediante a reconstrução dos conceitos de bem jurídico penal e do próprio delito de acordo com os princípios estruturais do Estado Democrático de Direito, presentes em nossa Constituição.

Nesta perspectiva, o direito penal não pode prescindir da noção de bem jurídico a ser protegido dentro do Estado Democrático de Direito, sob pena de resultar materialmente injusto e ético-socialmente intolerável, conforme coloca Polaino Navarrete.[48]

Tendo em consideração a nova conjuntura garantista contida em nossa Constituição Federal de 1988, bem como a necessária relação que se estabelece entre as noções de sociedade, bem jurídico e função da pena, surge o problema de rever-se todos os critérios que devem ser considerados para a seleção de bens e valores fundamentais para a sociedade, o que irá surtir reflexos imediatos no âmbito penal. Sendo a pena uma conseqüência da valoração dos bens mais relevantes a serem protegidos penalmente, temos que, para efeitos de determinação da intervenção estatal penal, somente os bens jurídicos de máxima relevância e importância devem ser objeto de atenção do legislador penal.

Nessa análise, que necessariamente deve revestir-se de uma constante criticidade, pouco têm se empenhado os representantes do discurso dogmático oficial, evitando a abordagem da ineludível relação entre ideologia e bem jurídico em nome de uma ciência que, segundo eles, deve manter uma certa distância das outras ciências sociais, com a transferência de tais discussões para o campo da política criminal, ramo do conhecimento jurídico que, segundo o

---

[48] Cfe. POLAINO NAVARRETE citado por Prado, Luiz Régis. *Bem Jurídico-Penal e Constituição*. São Paulo: Revista dos Tribunais, p. 19.

pensamento tradicional, deve ser mantido à distância dos comentários realizados nos manuais. Neste aspecto novamente é lapidar a colocação de Luisi acerca da nova postura a ser adotada pelos penalistas. Diz o mestre cruz-altense a respeito que:

"O universo normativo vigente, particularmente o penal, está a exigir um excepcional esforço para se ajustar às necessidades emergentes do trepidante progresso científico e tecnológico que marca o dia-a-dia do mundo contemporâneo. E esse imperativo faz com que o jurista, especialmente o penalista, deixasse de ser apenas um intérprete da lei e passasse a dar a sua contribuição para a renovação da ordem legal. Para usarmos a linguagem de Manoel Rivacoba y Rivacoba, a análise dogmática encontra-se em repouso, e o criminalista assume cada vez mais uma postura político-jurídica".[49]

Evidentemente que o conteúdo acima citado aproxima-se muito mais do plano do *dever ser* que propriamente do mundo fático ou do *ser*, pois a quantidade de juristas comprometidos com a renovação ou oxigenação da ordem jurídico-penal restringe-se a um pequeno grupo.

A delimitação dos bens jurídicos, como bem já situava von Liszt, demanda um conceito situado no limite entre a ciência jurídica e a política criminal, e para um melhor encaminhamento, parece-nos relevante o lançamento de alguns interrogantes fundamentais: primeiro, pode definitivamente o legislador definir como delito qualquer coisa que lhe ocorra? Segundo, existem limites determinados a esta atividade legislativa incriminadora?

A resposta a tais questões há de contemplar a necessidade de que a concepção de bem jurídico a ser formulada dentro de um Estado Democrático de Direito estabeleça critérios capazes de limitar o legislador ordinário em sua atividade legislativa incriminadora, inferência que deve ser feita a partir da Constituição, operando-se, assim, *uma espécie de normativização de diretivas político-criminais*, como propõe Prado,[50] ou uma *identificación del horizonte axiológico del jurista con la constitución*, como sugere Ferrajoli.[51]

Com isso, teremos a vinculação do direito penal vigente às concepções morais, sociais, econômicas, critérios de valor e pautas de conduta e de cultura que se acham encartadas na Constituição,

---

[49] Cfe. LUISI, Luiz, *Bens Constitucionais e Criminalização*, p. 107.
[50] Cfe. PRADO, *Bem Jurídico-Penal e Constituição*, p. 51.
[51] Cfe. FERRAJOLI, *Derecho y Razón*, p. 470.

de modo que, se o legislador afasta-se desses limites, podemos dizer que a norma legislada é inconstitucional por violar princípios fundamentais constantes no contrato social constitucionalizado. Neste sentido, impõe-se ao legislador e ao aplicador da lei o ajuste de suas atuações aos princípios caracterizadores do Estado Democrático de Direito,[52] cuja legitimação está muito além da mera legalidade, mas, sim, na idéia de justiça material.

Diante desse modelo, altera-se a própria função do direito e do sistema penal: face à existência de uma série de bens valorados em nível constitucional, cabe ao direito penal assegurar esses bens, seja pela criminalização de determinadas condutas, seja pela consideração da irrelevância de outras, por não atingirem qualquer bem jurídico, ou porque sua criminalização importará na violação de outros bens contemplados constitucionalmente. Com uma visão ainda mais ampliada desta alteração, assevera Prado[53] que *no Estado*

---

[52] No plano pragmático de aplicação da lei penal, essa questão é lançada para uma discussão inserida nas esferas da vigência e da validade de um dispositivo legal. Na teoria juspositivista clássica, as noções de existência, vigência e validade se confundem. Nela, tendo a norma obedecido ao procedimento formal de sua criação, bem como à competência do órgão do qual deve emanar, ela seria existente, vigente e válida, não havendo a indagação acerca da sua necessária vinculação substancial aos princípios constitucionais. Numa concepção garantista estrita, o atendimento das exigências formais dá existência à norma legal, mas o mesmo não podemos dizer quanto à sua vigência e validade. Para que seja válida a norma jurídica, ela, além de suprir todas as condições formais do processo legislativo para sua criação, também deve estar ajustada substancialmente em seu conteúdo aos princípios constitucionais materiais que orientam toda e qualquer concepção normativa destinada à regulação e ao controle social. FERRAJOLI, *Derecho y Razón*, p. 874, entende que a não-vinculação substancial entre norma inferior e princípios constitucionais afetaria apenas a validade. Entendemos que também a vigência da norma encontra-se afetada, na medida em que não estando adequada substancialmente aos princípios do Estado Democrático de Direito, impossível se torna a sua incidência sobre qualquer substrato fático, não se podendo formular com base nela qualquer juízo de reprovabilidade sobre o agente, pois sua ação a princípio enquadrada na norma inconstitucional teria apenas uma aparência de ser injusta, não se caracterizando, em última instância, como antijurídica, pois os mandatos arbitrários por inconstitucionais não devem ser obedecidos, desprezando-se, assim, a sua própria vigência.
[53] Cfe. PRADO, *Bem Jurídico-Penal e Constituição*, p. 52. Entendemos que a parcela de contribuição do direito penal, através da criminalização de condutas, com o fim de realizar o Estado Social, deve ser a menor possível, Conforme já expusemos anteriormente, a Administração Pública dispõe de uma série de mecanismos jurídicos, diversos da repressão penal, que possuem a potencialidades de forçarem, pessoas físicas e jurídicas a realizarem as condutas legal e constitucionalmente exigidas para a configuração do Estado do Bem-Estar em nosso País. Evidentemente, que não logrando resultado positivo, os poderes públicos, só então, devem utilizar-se dos instrumentos penais.

moderno, junto a esta proteção de bens jurídicos previamente dados, surge a necessidade de assegurar, se necessário através dos meios de Direito Penal, o cumprimento das prestações de caráter público de que depende o indivíduo no quadro de assistência social por parte do Estado.

Com base nesse novo modelo estatal, normativamente construído na Constituição de 1988, é que deve basear-se a reformulação da concepção de bem jurídico e do próprio conceito de delito ou injusto material, levando-se em consideração a necessária colocação da pessoa como entidade preponderante sobre qualquer outra, dentro de um plano ético-jurídico que a eleve e a diferencie axiologicamente de todas as outras.

Numa perspectiva acrítica e conservadora, a dogmática tradicional tem criado sérios problemas à concretização da teoria do bem jurídico dentro dos parâmetros do Estado Democrático de Direito, e, por conseqüência, à própria pragmatização do direito penal vigente, ao buscar constantemente um critério positivo de identificação dos bens jurídicos que demandam a proteção penal, atendendo a um modelo da filosofia ontológica de busca de legitimação apriorística das proibições e sanções. Sobre este aspecto, de extrema validade a crítica de Ferrajoli ao referir que:

"En realidad no puede alcanzarse una definición exclusiva y exhaustiva de la noción de bien jurídico. Lo que significa que una teoría del bien jurídico no puede casi nunca decirnos positivamente - y además no serviría de nada que nos lo dijera - que una determinada proposición penal justa en cuanto protege un determinado bien jurídico. Puede ofrecernos únicamente una serie de criterios negativos de deslegitimación - que no son sólo la irrelevancia o evanescencia del bien tutelado sino también la desproporción con las penas previstas, la posibilidad de una mejor protección con medios no penales, la idoneidad de las penas para lograr una tutela eficaz, o, incluso, la ausencia de lesión efectiva a causa del comportamiento prohibido - para afirmar que una determinada prohibición penal o la punición de un concreto comportamiento prohibido carecen de justificación, o que ésta es escasa".[54]

Desde essa perspectiva, temos que considerar que a justificação da eleição de um bem jurídico como merecedor da tutela penal reclama um ponto de vista externo, devendo-se evitar um enfoque legitimador interno ao sistema de cunho meramente legalista. Mais

---
[54] Cfe. FERRAJOLI, *Derecho y Razón*, p. 471.

uma vez, confirma-se o ponto de vista de von Liszt acerca da situação muito mais política do que jurídica da concepção e da doutrina sobre o bem jurídico, o que, por sua vez, determina, também, uma carga externa de justificação da pena. Isso, indubitavelmente, irá desembocar em uma minimização do aparato penal, seja normativo ou institucional.

Nesse sentido, objetivando uma política penal orientada para a tutela máxima de bens com o mínimo necessário de proibições e castigos, propõe Ferrajoli quatro critérios para a consecução de um direito penal mínimo a partir de uma revisão das concepções acerca do bem jurídico:[55]

a) as proibições devem se justificar quando dirigidas a impedir ataques concretos a bens fundamentais do tipo individual ou social e, em todo caso, externos ao direito mesmo, entendendo por ataque não só o dano causado, mas também o perigo que se correu;

b) a esfera dos interesses tuteláveis penalmente será tanto maior quanto menor for custo da pena;

c) *as proibições não só devem estar dirigidas à tutela de bens, mas, mais do que isto, devem ser idôneas para a tutela a qual se propõem;*

d) e, por fim, uma política penal de tutela de bens tem justificação e confiabilidade somente quando for subsidiária de uma política extrapenal de proteção dos mesmos bens.[56]

De posse dessas orientações, o intérprete, segundo a precisa lição de Dolcini e Marinucci,

> "será obrigado a reconstruir os diversos tipos de crime em conformidade com o princípio de que 'não' há crime sem ofensa a bens jurídicos. Entre os múltiplos significados, eventualmente compatíveis com a letra da lei, o intérprete deverá fazer uma escolha com a ajuda do critério de bem juríico,

---

[55] *Idem*, p. 472.

[56] É importante frisar que, para a realização do Estado Democrático de Direito, na parcela que disto toca ao direito penal, ao lado da deflação penal, como expediente de realização de um programa de direito penal mínimo, em um mesmo patamar de importância surge a necessidade de uma maior penalização de comportamentos nocivos aos interesses sociais, transindividuais e coletivos. Neste sentido manifesta-se Ferrajoli dizendo que *un programa de derecho penal mínimo debe apuntar a una masiva deflación de los "bienes" penales y de las prohibiciones legales como condición de su legitimidad política y jurídica. Es posible, también, que en esta reelaboración quede de manifiesto la oportunidad, en aras de la tutela de bienes fundamentales, de una mayor penalización de comportamientos hoy no adecuadamente prohibidos ni castigados.* Ver a respeito FERRAJOLI, Luigi, *Derecho y Razón*, p. 477.

considerado fora do tipo incriminador os comportamentos não ofensivos do bem".[57]

Essa é uma exigência que necessariamente deverá ser observada, especialmente quando tanto se fala em criminalização para a realização do Estado Social. Historicamente, a utilização do direito penal para a concretização de um projeto de Estado Social, trouxe alguns sérios ataques a avanços conseguidos para a garantia da liberdade dos cidadãos. Em oposição a modelos liberais foram instituídos os paradigmas do moralístico direito penal da vontade e da atitude interior, ou do autoritário direito penal baseado na infidelidade ao Estado ou à comunidade, ou do vago direito penal da personalidade perigosa. Bem se sabe que estes modelos serviram muitos mais à formação de Estados e governos autoritários do que propriamente sociais.

Desta necessária imbricação entre bem jurídico e valores constitucionais, resultam alguns importantes questionamentos, uma vez que a Carta Política impõe não só a adoção do modelo de crime como ofensa a bens jurídicos, mas também os vínculos na escolha dos bens a tutelar penalmente. E disso decorrem três ordens de problemas, como bem registram Dolcini e Marinucci: I) se da Constituição procedem ou não proibições de incriminação, *absolutas ou relativas; II) se apenas os bens constitucionalmente relevantes, são suscetíveis de tutela penal; III) se a Constituição impõe ou não obrigações de tutela penal.*[58] *Entendemos que ao primeiro e terceiro questionamentos a resposta só pode ser afirmativa, e em sentido contrário ao segundo, apesar de não concordarmos com a inserção no texto constitucional de disposições expressas de criminalização, uma vez que historicamente não encerram as Cartas constitucionais esta finalidade.*

---

[57] Cfe. DOLCINI, Emilio, MARINUCCI, Giorgio. Constituição e Escolha de Bens Jurídicos. In: *Revista Portuguesa de Ciências Criminais*. Vol. 04. Lisboa: Aequitas, 1994, p.153.
[58] *Idem*, p. 155.

Referências bibliográficas

BOBBIO, Norberto, MATTEUCCI, Nicola, PASQUINO, Gianfranco. *Dicionário de Política*. 6. ed. Coordenação da Tradução: João Ferreira. Brasília: UnB, 1994. 2 v. V. 1. 666 p. V. 2. 1.318p.

——. *Liberalismo e Democracia*. 2. ed. São Paulo: Brasiliense, 1988. 100 p.

——. *Teoria do Ordenamento Jurídico*. Trad. Maria Celeste Cordeiro Leite dos Santos. Brasília: UnB, 1989. 184 p.

BONAVIDES, Paulo. *Curso de Direito Constitucional*. 4. ed. São Paulo: Malheiros, 1999, 793 p.

——. *Do Estado Liberal ao Estado Social*. 4. ed. Rio de Janeiro: Forense, 1980. 240 p.

BRUNO, Anibal. *Direito Penal*. Rio de Janeiro: Forense, 1967. 4 v. t. 1. 421p.

BUSTOS, Juan. *Política Criminal y Dogmática*. In: El Poder Penal del Estado. Buenos Aires: De Palma, 1985. n. 7. 417 p.

CANOTILHO, J. J. Gomes. *Direito Constitucional*. 5. ed. Coimbra: Almedina, 1991, 1214 p.

CÓDIGO PENAL. 37. ed. São Paulo: Saraiva, 1999. 697 p.

DOLCINI, Emilio, MARINUCCI, Giorgio. *Constituição e Escolha de Bens Jurídicos*. In: Revista Portuguesa de Ciência Criminal, 1994, n. 4, p.151-198.

——. *Discurso normativo y organización de poder. La distribución del poder a través de la distribución de la palavra*. In: Materiales para uma Teoria Crítica del Derecho. Buenos Aires: Abeledo-Perrot, 1991. 415 p.

FERRAJOLI, Luigi. *Derecho y Razón*. 2. ed. Madrid: Trotta, 1997. 991 p.

——. *O Direito como Sistema de Garantias*. In: O Novo em Direito e Política. Porto Alegre: Livraria do Advogado, 1996. p. 89-109.

FERRAZ DE ANDRADE, Gilda Figueiredo. *O Crime na Legislação Soviética*. In: Cadernos de Advocacia Criminal. Porto Alegre: Sergio Fabris, 1988. v. 1. n. 3. p.49-72.

FRAGOSO, Heleno. *Direito Penal e Direitos Humanos*. Rio de Janeiro: Forense, 1977. 204 p.

——. *Lições de Direito Penal*. 3. ed. São Paulo: José Bushatsky, 1976. 4 v. V. 1. 362 p.

HÖFFE, Otfried. *Justiça Política. Fundamentação de uma filosofia crítica do Direito e do Estado*. Trad. Ernildo Stein. Petrópolis: Vozes, 1991. 404 p.

LIMA DE CARVALHO, Márcia Dometila. *Fundamentação Constitucional do Direito Penal*. Porto Alegre: Sergio Fabris, 1992. 172 p.

LUISI, Luiz. *A Função de Garantia do Direito Penal Moderno*. Porto Alegre: Livraria do Globo, 1973. 22 p.

——. *Bens Constitucionais e Criminalização*. In: Revista CEJ/Conselho de Justiça Federal, Centro de Estudos Judiciários. Brasília: CJF, 1997. n. 1. 112 p.

——. *Filosofia do Direito*. Porto Alegre: Sergio Fabris, 1993. 191 p.

——. *Os Princípios Constitucionais Penais*. Porto Alegre: Sergio Fabris, 1991. 123 p.

MALARÉE, Hernán Hormazábal. *Política Penal en el Estado Democrático*. In: el Poder Penal del Estado. Buenos Aires: De Palma, 1985. n. 7. 417 p.

PALAZZO, Francesco C. *Valores Constitucionais e Direito Penal*. Porto Alegre: Sergio Fabris, 1989. 120 p.

———. *Offensivitá e Ragionelvolezza nel Controllo di Constituzionalitá sul Contenuto delle Leggi Penale*. Não publicado. Firenze 1997. 41 p.

CÓDIGOS PENAIS DO BRASIL. EVOLUÇÃO HISTÓRICA. José Henrique Pierangelli (Coord.). Bauru: Jalovi, 1980. 770 p.

PRADO, Luiz Regis. *Bem Jurídico-Penal e Constituição*. 2. ed. São Paulo: Revista dos Tribunais, 1997. 103 p.

ROUSSEAU, Jean-Jaques. *O Contrato Social*. Tradução Rolando Roque da Silva. São Paulo: Cultrix, s.d. 235 p.

ROXIN, Claus. *Problemas Fundamentais de Direito Penal*. 3. ed. Lisboa: Vega, 1998. 361 p.

SISTEMA PENAL PARA O TERCEIRO MILÊNIO. João Marcello de Araújo Júnior (Org.). Rio de Janeiro: Revan, 1991. 307 p.

STRECK, Lenio Luiz. *Hermenêutica Jurídica e(m) Crise*. Porto Alegre: Livraria do Advogado, 1999. 264 p.

———. *Tribunal do Júri. Símbolos e Rituais*. 3. ed. Porto Alegre: Livraria do Advogado, 1998. 173 p.

———. *Hermenêutica e Dogmática: aportes críticos acerca da crise do direito e do Estado*. In: Cadernos de Pesquisa do Curso de Mestrado em Direito da Unisinos. São Leopoldo: Ed. Unisinos, 1997. 48 p.

ZAFFARONI, Eugenio Raúl. *Em Busca das Penas Perdidas*. Trad. Vânia Romano Pedrosa e Amir Lopes da Conceição. Rio de Janeiro: Revan, 1991. 281 p.

———. *Manual de Direito Penal Brasileiro*. São Paulo: Revista dos Tribunais, 1997. 893p.

———.*Sistemas Penales y Derechos Humanos en América Latina*. Buenos Aires: De Palma, 1984. 2 v. V. 1. 258 p. V. 2. 461 p.

———. *Tratado de Derecho Penal*. Buenos Aires: Ediar, 1987. 5 v. v. 1. 503 p.

La globalización y las actuales orientaciones de la política criminal[1]

Eugenio Raúl Zaffaroni

"La proporción no siempre es respetada por las leyes romanas y se penan con la muerte la mayoría de los delitos expiados. Este desorden nació con la corrupción de las costumbres y del estado. En los días mejores de Roma se guardaba más exactamente la proporción de las penas, pero habiéndose perdido la virtud, extinguido el amor al bien público, descuidado la educación pública y, por ende, corrompido las costumbres, crecieron los delitos que se multiplicaron siempre en razón de los vicios. Las penas que contenían en un tiempo a los ciudadanos virtuosos no podían por cierto contener a los hombres corruptos. No se ofrecía entonces otro remedio para los desórdenes públicos que aumentar las penas, puesto que no se podía o no se quería adoptar el verdadero remedio, que era el restablecimiento del antiguo sistema y la vuelta a las buenas costumbres. Por ende, la sangre que expiaba en un tiempo los delitos más atroces se vertió para punir las faltas menos graves".

"La crueldad de las penas devino un principio de legislación criminal cuando el temor debió congelar los espíritus".

"Con la exacerbación de las penas nació también la distinción entre ellas según la diversa condición de los ciudadanos, de modo que la pena más grave o más leve no respondía a la

---
[1] Este texto tiene por base los apuntes ordenados de la exposición realizada el 23 de febrero de 1999 en México D.F., en el marco del *2º Seminario Internacional de Derecho Penal* organizado por el *Centro de Estudios de Política Criminal y Ciencias Penales*.

mayor o menor atrocidad del delito, sino a la nobleza o plebeyez del delincuente".

"Al mismo tiempo que se establecían las penas más graves, éstas se volvieron más arbitrarias, sea porque la arbitrariedad judicial fúe consecuencia necesaria de la arbitrariedad política, sea por la falta de un exacto código penal".

Francesco Mario Pagano
(*Principi del Codice Penale*, Opera postuma, Milano, 1803, p. 58.)

I. Introducción

1. Justo es reconocer que la globalización ha alterado considerablemente el paradigma *centro-periferia*, con tendencia a su replanteamiento en otros términos que - de momento al menos - no es posible predecir con exactitud. Creemos que, tanto a los que estábamos habituados a pensar en ese paradigma, por mucho que tengamos conciencia de esta transformación, el hábito hace que nos resulte imposible eliminarlo por completo de nuestro horizonte comprensivo, lo que quizá puedan hacer con mayor facilidad los colegas de otras latitudes. Dado que no está claro cómo se modifica, no sabemos si esto es una limitación al conocimiento del fenómeno de la globalización o una ventaja. De toda forma, es una advertencia que creemos necesario formular.

2. Existe - ahora sí - una limitación de conocimiento para cualquiera que se asome al tema, que no puede obviarse como consideración previa, sea cual fuere el paradigma desde el que se lo analice. Consiste en las casi infinitas aristas que demandam muchísimas precisiones. Resultaria sencillo ocultar la dificultad parcializando la exposición y limitándola a los aspectos que creemos entender, ocultando en la discreta omisión del resto nuestra docta ignorancia. Esto sería una deslealtad intelectual y, además, conspiraria contra la visión de conjunto. No intentaremos ocultar nuestras dudas y las enormes lagunas ni nos ahorraremos el esfuerzo de síntesis que se requiere para mantener la visión de conjunto del problema, aún a riesgo de que - por sintéticas - algunas afirmaciones puedan tornarse crípticas. Todo ello es mejor que las simplificaciones que importam falseamiento.

II. La globalización como hecho de poder y el pensamiento único como discurso legitimante

1. Marchando directamente al tema, se trata de establecer una *relación* entre un *fenómeno de poder general y outro particular, ambos con sus respectivos discursos e ideologías*. El fenómeno general es la *globalización*. Pero *globalización* es una *expresión ambigua*, porque se emplea tanto para designar *el hecho de poder mismo* como también la *ideología que pretende legitimarlo*. Es indispensable no confundir ambos conceptos y, por ello, preferimos llamar *globalización al hecho de poder en sí mismo*, y denominar *pensamiento único, globalismo* (Beck) o *fundamentalismo de mercado* (Soros) a la ideología legitimante. En este entendimiento, la *globalización* no es un discurso, sino nada menos que un *nuevo momento de poder planetario*. Se trata de una realidad de poder que llegó y que, como las anteriores, no es reversible. *La revolución mercantil y el colonialismo* (siglos XV y XVI), *la revolución industrial y el neocolonialismo* (siglos XVIII y XIX) *y la revolución tecnológica y la globalización* (siglo XX), *son tres momentos de poder planetario*. No falta quien sostiene que la globalización es la totalidad de ese proceso de planetarización del poder (Wallerstein), pues no sería concebible sin las anteriores etapas, pero es preferible reservar su designación para la etapa actual, sin perjuicio de reconocer que - como todo fenómeno de poder - tiene una gestación histórica. Al igual que los anteriores momentos, cambia la perspectiva del mundo en el sentido de un *nuevo marco significativo para todas las cosas*, y también como ellos, viene acompañado de un discurso legitimante (la *supremacía teológica* en el colonialismo, el *evolucionismo racista* en el neocolonialismo, el *pensamiento único* en la globalización). Por ello que *globalización* no es el fundamentalismo de mercado de von Hayeck o de Friedman: esa es sólo la ideología de algunos de sus intérpretes, que asume función legitimante de las ventajas que obtienen los protagonistas que - de momento - parecen sacar la meyor ventaja. Asi como en el colonialismo, el reconocimiento del hecho irreversible de que Cortés conquistó México no implica asumir la actitud de la Malinche, en la globalización el *pensamiento único* o *globalismo* no sería más que el *malinchismo* frente al nuevo hecho de poder.

2. Los anteriores momentos de poder produjeron horrores. Prescindiendo - para no ir tan lejos - de los provocados por el colonialismo, es incuestionable que el industrialismo causó los

genocidios neocoloniales, las pavorosas explotaciones del centro sobre la periferia, pero también la democracia, la república, las ideas revolucionarias y la conciencia de los derechos humanos, es decir, toda la hoy depreciada ideologia de la modernidad, que no es más que el pensamiento humanista. En Brasil convirtió a los esclavos de los ingenios azucareros en libertos hambrientos en las ciudades; en México transformó a los indios en campesinos siervos de los latifundistas; en Europa convirtió a los campesinos en los parias urbanos que describieron Dickens y Zola o en nuestros abuelos emigrantes. Su capitalismo salvaje condujo a la crisis y ésta al capitalismo disciplinado y al estado de bienestar en algunos lugares del planeta, y también a las guerras mundiales, al Holocausto y a las dictaduras burocráticas monopartidistas. Y el sistema penal fue inmensamente cruel y sanguinario en el momento de la concentración urbana, pero también la reacción liberal impuso límites que el racismo médico policial (positivismo peligrosista) y los estados totalitarios y autoritarios trataron de eliminar. En otras palabras: el control formal punitivo tuvo toda clase de alternativas en la era industrial o neocolonial. No se nos puede escapar que la *globalización abre perspectivas análogas*. No existe el mal absoluto, pero el bien absoluto tampoco es de este mundo: por ello, no creemos que los penalistas debamos asumir actitudes *apocalípticas* ni *integradas*, sino sólo - y nada menos - que *críticas*, lo que no es nada facil frente a un cambio de paradigma que, como en los casos anteriores, tiende a alterar el significado de todas las cosas y *nos deja sin muchas categorías pensantes para acercarmos a la comprensión de la realidad*.

III. Las características del nuevo poder planetario

1. Pueden sintetizarse las principales características de este nuevo momento de poder planetario de la siguiente manera: A) La revolución tecnológica es, ante todo, comunicacional: la velocidad de comunicación aumenta hasta límites insospechados hace pocos años. B) Se produjo una reducción del poder regulador económico de todos los estados, aunque en diferente medida, invocando la necesidad de favorecer un mercado mundial. C) Se acelera la concentración de capital, con evidente predominio del financiero. D) Se desplazan los capitales con costo cero, hasta donde se hallan mayores rentas, por lo general a costa de reducción de costos por

recortes de personal y de menor tributación. El poder político compite por atraer esos capitales, o sea que los políticos compiten por reducir su poder, especialmente en los países periféricos. F) El uso del salario, del empleo y de la tributación, como variables de ajuste, provoca creciente desempleo y deterioro salarial, la menor recaudación fiscal permite menor inversión social. G) Como resultado de todo lo anterior, los estados perdieron su capacidad de mediación entre capital y trabajo. H) Los sindicatos carecen de poder para reclamar contra esa situación, l) La especulación financiera adopta formas que cada vez tornan más borrosos los límites entre lo lícito y lo ilícito. J) Los refugios fiscales para capitales de origen ilícito son conocidos por todos y nadie los obstaculiza. K) El sistema tributario se invierte, tratando de compensar la menor tributación del capital con mayor tributación del consumo, que recae sobre los de menor renta.

2. La principal consecuencia social de este fenómeno de poder es la generación de un amplio y creciente sector excluído de la economia. La *relación explotador-explotado* ha sido reemplazada por una *no relación incluído-excluído*. La bibliografia especializada - especialmente alemana y europea en general - habla con frecuencia de la *brasileñización* como generalización de un modelo con un 20% de incluidos y un 80% de excluídos (*sociedad 20 por 80*), que da lugar a una sociedad con aislados *ghetos de ricos* fortificados en un mar de pobreza. En semejante modelo prácticamente no hay espacio para las clases medias. El *excluído* no es el *explotado*: el último es necesario al sistema; el primero está demás, su existencia misma es innecesaria y molesta, es un *descartable* social.

3. La principal consecuencia política de la globalización es la impotencia del poder político nacional frente al económico globalizado. Esto se explica porque los políticos del primer mundo de los años ochenta han cedido su poder, renunciaron a ejercerlo y, con ello, liberaron fuerzas económicas que al concentrarse supranacionalmente no pueden controlar ni regular. Es decir, que *existe un poder económico globalizado, pero no existe una sociedad global ni tampoco organizaciones internacionales fúertes y menos aún un estado global*. El pensamiento único, al tratar de legitimar esta situación, se convierte - en cierto sentido - en una *ideologia anárquica*: como todo anarquismo es, en definitiva, un jusnaturalismo radicalizado. En efecto, el *fundamentalismo de mercado radicaliza el dogma del equilibrio del mercado y lo absolutiza hasta hacer innecesario al estado*.

IV. El desconcierto ideológico general

1. Un momento de poder planetario diferente modifica el mundo entendido como el conjunto de significados o *para qué* de todos los entes, de tal forma que lo hace incomprensible para la clave de comprensión precedente. Eduardo Galeano observó con acierto que Alicia, para meterse en el mundo al revés, hoy no necesitaría atravesar el espejo, pues le bastaría asomarse a la ventana. Pero no podemos dejar de agregar que es difícil soportar el espectáculo tan duro que ofrece la ventana y que, además, se hace insoportable la impotencia por comprender ese espectáculo. No puede llamar la atención que, en esa emergencia, cunda la actitud de preferir tomar el espejo por la ventana, ilusionando que todo está en orden. Esa confusión es un mecanismo inconciente de huída que se llama *negación* pero que asume la forma de *autismo* y - como mecanismo de huída - es la respuesta corriente al *disparate*, que es la expresión superlativa de la *disparidad* estructural entre realidad y norma, entre ser y deber ser, no ya jurídico - que seria lo de menos - sino también ético. Nadie puede soportar un espectáculo en que todos los valores - incluyendo el de la propia vida humana - se convierten en valores de mercado, sin que pueda explicárselo, sin categorías del pensamiento que le permitam orientarse y operar sobre esa realidad para superarla o transformarla.

2. Esas categorías no existen: estamos ante un mundo que es posible describir pero no explicar, fuera de unos cuantos lugares comunes, porque los *integrados* invocan a David Ricardo y a Charles Darwin, y los *apocalípticos* al Marx utópico. Pretenden explicar el siglo XXI con ideologítomo III, ideologías del XVIII y del XIX. La angustia de la ventana obedece a que nos asomamos a ella sin categorías del pensamiento que nos permitan explicar lo que vemos. De allí el autismo, la preferencia por el espejo donde todo aparece al revés y, por ende, en aparente orden.

3. Cuando nos asomamos a la ventana desde los discursos del sistema penal, el espectáculo parece aún más insoportable, porque es más disparatado. A la carga emocional del observador como partícipe de esa realidad, se añade la del especialista y se trasciende cualquier capacidad humana de tolerancia a lo incomprensible. Vemos la criminalidad de mercado a escala macroeconómica sin ninguna contención y sus réditos en refugios fiscales conocidos,

consentidos y seguros. Las prohibiciones estatales sólo sirven para aumentar las rentas de los mil tráficos prohibidos. El mundo parece sin timón: cada personaje, por poderoso que se crea o manifieste serlo, aparece como un *microchip* descartable en un enorme ingenio electrónico: *no puede dejar de hacer lo que hace, so pena de inmediato reemplazo*. Los teóricos del sistema lo celebran con el nombre de *autopoiésis*, en función de la cual de nada sirve hacer discursos advirtiendo sobre los riesgos de cataclismos sociales, de crisis total del sistema financiero o de recalentamiento planetario, frente a un montón de *microchips* insertados en el ingenio o en oferta al mismo y a un buen número de personas que sonríen frente a los espejos. Algunos conservadores inteligentes comienzan a descubrir que las utopías románticas de Marx eran un signo de la época, usado luego por panfletarios divulgadores, pero que también escribió algo sobre la concentración del capital, que vale la pena leer, al tiempo que otros beneficiarios de la situación caen en la cuenta de que si no se la controla los arrastrará en la caída.

V. El desconcierto en las ideologías del sistema penal

1. El desconcierto ideológico general es más grave en los discursos del sistema penal, sean jurídicos, criminológicos o político criminales, teniendo en cuenta que éstos no siempre tuvieron contenido pensante, si se entiende *pensamiento* en sentido originario. Hubo momentos altos, como el derivado del *iluminismo penal* de la segunda mitad del XVIII y primera del XIX, y momentos de profunda decadencia, como el fundacional de la inquisición, (siglo XV) o el de su resurgimiento en el positivismo peligrosista o ideologia médico policial. El curso irregular del nivel de pensamiento en el discurso penal señala la agudización de los peligros del desconcierto en esta área, el mayor riesgo de autismo, la menor preparación y entrenamiento para soportar la angustia de la ausencia de categorías del pensamiento.

2. Una brevísima *consideración criminológica* será útil para apreciar la magnitud y causas del desconcierto de los discursos del sistema penal actual. Ante todo, *la globalización ha enterrado definitivamente el viejo paradigma del simplismo etiológico*. Un sencillo ejemplo tan cotidiano y banal que ni siquiera merecería la menor consideración periodística, demuestra la complejidad casi infinita del proble-

ma: *en cualquier ciudad latinoamericana, un adolescente amenaza a otro con un arma de fuego para robarle su calzado deportivo*. Basta este hecho insignificante para la comunicación y para el propio sistema penal, para plantear la inviabilidad falsaria de cualquier simplismo: 1º) El objeto del robo fue fabricado en Asia por niños esclavizados. 2º) El motivo del robo no es la necesidad de supervivencia, sino que su objeto es elevado a símbolo de *status* entre los adolescentes conforme a una propaganda mundial. 3º) La producción esclavizada asiática reemplaza el trabajo del padre o la madre del asaltante, despedido en el país por la misma empresa para reducir costos productivos. 4º) El padre del asaltado, como persona de clase media, puede comprar ese calzado a su hijo, porque obtiene mayores réditos de sus modestos ahorros invertidos. 5º) Se alegrará cuando esos reducidos ahorros le permitan mejores rentas. 6º) Esas rentas aumentaran porque el capital acumulado de todos los ahorristas se invertirá en emprendimientos de mayor rendimiento. 7º) Estos emprendimientos aumentam el rendimiento mediante reducciones del empleos y en lugares donde haya menores impuestos. 8º) Cuanto mayor sea la pequeña renta del padre de la víctima, menores serán las oportunidades de trabajo futuro de la propia víctima del robo y mayores las chances de que el ahorrista de clase media tenga nietos que sean hijos de desocupados. 9º) Los menores impuestos reducirán la inversión social y sus nietos tendrán aún menos oportunidades de salud y educación que el propio asaltante. 10º) No es raro que el padre de la víctima reclame pena de muerte, menores garantías y medidas directas policiales (homicidios) y que vote a políticos que propugnen tales recursos. 11º) Esos políticos terminarán desviando la magra inversión social hacia su clientelismo (corrupción) y reduciendo aún más las chances de los nietos del ahorrista. 12º) Las policías más arbitrarias serán más corruptas y permitirán mayor contrabando y mercado negro de armas que llegarán a más adolescentes. 13º) La mayor corrupción del sistema penal determinará que sus propias agencias ejecutivas se conviertan en engranajes de la organización criminal o en administradoras de sus zonas liberadas al delito. 14º) Esto aumentará las chances de victimización por secuestro del propio ahorrista y la consiguiente pérdida de su capital. La vieja *causalidad criminológica* entra en una crisis demasiado grande.

3. Esta complejidad en el ámbito de la ciencia social tiene una inmediata consecuencia en el pensamiento jurídico penal: se hace

extremamente dificil referenciar el derecho penal con objetivos de política criminal (como lo intentam algunas corrientes contemporáneas, por ejemplo Roxin) sin tener en cuenta esta abrumadora complejidad, por lo cual no es extraño que se opte por dejar de lado esas referencias y se prefiera volver a construcciones deductivas de tipo más o menos kantiano o hegeliano, sea que esto se lleve a cabo por via de una radicalización del pensamiento sistémico en sociología (Jakobs) de una asunción directa de la ética idealista (Köhler) o incluso - lo que es aún peor - en una vuelta a la técnica de los glosadores y posglosadores, que sistematizaban sin referencia a ninguna función política de la pena. Esta regresión no es extraña, pues cabe observar que el *pensamiento único* o fundamentalismo de mercado y el retribucionismo idealista tienen el mismo origen (en el pensamiento del siglo XVIII) y comparten la misma imagen antropológica distorsionada: el pensamiento único convierte en dogma lo que es un ideal, o sea, da como realidad un *deber ser* orientador, que es el equilibrio de los mercados. Esto supone que las conductas humanas se rigen siempre por la razón, lo que presupone que el ser humano siempre actúa racionalmente. El retribucionismo idealista hace lo mismo: presupone que el ser humano, antes de delinquir, hace un cálculo racional de costos y beneficios. Esto lleva a la conclusión de que aumentando los costos (la pena) disminuyen los delitos. El dogma de la racionalidad de la acción humana como base común del pensamiento único (lo fundamentalismo de mercado) y el retribucionismo penal, se pone claramente de manifesto en obras y teorías como la de Ludvig von Mises, que hace ya muchos años basaba su construcción en un concepto de acción idéntico al del finalismo welzeliano.

4. Parece mentira que, con fundamentos tan endebles se legitime tanto el poder económico como el sistema penal, contra cualquier evidencia, incluso personal o introspectiva. De nada vale observar que los mercados no tienden al equilibrio sino a una competencia inmediatista sin límite alguno o a comportamientos de manada poco explicables, que hay corridas, pánicos y otros fenómenos que nada tienen de racional, o que los humanos se matan en incontables guerras en todo el planeta, es inútil recordar la historia económica o el psicoanálisis, frente a dogmáticos deductivistas cuyo autismo pasa por alto la genial advertencia de Martin Buber: *los seres humanos no son racionales, pero pueden llegar a serlo.* Cuando se confunde el deber ser con el ser, el idealismo racionalista se

desvirtúa al grado de irracionalismo radical, pues *no hay peor irracionalismo que dar por hecho la racionalidad humana*, con su consiguiente desbaratamiento de cualquier estímulo para luchar por ella, toda vez que no se lucha por alcanzar un hecho natural.

VI. Los delitos macroeconómicos: el poder planetario

1. El industrialismo creó la antropología racista para legitimar el neocolonialismo o sea, el sistema de poder planetario, en tanto que inventó la sociología (comenzando por la criminología con Quetelet, Guerry, etc.), para legitimar el control social interno. La globalización - al menos de momento - es menos creativa, pues, como se ha visto, acude a ideologías de siglos pasados: no inventa *ciencias*, sino que apela a mitos. En síntesis, éstos son *el equilibrio natural de los mercados* a nivel planetario y *la eficacia preventiva del poder punitivo* en lo nacional lo que es peor: la necesidad absoluta de reafirmación de la norma, como extremo de irracionalismo romántico idealista). No es de extrañar esta decadencia, porque es sabido que cuanto más irracional es el ejercicio del poder, menor es el nivel de racionalidad discursiva con que se pretende legitimarlo. No debe confundirse en este sentido la racionalidad con la elaboración del discurso: un discurso puede ser altamente sofisticado en su elaboración, pero si se asienta sobre una base falsa, no pasará de un delirio mejor sistematizado, y es notorio que no por ello un delirio se vuelve racional.

2. La realidad del poder planetario es demasiado contradictoria en comparación con los inmediatamente anteriores momentos de poder mundial o, por lo menos, se vivencian de esta manera. Lo que antes fueron delitos contra la economía nacional, como acaparamiento, alteraciones artificiales de los mercados, aprovechamiento de información confidencial, evasiones impositivas, monopolios y oligopolios, e incluso conductas que bordean las tipicidades nacionales de delitos menos sofisticados, como extorsión y estafa, son ahora conductas lícitas en la economía mundial. En ausencia de poder regulador o criminalizante en el plano internacional, se trata de conductas impunes, con la particularidad de que se cometen en proporciones macroeconómicas, es decir, que importan cifras astronómicas. Basta revisar la más elemental bibliografía sobre la materia para encontrar sus descripciones y observar que la apelación a

antíguos métodos criminales se incrementa incesantemente, pues aunque algún operador quiera prescindir de ellos, la competencia los emplea y lo elimina del mercado. De este modo, el llamado crimen organizado - concepto harto discutible, pero que empleamos sólo *brevitatis causa* - se va convirtiendo en la regla y cada día los estados tienen menos posibilidades de contenerlo, porque son ellos mismos víctimas de sus extorsiones.

3. Los más graves delitos ecológicos son cometidos por el propio poder económico planetarizado por la globalización. Nada hay que detenga la destrucción acelerada de las condiciones de vida planetaria. La conferencia de Rio 92 lo demuestra, no habiendo pasado de una expresión de buena voluntad. El poder económico se halla en manos de personas que no tienen otra alternativa que procurar mayores rentas en el menor tiempo, porque de lo contrario pierden la clientela que busca esas rentas y que se desplaza a otros operadores. Uno de los mayores costos de esa rentabilidad es la degradación progresiva e ilimitada del medio ambiente. Los propios operadores se ocupam de calmar a la opinión contratando *científicos* que subestiman los efectos de la depredación descontrolada, mientras desaparecen especies, avanza la desertización, se reducen los bosques, disminuye la capa de ozono y aumenta la temperatura media del planeta y la frecuencia de las catástrofes climáticas.

4. En síntesis, en el orden planetario puede afirmarse el claro efecto de la *anomia generalizada*, como dato objetivo. La realidad nunca coincide con la norma, porque el deber ser es un ser que no es o que, al menos, aún no es. Pero cuando la realidad se *dispara* respecto de la norma, deviene *disparate*, prescribe un ser que nunca será y la norma queda cancelada por inútil y le aguarda el destino de los desperdícios. La perspectiva de este proceso anómico de poder, proyectada sin contención hacia el futuro, se traduce: a) en el creciente dominio del delito económico que tiende a adueñarse de la economía mundial, ante la impotencia de los estados nacionales y de los organismos internacionales (cada día más las actividades económicas a nível planetario irán asumiendo mayor similitud con las prácticas criminales mafiosas); b) en el marcado deterioro del medio ambiente, que anuncia la producción de graves alteraciones en la biósfera; c) en una progresiva pérdida de poder de los estados nacionales y de sus operadores políticos.

VII. El deterioro del poder político: el poder nacional

1. Es innegable la creciente impotencia del poder político nacional para resolver los problemas sociales derivados de la exclusión y de la degradación de los servicios sociales (incluyendo la seguridad pública). Se trata de un fenómeno que los operadores políticos tratan de minimizar, pero su magnitud no permite ocultamiento ni disimulo. En este contexto, la eclosión comunicacional produce un perfil de político por completo novedoso. Se trata de personas que hablan como si tuviesen poder, lanzan sus escuetos *slogans* ante las cámaras, disimulan como pueden su impotencia y prometen lo que saben que no tienen poder para hacer. En síntesis, ante la imposibilidad de transformar la realidad, asumen actitudes inauténticas y su conducta no se motiva en sus efectos reales sino en los que provoca su proyección comunicacional. Las capacidades actorales se agotan, crece la desconfianza de la opinión pública hacia estos perfiles y toda la actividad política se desacredita: el manierismo de la política es demasiado notorio, carece de la *grâce du naturel* de otros tiempos. Quien no aparece en la pantalla no forma parte del espectáculo y, por ende, está fuera de la política y del mundo virtual en que se desarrolla. Sin duda que la actividad política es por su esencia competitiva y proselitista, por lo cual siempre tiene un aspecto comunicacional o de espectáculo, pero con la globalización se agota en lo que no debiera ser más que un aspecto de la actividad, es decir, se transforma en pura comunicación sin contenido, lo que a mediano plazo termina por ser percibido por el público, que asiste a ella como a un espectáculo reiterativo y poco interesante, llevado a cabo por personajes inauténticos y no confiables. *El síndrome de Weimar* asume dimensiones planetarias. No es posible pensar en una *política criminal racional* donde no hay *política racional*, sino la total degradación a un espectáculo pobre que acaba en un *estado espectáculo*. *La política criminal del estado espectáculo no puede ser otra cosa que un espectáculo.*

2. A través de la comunicación surge un fenómeno de *virtulidad* que reemplaza a la realidad: el extremo idealismo en que fue a dar cierta corriente que malinterpretó a la fenomenología hace algunas décadas, que creía que se podía cambiar todo con sólo cambiar los mensajes significantes, pero que pasaba por alto que la fenomenología respetaba y no negaba el material del mundo (*Weltstoff*), parece ser la regla tácita del momento entre los políticos de casi todo el

mundo: asi como la mayoría de las transacciones del capital financiero son *a término*, es decir, sobre dinero futuro que no existe - lo que genera también un capital virtual - los políticos emiten mensajes para una realidad virtual en que el poder se simboliza. Por cierto que los mensajes no siempre son palabras ni actos simbólicos inofensivos, sino que también son guerras, como la balcánica, con la que entienden simbolizar el reapoderamiento de su poder perdido frente al capital globalizado, o sea que reafirman simbólicamente su hegemonía como señores de la guerra y de la paz.

3. El perfil de político espectáculo es altamente permeable a la corrupción. La corrupción tradicional queda opacada por la *corrupción macroeconómica*, como novedad criminológica aún no suficientemente detectada por presentarse con manifestaciones más claras en los países periféricos. La corrupción macroeconómica se distingue de la tradicional en que se practica al amparo de la destrucción del estado y del mercado mismo. A las economías dirigidas, cerradas y centralizadas, correspondían modelos de estados gestores, en los que la corrupción tenía lugar en el área de contrataciones; a las economías abiertas corresponden modelos de estados reguladores, sin los cuales no puede funcionar el mercado, porque nadie lo defiende. *La corrupción macroeconómica tiene lugar cuando se desbarata el estado gestor pero no se monta – o bien se neutraliza - el estado regulador, es decir, cuando so pretexto de mundialización del mercado se anulan las aduanas, los bancos centrales, la recaudación fiscal y los entes reguladores de servicios públicos privatizados.* El ámbito de corrupción que se abre con estas maniobras adquiere un volumen que no reconoce precedentes. A su amparo aparecen personajes políticos secundarios, que se han llamado *políticos de bambalinas*.

4. El discurso *anticorrupción* también se globaliza, pero no está totalmente claro que su sentido sea inequívoco y que no encierre una contradicción y quizá una dialéctica. Por lo menos, hasta hace algunos años, era claro que la política de los países centrales era explotar la corrupción de los periféricos. En la actual búsqueda de menores salarios o de trabajo esclavo y menor carga fiscal, el capital se desplaza a países con estados que no son de derecho (o que lo son sólo de forma) y, por ende, altamente corruptos. En ellos, la mayor renta por el menor salario y carga fiscal, en parte se pierde con los costos de la corrupción, es decir, una suerte de fisco ilícito que hoy resulta disfuncional. El riesgo de la corrupción globalizada es que

extiende sus prácticas antes periféricas a los países centrales; su contención y la consiguiente reducción de las exacciones sólo puede lograrse mediante la potenciación de estados de derecho, pero los estados de derecho no son compatibles con un 80% de excluídos. Los optimistas integrados suponen que eso puede lograrse mediante un gran crecimiento del *entretenimiento*, lo cual parece bastante disparatado, además de hipócrita.

VIII. El espectáculo criminal del espectáculo político

1. Las personas *suelen tolerar la injusticia, pero no pueden tolerar la desesperanza*. Es de la esencia de lo humano tener proyectos y proyectarse. No hay existencia sin proyecto. La exclusión es desesperanza, frustra todos los proyectos, cierra todas las posibilidades, potencia todos los conflictos sociales (cualquiera sea su naturaleza) y los errores de conducta. La civilización industrial generó una cultura del trabajo, que llevaba a definir la identidad por el trabajo; la exclusión y el desempleo no sólo ponen en crisis la supervivencia sino la identidad, siendo, por ende, fuente de los más díspares errores de conducta. El explotado tenía una identidad y también un blanco: el explotador y todo lo que lo simbolizaba. El excluído no tiene un blanco: lo es cualquiera no excluído, sin contar con los errores de conducta que le llevan a hacer blanco a los propios excluídos. El tejido social se debilita al no haber relación social *incluído-excluído*, se destruyen las relaciones mismas y no sólo las de cooperación, pero si algunas aumentan son las de conflicto; con la indiferencia y el desconocimiento se abre el espacio de un proceso progresivo de desconfianza, prevención, temor, miedo, pánico y paranoia. La exclusión social se agudiza por el deterioro de la inversión social y de los consiguientes servicios: salud, educación y previsión. La violencia estructural no puede menos que generar respuestas violentas.

2. Es incuestionable, pues, que *la exclusión - no la pobreza - genera mayores cuotas de violencia social*, pues ella misma es violencia estructural. Frente a esto no hay respuestas racionales de la política espectáculo; por el contrario: entre los servicios sociales deteriorados se destaca el servicio de seguridad. La ausencia de respuesta a la exclusión hace ilusoria cualquier prevención primaria, pero el deterioro del servicio de seguridad y su participación en el llamado

crimen *organizado* y en la corrupción (que es su legítima consorte), degrada también la prevención secundaria. Desde tiempos inmemoriales, en la periferia del poder mundial el servicio de seguridad pública estuvo confiado a policías militarizadas y sin presupuesto suficiente, es decir, con salarios y equipamientos precarios y sin la conciencia profesional que sólo puede crecer con la sindicalización que, además, es la más importante vacina contra la corrupción. Para compensarlo se habilita a la policía una cuota de recaudación ilícita (generalmente juego y prostitución), que se reparte inequitativamente: el poder verticalizado piramidalmente se traduce en un reparto de recaudación ilícita exactamente inverso, es decir, de pirámide invertida. De este modo se opera una permuta de gobernabilidad por âmbito de corrupción acotado.

3. Pero la globalización ha puesto en crisis terminal a este tradicional mecanismo de permuta: *la destrucción del estado regulador y el tráfico mundial impiden cualquier acotamiento a la corrupción consentida, porque penetran todos los tráficos ilícitos existentes, especialmente tóxicos, armas y personas.* El propio servicio deteriorado introduce uno de los principales potenciadores de la violencia: los países periféricos están inundados de armas de guerra introducidas a través del contrabando organizado, las policías terminan participando de los crímenes más horrorosos. Los ricos se *ghetizan*, el servicio de seguridad se privatiza, aumenta la selectividad en la victimización, se acentúan las contradicciones y la conflictividad violenta entre policías, criminalizados y victimizados - todos seleccionados de las capas más desposeídas de las sociedades - que, en definitiva *son funcionales en la medida en que obstaculizan su entendimiento, coalición y protagonismo político.*

4. Los políticos desapoderados no tienen respuesta, pero su espectáculo debe seguir. Cualquier irresponsable clama venganza en los medios masivos, abiertos a los discursos más disparatados. Y *los políticos espectáculo producen leyes penales, que es lo más barato y les da publicidad por un día.* Cobran en unos pocos minutos de televisión la entrega de vidas, libertad, honor y patrimonio de sus conciudadanos, muchos de los cuales - sea dicho de paso - les aplauden la entrega de sus propios derechos a cambio de una ilusión de papel mal impreso. *Tolerancia cero, mano dura* y otros *slogans*, significan sólo mayor arbitrariedad policial. Los políticos quedan aún más desapoderados, porque en base a la corrupción se refuerza el *poder*

policial autónomo y corporativo y, con ello, la ineficacia preventiva, la capacidad extorsiva de las corporaciones cada vez más fuertes y comprometidas con los tráficos ilícitos y una nueva potenciación del mismo problema. Casi no hay diferencia entre las actitudes de las fuerzas políticas que responden a la tendencias ideológicas tradicionales: *conservadores y progresistas, reaccionarios y liberales, comparten las mismas reglas. Los progresistas y liberales procuran neutralizar las imputaciones de los conservadores y reaccionarios, con leyes más represivas que las que hubiesen sancionado éstos*. Derecha e izquierda pierden sentido en cuanto a sus definiciones tradicionales; quizá la propuesta de Bobbio no sea una mera precisión, sino todo un replanteo: *izquierda y progresismo, en la globalización, parecieran ser sinónimo de lucha contra la discriminación y la exclusión que la presupone*. Volveremos a ello más adelante. En síntesis: a) la población acaba atrapada entre el miedo a la policía y a la agresión callejera; b) los políticos desprestigiados por sus pésimas actuaciones y peores espectáculos; c) los partidos sin representatividad, con su autoridad moral destruida por la corrupción; d) la legislación penal retrotraída al premodernismo; e) el derecho es despreciado por inútil; f) las clases medias están prestas a identificar a cualquier diferente como enemigo; g) los demagogos *extrasistema* están al acecho. El síndrome de *Weimar* no es pura coincidencia, sólo que *Weimar* era en Alemania y *esto se está extendiendo desde la periferia al mundo entero*.

5. En el plano estrictamente legislativo, las leyes penales han asumido la función de mensajes de reafirmación de poder virtual de los políticos impotentes y desapoderados, dirigidos a la población con la intención de renormalizar situaciones que no pueden resolver en el plano de los hechos reales. Se pretende regular lo que no hay poder que regule y se elabora una legislación penal económica que no será aplicable en la práctica, porque produciría un inmediato desplazamiento de capital que el poder político no está en condiciones de evitar. Se quiere regular el mercado creando ilicitudes cuando no existe poder regulador eficaz, de modo que no se hace más que encarecer los servicios y objetos ilícitos. Se *administrativiza* la legislación penal ante la ineficacia de la legislación administrativa, lo que en realidad es una *banalización* de la ley penal, que se considera útil para cualquier objeto. Disminuyen las garantías procesales y se restituyen instituciones medievales, tales como la delación y testigos, jueces y fiscales secretos o anónimos. Nunca antes la legislación penal había abarcado un número de conductas

tan amplio como en el presente: cada día son menos los ilícitos administrativos que no son al mismo tiempo penales (como delitos o como contravenciones). La tipicidad ya no selecciona de la antijuridicidad algunos ilícitos, sino que parece seleccionar los que excluye de su ámbito, tendiendo a ser un sistema contínuo de prohibiciones penales con excepciones no penales. El material para la elaboración de mensajes legislativos simbólicos se está agotando.

IX. El centro y el margen: el proceso de igualación

1. Insensiblemente, hemos venido describiendo realidades periféricas y advirtiendo su extensión al mundo central. Como lo dijimos al comienzo, no sabemos exactamente en qué forma y con qué caracteres se proyecta en definitiva, pero no nos cabe duda que la relación *centro-periferia* se está alterando notoriamente. Hasta hace unos años hablábamos de una *criminología desde el margen* y de un *realismo marginal* en el derecho penal. El *margen* era nuestra América Latina; el *centro* era el norte. Creíamos que frente a la crítica criminológica del norte debíamos ensayar la nuestra, *marginal*. El dinamismo vertiginoso de la globalización tiende a cambiar de lugar el *margen* y a dejarnos sim *centro*. Hoy comienza a haber *márgenes* cada vez mayores en los viejos centros: por eso allí se habla con creciente frecuencia de la *brasileñización*, para describir el fenómeno que se universaliza aceleradamente: la formación de los ghetos aislados de incluídos en un mar humano de excluídos.

2. Quizá el blanco victimizante más importante de la globalización sean los sectores del trabajo del viejo centro, donde *son más los que tienen más para perder*: ya no hay pleno empleo en los antiguos países centrales y el objetivo parece ser que sus salarios deban competir con los malayos y tailandeses. La marginación se está globalizando y la dialéctica *explotador-explotado* también allí está siendo reemplazada por una pura división entre incluídos y excluídos, frente a los cuales no existen ni siquiera los límites de la ley de bronce, porque justamente, para el sistema lo mejor es que los excluídos desaparezcan. Los países que tratam de paliar este proceso con medidas previsionales obtienen como resultado su postergación en la carrera por el *crecimiento*: su PBI no crece o crece a ritmo menos acelerado que los que se desentienden de las consecuencias de la exclusión social.

X. Las perspectivas inmediatas del poder punitivo, de los discursos del sistema penal y de los derechos humanos

1. Es tan evidente como inevitable - al menos en el corto plazo - el deterioro de los derechos humanos. No hay signos que permitam predecir una reacción rápida o inmediata en sentido contrario. Con el desapoderamiento o subalternización de la política, la globalización ha generado dos movimientos simétricos y opuestos: la *regionalización* y la *fragmentación*. Ante el espectáculo político, los *outsiders* xenófobos instigam a la fragmentación y atribuyen todos los males a la regionalización y a los recién llegados. No es posible hacer a un lado el horror yugoslavo cuando estallan estados y grupos sectarios declaran independencias demenciales o cuando en México o en Brasil, aunque con polos invertidos, algunos oponen estados del norte y del sur. Vivimos una realidad cruenta de racismo, guerras étnicas y xenofobia. Buchanan, Le Pen, Haider, Bossi o Peters son reales y están tan presentes como Yugoslavia, África y las experiencias nucleares en la Índia y Pakistán. Ninguna de estas perspectivas es buena para un ejercicio poco irracional del poder punitivo.

2. El discurso jurídico penal podría oponer una ligera resistencia y contribuir a una visión más realista, pero la marcada tendencia a huir hacia el idealismo (o hacia sistemas cerrados por otra via metodológica) y compartir la perspectiva antropológica del pensamiento único no vaticinan una gran eficacia contentora. Las construcciones teóricas del derecho penal en la forma de sistemas cerrados (no alimentados con datos de la realidad y deducidos sólo de la función que el constructor asigna arbitrariamente a la pena) adelantan lo que los científicos vislumbran como el riesgo de la inteligencia artificial en la robótica del futuro y los llaman *rizos de retroalimentación* que *enloquecen* el sistema. En realidad, *un sistema cerrado y deducido, puesto en manos judiciales para resolver todos los casos, no es más que el programa de un complicado - quizá no tanto - robot para fabricar sentencias.*

3. El sistema cerrado o robótico del derecho penal tiende a incluir y racionalizar la legislación desordenadamente producida por los políticos del estado espectáculo en su creciente e incesante producción de mensajes de poder virtual. En definitiva, se llega a sostener que la teorización debe ser funcional a éstos porque de lo

contrario, sería excluída del sistema. Por ende, hay quienes resignadamente se ofrecen de buen grado a ponerse al servicio de esos mensajes y, más aún, a entrenar a las futuras generaciones de juristas para que sólo aprendan a hacer lo propio. Es asi que no falta una pretendida teoría penal que insiste en el mero efecto simbólico de la ley penal y lo asume, elaborada a la medida de las exigencias de los políticos de la farándula, pasando por alto que la ley penal se traduce en criminalizaciones secundarias en forma selectiva hacia los más vulnerables. Se remuevan teodas de hace siglos sin dar cuenta de su origen, que muchas veces incluso se ignora: a) Se renuncia al principio de lesividad, ya no con los delitos de peligro abstracto o ficto, sino con la tesis de que hay delitos *acumulativos*, es decir, que no afectan a nadie, pero que si todos los practicásemos afectarían a todos: es el argumento usado por Feuerbach hace doscientos años para racionalizar la punición de la sodomía. b) Se revitalizan las viejas racionalizaciones de Sprenger y Kramer en el *Martillo de las Brujas* de 1484 o de Eymerich en el *Manual de los Inquisidores* de 1376 para legitimar las pruebas ilícitas introducidas en procesos penales extraordinarios y que tienden - como entonces - a ordinarizarse. c) Se sostiene que debe hacerse un *derecho penal de dos velocidades*: uno con mayores garantías para los débiles y otro con menores garantías para los poderosos, ignorando que el último no hará otra cosa que alcanzar a los menos poderosos, a los no poderosos que aspiran a serlo o a los que han perdido frente a otros más poderosos y que, además, terminará ordinarizándose. d) Se reconoce que el derecho penal para los poderosos será de aplicación más excepcional, por lo que se propone compensar la impunidad con más pena para los pocos casos en que se aplique: se olvida que esta regla ya la propuso Bentham y la rebatió Carmignani como carente de cualquier lógica. Su traducción práctica es que a los menos poderosos que atrape se le aplicará más pena para que la gente crea en su eficacia. e) Se sostiene también que cuanto menor gravedad tiene una pena, menores son las garantías con las que debe rodearse su imposición. Se olvida que el poder configurador cotidiano - que es el más importante del poder punitivo - se maneja con penas menores y hasta contravencionales, en tanto que las más graves - incluyendo la pena de muerte - tienen muy poca importancia configuradora, dado que la mayoría de la población se abstiene de semejantes crímenes. f) Por otra parte, es razonable deducir el resultado de un planteo que pretende disminuir las garantías para las penas de los poderosos menos poderosos o no poderosos, pero también las de las penas leves - en las que no incurren los poderosos - y también las que se imponen por la emergencia de turno, es decir, para todas.

XI. Perspectivas posibles

1. De cualquier manera, no es cuestión de desesperar y dejar la ventana u optar por el espejo. Discursos jurídico penales fueron en el siglo XVIII tanto los de los *prácticos* y posglosadores como los de Beccaria, Verri, Howard y Sonnenfels: mientras los primeros se esforzaban por explicar razonadamente en qué casos y cómo se impone y ejecuta la tortura, los segundos queria abolirla. Es incuestionable que la globalización dará lugar a discursos jurídico penales igualmente díspares y encontrados, cuando no sorprendentes. Un proceso de poder planetario es siempre extremadamente complejo y contradictorio y, en los repliegues de sus conflictos, queda espacio para discursos de poder incompatibles. Entre los penalistas, también hubo siempre quienes mostraron preferencia por los posglosadores y quienes se inclinaron por Beccaria, Verri y Sonnenfels. Lo importante será ver cómo jugarán los diferentes discursos en la dinâmica del proceso de poder llamado *globalización*, a cuyo inicio estamos asistiendo.

2. En realidad, la globalización desconcierta, porque lo primero que pone en duda es nada menos que el conocimiento mismo: nos impone un pensar con humildad, sin pretensiones omnipotentes, de modo muy prudente. Parece ser la única forma de extraer algunas conclusiones y hallar unas pocas explicaciones. También nos impone controlar nuestras emociones, refrenar el impacto que produce un mundo por completo diferente al que estábamos habituados y, por ende, superar el pesimismo de los *anómicos* y apocalípticos tanto como el optimismo de los *autistas* e integrados. Desde la interrogación modesta, quizá se pueda entrever algo del futuro del proceso globalizador y deducir algunas líneas de comportamiento frente al mismo, a condición de preguntarnos preferentemente *qué vemos*, sim desilusionarnos por no poder explicarlo totalmente. Después de todo, la tecnología nos habitúa a usar ingenios que sabemos para qué sirven pero no cómo funcionan y menos cómo se construyen.

3. Si en lo planetario, lo que estamos viendo desde la ventana es otro momento de poder, debemos presuponer que, como los anteriores, tiene límites. Un ingenio donde todos son *microchips* no puede ser tan perfecto y de hecho no lo es. La extorsión solo llega hasta el límite del temor: cuando no queda nada por perder, el temor cesa y el chantaje fracasa. La desregulación de todo, es decir, la minimización del poder político para optimizar réditos, también tiene límites: cuando no hay poder regulador, nada se puede regular, no hay licitud ni ilicitud, el crimen de mercado tampoco puede ser controlado. Toda la actividad se convierte en *crimen organizado* (con las debidas reservas respecto del sentido de esa expresión). En términos macroeconómicos, la especulación descontrolada pone a cada rato toda la máquina al borde del desastre, la ilicitud globalizada corrompe toda estructura de poder y la vuelve disfuncional para la renta, el monopolio acaba con el mercado, el desempleo termina con la capacidad de consumo. Cabe pensar que algo sucederá en el propio ingenio, aunque sea después de algún descalabro. Los propios operadores de la economía globalizada comienzan a requerir regulaciones, son conscientes del riesgo, aunque los políticos espectáculo son los únicos que no parecen reparar en ello: se han habituado tanto a no hacer nada en serio que confunden la proyección de sus sombras chinescas con la acción. Se trata de una modalidad que antes estaba reservada a la periferia, pero que ahora se observa con preocupación en los países centrales. La falla está en los propios políticos mediáticos, que son incapaces de confesar sus limitaciones y plantearlas con claridad a la opinión pública, y que quizá - lo que es más grave aún - ni siquiera se dar cuenta de ellas. Mientras algunos operadores financieros comienzan a advertir el peligro, los políticos espectáculo y las burocracias internacionales se obstinan en su realidad virtual, confunden el espejo con la ventana. Pero las voces de alarma indican que, por lo menos no todos los operadores son suicidas.

4. En el plano del control social punitivo interno de cada estado, la potenciación del poder autónomo de las corporaciones policiales no puede elevarse al infinito, porque éstas al autonomizarse se lanzan al crimen, desplazando y compitiendo con otros poderes y llegando a dar golpes de estado. Por impotentes e incompetentes que sean los políticos espectáculo, en un momento se percatarán del riesgo creciente que corren, al menos los de los países centrales. Cabe pensar que un resto de instinto de conserva-

ción de clase les queda. No obstante, también es verdad que en Weimar no se dieron cuenta del riesgo.

5. Pero lo más seguro que puede afirmarse respecto del futuro - quizá lo único - es que miles de millones de personas excluídas no se quedarán mirando espejos hasta desaparecer. La globalización tiene muchas dimensiones y contradicciones, pero quizá la más notoria tenga lugar con la comunicación, con cuya revolución tecnológica mantiene un vínculo casi de identificación. La competencia baja costos rápidamente en el área comunicacional. En el siglo pasado, los libertos brasileños, los campesinos mexicanos y los niños de las minas inglesas, no se conocían entre sí e incluso ignoraban su existencia. La globalización no podrá evitar la formación de una sociedad civil globalizada e incluso su propia revolución tecnológica la impulsará, pese a todos los obstáculos que quieran oponerle. Por otra parte, los nuevos excluídos - clase media - aprenderán a sobrevivir de los explotados de ayer y aportarán a éstos el entrenamiento que les faltaba. En los márgenes - antíguos y nuevos, es decir, en la vieja periferia y en la exclusión de las urbes de los viejos países centrales - nadie se quedará quieto mucho tiempo, y no siempre se moverán con errores que alimenten perjuicios y discriminaciones o que ingenuamente ofrezcan el rostro a la represión.

XII. El sentido de la acción

1. Aunque no sea nada facil y pese a que requiera un camino pleno de contradicciones y malos entendidos, la dialéctica entre incluídos y excluídos es tan inevitable como la catástrofe del modelo si no alcanza alguna regulación ordenadora. El tejido social se reconstruirá y, aunque sea sobre bases que no podemos imaginar, surgirán culturas y respuestas alternativas, porque *los excluídos también tienen imaginación* y disponen de lo que los incluídos carecen: *tiempo*. El ser humano no puede *no existir* sin dejar de ser humano. Cuando se cierran abruptamente los caminos de la existencia (de los proyectos) se abren otros y los seres humanos siguen existiendo. Esto lo saben los mismos ideólogos de la sociedad excluyente y, por ello, proponen el entretenimiento del 80% sobrante, es decir, inventarles una realidad virtual para sus proyectos de existencias virtuales, quitarles la humanidad. Pero olvidan que el

ser humano tampoco se conforma con la sola existencia en la inautenticidad, en el entretenimiento del *das man* impersonal y del parloteo. Por lo menos, en todo curso vital existen momentos críticos en los que esto no alcanza. El programa de entretenimiento del 80% sobrante es nada menos que un proyecto de transmutación de humanos en algo diferente, que de momento no parece ser otra cosa que obesos ingiriendo alimentos de altas calorías y contenidos grasos, apoltronados y con la vista fija en pantallas que pasan vertiginosamente escenas de hiperactividad violenta.

2. Si la ideología de este primer momento de globalización es la exclusión y la sociedad 20 y 80, es necesario no abjurar de la globalización como fenómeno, sino *acomodarse a su dimensión y en ella oponer una ideología y una acción contraria, a favor de una sociedad global inclusiva y no discriminatoria*. No será posible salir de esta etapa negativa de la globalización apelando a los métodos revolucionarios del neocolonialismo o del industrialismo. En el momento de poder planetario de la globalización no se transforma la realidad tomando el *palacio de invierno*, no ya por razones éticas o de otra naturaleza contra la violencia, sino sencillamente porque *no hay palacio de invierno*. Es poco lo que se puede hacer desde el poder político nacional para transformar la realidad globalizada, debido a su deterioro y subalternización. El bien más codiciable por su efecto transformador es el *saber*. *El poder lo ejerce quien tiene el conocimiento y la información*. Si se logra que el 20% de incluídos no ejerza el monopolio del saber, se le habrá quitado o por lo menos se le estará disputando el poder. Ese debe ser, pues, el campo a disputar, por ciclópea que parezca la empresa y por absurda frente a las categorías de pensamiento y acción políticas del industrialismo, en las que estamos entrenados.

3. El objetivo inmediato más importante para impulsar la nueva dialéctica entre excluídos e incluídos es la *garantía de condiciones mínimas de alimentación, salud e instrucción* para los excluídos. Por débiles que sean los estados, este objetivo puede lograrse aún valiéndonos de las estructuras estatales secundarias y terciarias (provincias y municipios) bien administradas. Asegurando de este modo la supervivencia de los excluídos y la instrucción necesaria para aprovechar la información, de proporcionar la propia información se ocupará la misma globalización con su creciente y contradictorio abaratamiento del área de la comunicación. Los incluídos

carecen de tiempo para aprovechar toda la *información no basura* que reciben, los excluídos lo tienen sobradamente. *Si poder es saber, es menester apoderarse del saber*. Ese apoderamiento del saber permitirá a) *la competencia con los incluídos*, b) *su empleo diferencial y contracultural respecto de los incluídos* y c) *el surgimiento de culturas globalizadas conforme a nuevas y reactivas normas para utilización del saber*.

4. De estas nuevas culturas globalizadas y alternativas emergerán nuevas formas de pensamiento y de conocimiento, modos de reelaborar el propio conocimiento y de abrir paso a un saber que no sea de *dominus*, que no sea el saber del interrogador inquisitorial, el *saber para poder ejercer dominio*, el saber que interroga pero que no está preparado para escuchar, sino un saber dialogal con todo *lo que está en el mundo*. Asi como del saber adquirido por *lucha* (del guerrero) se pasó al adquirido por *interrogación* (del señor, *dominus*), será necesario pasar de éste al saber *dialogal* (del *frater*). Sólo una cultura alternativa de excluídos puede alcanzar ese saber, frente a la crisis de supervivencia planetaria a que lleva el desarrollo último del saber interrogador inquisitorial de *dominus*.

5. No está claro quien puede convocar a una coalición de excluídos del mundo a luchar por el conocimiento, conscientes del poder que ello implica. Con seguridad no serán extraños a esta convocatoria los movimientos feministas, por representar a la mitad de la humanidad subalternizada, en la medida en que aprendan a huir de las trampas que les tiende la propia estructura patriarcal para que se dediquen a enviar mensajes en leyes penales y con ello se sumen a su política espectáculo. Como toda lucha, la coherencia de la coalición garantizará su eficacia y permitirá enfrentar cualquier violencia con los medios más pacíficos o no violentos y más eficaces. Es verdad que aún no hay un grito convocante, pero no es menos cierto que la *exclusión discriminante y creciente, sumada a mínimas condiciones de supervivencia, tiempo e información,* son componentes que no pueden dejar de producir una dinámica competitiva y de confrontación de los excluídos con los incluídos, que tienen el dinero virtual pero que no disponen de *tiempo* y no pueden digerir la información.

6. La verdadera sociedad global pareciera que debe comenzar a configurarse mediante un apoderamiento del conocimiento por parte de los diferentes grupos excluídos. De su capacidad de

coalición dependerá su eficacia transformadora, pero cuando fuera de los *ghetos ricos*, en los *pueblos jóvenes*, en las *favelas* y en las *villas miseria*, se puedan elaborar tesis con los mismos materiales que en Harvard o en Heidelberg, la dialéctica de la globalizáción estará en pleno funcionamiento.

7. La lucha por el conocimiento es imprescindible para evitar una *sacralización de la discriminación*, una suerte de *profecía autorealizable del racismo*. La dialéctica puesta en marcha por los excluídos, ayudados por los que no quieren ser del todo excluídos, es la principal esperanza para la ciclópea tarea de estimular a los nuevos líderes africanos, de incorporar a la coalición de excluídos a los pueblos olvidados de todo el planeta, antes que los saberes de la genética permitam sacralizar diferencias biológicas y transformar la discriminación en reales privilegios genéticos.

XIII. El saber penal de la globalización

1. Corresponderá al pensamiento penal, criminológico y político criminal progresista de la globalización la tarea de *esforzarse por contener el poder punitivo que quiera arrasar las culturas alternativas de excluídos* y que - con seguridad - no escatimará esfuerzos para hacerlo. Debe contarse con que este poder punitivo asumirá formas nuevas, pues el control penal en poco tiempo cambiará totalmente su fisonomía. Técnicamente es ya posible reemplazar las cárceles por el control electrónico de conducta, que es mucho más barato y, por ende, aplicable a mayor número de personas. El poder de observación y vigilancia ha aumentado considerablemente, pero en pocos años alcanzará niveles nunca imaginados. Las casas y edificios inteligentes serán un gran avance tecnológico que, sin duda, brindará muchas comodidades a los incluídos, pero significará también el fin de la privacidad y cada edificio será una prisión en potencia. El lugar del pensamiento penal progresista será junto a las organizaciones no gubernamentales de derechos humanos empeñadas en la preservación de las alternativas que surjan desde fuera de los *ghetos* de incluídos. De este lado estarán los colegas que, descendiendo de Beccaria, Verri y Sonnenfels, Howard, Feuerbach, Carmignani, se empeñen en la tarea cada vez más comprometida de elaborar discursos jurídico penales que preserven los espacios sociales para las culturas alternativas de los excluídos y la nueva

sociedad globalizada. Lamentablemente, no faltarán tampoco discursos de hechura de la glosa tardía, que Francesco Carrara despreciaba como *la schifosa scienza*. Será inevitable, como lo fue en los anteriores momentos de poder planetario y, especialmente, en el inmediatamente precedente.

2. Por lo que vemos desde la ventana, estamos seguros de que algo cambiará a) antes que toda la economía mundial se convierta en una gran organización mafiosa y estalle cobrando como primeras víctimas a sus propios operadores, b) antes que las corporaciones policiales se conviertan en bandas asesinas que depongan gobiernos y usurpen el poder político, c) antes que el 80% excluído de la población mundial desaparezca, d) antes que los Le Pen, Buchanan, Haider y mil Hitlers locos - o más locos aún - tomen los gobiernos y e) antes que la tendencia globalizante a la *brasileñización* sea reemplazada por la tendencia a la *yugoslavización*. Por supuesto que debemos seguir en la ventana para descubrir qué cambiará, para tratar de contribuir a pensarlo y a impulsarlo, para tratar de minimizar los obstáculos que pueda hallar el cambio. *Nada se produce solo y es responsabilidad de todos.*

3. El sistema penal seguirá las alternativas de esos *antes* y quizá - también y por desgracia - de algún *después*, con sus momentos *disparatados* y con otros de mera *disparidad*. Y el discurso jurídico, criminológico y político criminal, legitimará o deslegitimará los disparates, según que los autores elijan cultivar la *schifosa scienza* o el verdadero saber penal: la experiencia anterior indica que a los primeros no los recuerda nadie, salvo como curiosidad.

4. Lo único verdaderamente penoso es que - conforme a toda la experiencia anterior - el camino hacia la sociedad global, la coalición de excluídos y la lucha y apoderamiento del saber, no será lineal. Son caminos civilizatorios que estuvieron siempre plagados de marchas y contramarchas, contradicciones y despistes, senderos ciegos y ensayos errados. Toda la historia enseña que muchos discursos penales y criminológicos alentaron a perderse por esos recovecos y desvios, y lo triste es que en ellos suelen quedar cadáveres. Sea dicho con la sinceridad de un *optimista activo y no ingenuo*, es decir, de quien no se confunde el espejo con la ventana y cuenta lo que ve desde la ventana sin vender optimismos gratuitos,

so pena de sumarse al espectáculo globalizado en actitud malinchista.[2]

---

[2] Es imposible citar toda la bibliografia que sustenta los múltiples temas referidos a la globalización y a sus efectos penales. A mero título de indicación de los caminos de información transitados en este texto, nos permitimos indicar los siguientes trabajos: Hans-Peter Martin-Harald Schumann, *Die Globalisierungsfalle*, Hamburg, 1996; Ulrich Beck, *Che cos'è la globalizzazione. Rischi e prospettive della società planetaria*, Roma, 1999; Ignacio Ramonet, *Un mundo sin rumbo, Crisis de fin de siglo*, Madrid, 1997; Hans Magnus Enzenberger, *Guerra civil*, São Paulo, 1995; Noam Chomsky, *Habla de América Latina*, Buenos Aires, 1998; Octavio Ianni, *A era do globalismo*, Rio de Janeiro, 1997; Ernesto López, *Globalización y democracia*, Buenos Aires, 1998; Sapelli, Giulio, *Cleptocracia, El mecanismo único de corrupción entre economía y política*, Buenos Aires, 1998; Vincenzo Ruggiero, *Economie sporche, L'impresa criminale in Europa*, Torino, 1996; del mismo, *Delitti dei deboli e dei potenti. Ezercizi di anticriminologia*, Torino, 1999; Camera dei Deputati, *La lotta alla corruzione*, Bari, 1998; Eduardo Galeano, *Patas arriba, La escuela del mundo al revés*, Montevideo, 1998; George Soros, *La crisis del capitalismo global, La sociedad abierta en peligro*, Buenos Aires, 1999; Eric J. Hobsbawm, *Il secolo breve, 1914-1991: l'era del grandi cataclismi*, Milano, 1995; Luigi Ferrajoli, *La sovranità nel mondo moderno*, Roma, 1997; Javier Tusell, *La revolución posdemocrática*, Oviedo, 1997; Roger-Gérard Schwartzenberg, *O Estado espetáculo*, São Paulo, 1978; Noam Chomsky - Heinz Dieterich, *La sociedad global, Educación, mercado y democracia*, Santiago de Chile, 1996; Emir Sader (Organizador), *O mundo depois da queda*, Rio de Janeiro, 1995; Jeremy Rifkin, *El fin del trabajo, Nuevas tecnologias contra puestos de trabajo, el nacimiento de una nueva era*, Buenos Aires, 1997; Josef Thesing - Wilhelm Hofmeister, *Medios de comunicación, democracia y poder*, Buenos Aires, 1995; Carlos Alonso Zaldívar, *Variaciones sobre un mundo en cambio*, Madrid, 1996; Viviane Forrester, *El horror económico*, Buenos Aires, 1997; Héctor Horacio Dalmau, *El país de los rios muertos*, Buenos Aires, 1995; Walter Laqueur, *La Repubblica di Weimar*, Milano, 1974; Anthony King, *Global Cities*, London, 1991; José Maria Simonetti, *El ocaso de la virtud*, Buenos Aires, 1998; Ludwig von Mises, *Epistemological Problems of Economics*, New York, 1981; Michel Foucault, *El saber y las formas jurídicas*, Barcelona, 1980; Marion Bògel, *Strukturen und Systemanalyse der organizierten Kriminalität in Deutschland*, Berlin, 1994; Moccia, Sergio, *La perenne emergenza, Tendenzie autoritarie nel sistema penale*, Napoli, 1997; Piero Rocchini, *La neurosis del poder*, Madrid, 1993; Lester Thurow, *Cabeça a cabeça, A batalha econômica entre Japão, Europa e Estados Unidos*, Rio de Janeiro, 1993; Samuel P. Huntington, *El choque de civilizaciones y la reconfiguración del orden mundial*, Barcelona, 1997; Ralf Dahrendorf, *O conflito social moderno*, Rio de Janeiro, 1992; Scott Lash-John Urry, *The end of organized capitalism*, Madison, 1987; Immanuel Wallerstein, *Utopística o las opciones históricas del siglo XXI*, México, 1998; Michio Kaku, *Visiones. Cómo la ciencia revolucionará la materia, la vida y la mente en el siglo XXI*, Madrid, 1998; Norberto Bobbio, *Derecha e izquierda*, Madrid, 1995; Lee M. Silver, *Vuelta al Edén, Más allá de la clonación en un mundo feliz*, Madrid, 1998; Celso Furtado, *O capitalismo global*, Rio de Janeiro, 1998.

Reflexões sobre o Direito Penal no terceiro milênio

Luiz Vicente Cernicchiaro

1 - O Direito reclama pluralidade de pessoas. É relação intersubjetiva. Conhecida a imagem de Robinson Crusoé: enquanto sozinho na ilha deserta, não podia reclamar nada de ninguém, e ninguém dele exigia coisa alguma. Com a chegada de Sexta-Feira, tudo mudou. Formou-se vínculo entre ambos. Surgiu o Direito.

2 - Do Direito primitivo, cujas normas resultavam dos usos e costumes, a pouco e pouco, passou-se para a elaboração de lei. Formalizou-se a norma. A formalização da norma penal evidencia a procedência do argumento. Bettiol, "Em tema de relações entre a política e o Direito Penal" (*Estudo de Direito e Processo Penal em Homenagem a Nelson Hungria,* Forense, Rio, 1962, p. 85), escreveu: "Em verdade, se por alguns, especialmente no período do totalitarismo político, o Direito Penal foi considerado só em função exclusiva de determinada política, é necessário estar muito atento, para não cair no equívoco tão fácil de considerar que o Direito Penal deriva somente de uma matriz política: seja complexo de regras políticas e tenha somente a finalidades políticas".

Efetivamente, a sistematização do Direito Penal, de que resultou o princípio da anterioridade da Lei Penal é responsável pela rigidez da extensão do tipo. O liberalismo, visando a resguardar o direito de liberdade, limita, restringe o conceito do crime. Tudo em homenagem ao direito de liberdade. Repudiou-se, então, a analogia *in malam partem*. Deixaram-se de lado, entretanto, maiores considerações a respeito do sujeito ativo, ou seja, o homem. Não se buscaram as causas da criminalidade, a não ser partindo do pressuposto do livre-arbítrio. Dessa forma, o grande protagonista do delito não ganhara a devida importância. Somente com o surgimento da criminologia (período científico), conseqüência de investigações, de que são ilustração a Psiquiatria de Pinel (1745-1826), a tese da "loucura moral" do criminoso de Pichard e Despine, a Antropologia de Broce e Thompson, com referência obrigatória aos trabalhos de Darwin (1809-1882). Coube à Escola Positiva estimular a busca das causas da criminalidade, realçando-se, dentre outras, obra de Lombroso, Ferri e Di Tullio. Enquanto a Escola Clássica se preocupava em realçar "quem" é criminoso, a Escola Positiva voltava atenção para explicar "porque alguém comete o delito".

Ambas as colocações têm seu mérito. De um lado, limita, até certo ponto, o arbítrio do Estado; de outro, projeta a dimensão do homem para melhor ajustá-lo ao esquema do fato-infração penal.

Não se tocara, entretanto, no ponto fundamental, de certo modo tratado por Garofalo ao enunciar o conceito de crime natural,

Estou convencido, qualquer raciocínio para analisar e, daí, extrair as respectivas conseqüências, fato-infração penal, deve partir do conceito material de delito para, em seguida, estabelecer a reação social.

3 - Hoje, apesar de todas as recomendações, fundamentalmente, prevalece o brocardo - *punitur ut peccatum est*. Há, infelizmente, quase sempre, a mera preocupação de definir o crime e identificar o agente. Com isso, a consciência jurídica se tranqüiliza, e, em nível meramente formal, faz-se a adequação - crime/pena.

Desconsidera-se, embora se saiba, que o fenômeno infração penal só ocorre na sociedade e ganha relevo de interesse coletivo. A sanção criminal, ao contrário da sanção civil, não é meramente reparatória. Não se confunde também com a sanção administrativa, de cunho e explicação disciplinar.

A sanção penal conjuga-se com o interesse da sociedade.

A sanção civil dimensiona o dano material, ou moral. A sanção disciplinar tem o limite no bastante para desestimular o agente público a não repetir a falta.

A infração penal e a respectiva pena têm, como pressuposto, respectivamente, a necessidade e realizar o interesse público; de um lado, que não haja delitos; de outro, a sanção corresponder também ao interesse social.

4 - Aqui, urge acentuar importante particularidade. Observe-se a infração penal. Retome-se ao que foi obstáculo antes infração penal do ponto de vista material.

As normas culturais separam as condutas em dois setores: aprovadas e reprovadas, conforme se adaptem, ou atritem com o sentido axiológico. Sem dúvida, dispensa maiores anotações, resultam do juízo de valor histórico.

Toda infração penal é conduta refutada pela sociedade. Mais ou menos intensamente, pouco importa. Daí, enquanto houver divergência entre as pessoas, sempre haverá comportamento contrário do permitido, ou tolerado (até que um dia - não se sabe quando - deixar de haver divergências, conflito. Evidente, pelo menos hoje, numa sociedade utópica).

O ilícito penal, dessa forma, é constante na sociedade atual, como foi nas sociedades anteriores.

Gera, em conseqüência, reação. A literatura penal aponta o período da vingança pública, da vingança privada, intercalada a justiça de talião, e, hoje, o período científico.

Ainda predominantes os princípios da anterioridade do delito e da prévia definição também da pena. A conquista é inalienável. O esquema penal precisa ser preestabelecido, a fim de evitar as soluções casuísticas, registradas na história, ensejando ao mais poderoso vingar- se do mais fraco.

Conquistou-se a predeterminação do crime e a predeterminação da pena. Repita-se: presença do iluminismo. Não se conquistou, entretanto, o que se propõe com a individualização da pena. Tão importante que elevada a nível de garantia constitucional.

Mais uma vez, necessário distinguir o aspecto formal do aspecto material. O primeiro restrito ao esquema normativo. O segundo preocupa-se com a repercussão pessoal e social da individualização da pena.

Nesse ponto, sem dúvida, reside o centro das considerações.

O Juiz, resultante da preocupação formal, resta preso a esquemas normativos e, como regra, restringe-se a elaborar um silogismo meramente formal. Aqui, mais uma vez, o iluminismo se faz presente. "Le juge est la bouche de la loi", repetia Rousseau. Evidente a desconfiança ao juiz. Deveria, tão-só, reproduzir o comando da lei. A Escola da Exegese insiste, intransigentemente, a confundir o Direito com a lei. Daí, a desconfiança com os juízes: poderiam, com a interpretação, criar outra lei, o que seria abuso. Chegou-se, nessa linha, a proibir a interpretação, como resguardo de arbitrariedades.

Figueiredo Dias (*Direito Penal Português*, *Aequitas*, Editorial Notícias, Lisboa, 1993, p. 192-197) analisa a *"Discricionariedade e vinculação na determinação da pena*" e registra que, em Portugal é *"jurídico-constitucionalmente vinculada"*. Literalmente, afirma:

"Uma 'responsabilização total do juiz' pelas tarefas de determinação da pena significaria uma violação do princípio da legalidade da pena (CRP, art. 29º, 1) ou, quando menos, do princípio da sua determinação (CRP, art. 30º, 1). A propósito, pode suscitar-se a questão de saber se a indicação pelo legislador de uma qualquer moldura penal - máxime, da que oscile entre o mínimo e máximo legais da espécie de pena respectiva - cumpre já a exigência jurídico-constitucional de legalidade e determinação da pena. Em princípio, não parece haver razões decisivas para uma resposta negativa, salvo porventura quanto a uma pena de prisão cuja moldura fosse, p. ex.; de 1 mês a 20 anos" (p. 193).

Aqui, chega-se ao ponto fundamental, decorrente desta pergunta: a atividade jurisdicional, no aplicar a pena, é vinculada ou discricionária?

O autor mencionado registra:

"Ao *juiz* cabe uma dupla (ou tripla) tarefa, dentro do quadro condicionante que lhe é oferecido pelo legislador. Determinar, por um lado, a *moldura penal abstrata cabida aos factos* dados como provados no processo. Em seguida, encontrar, dentro desta moldura penal, o *quantum concreto da pena* em que o argüido deva ser condenado. Ao lado dessas operações - ou em seguida a elas -, deve escolher a espécie ou o tipo de pena a aplicar concretamente, sempre que o legislador tenha posto mais do que uma à disposição do juiz."

5 - Faz-se necessário definir a discricionariedade.

A cominação da pena estabelece *in abstrato* a qualidade e a quantidade da *sanctio iuris*. O art. 59 do Código Penal estabelece cumprir ao juiz fixar a pena *in concreto* dentre a qualidade e espécies das sanções cominadas.

No tocante à configuração do crime, a atividade do juiz é *vinculada*. O agente não pode responder senão pela infração penal praticada, evidenciada pelos elementos do conjunto probatório. O magistrado não pode tratar como homicídio o que é lesão corporal seguida de morte, ou considerar o crime simples como se qualificado fosse.

A aplicação da pena reclama, no particular, algumas considerações prévias.

Antes de mais nada, deixar esclarecido, expresso o conceito aplicado de discricionariedade. A vinculação do magistrado deve ser vista em dois planos: num primeiro momento, como ocorre com a caracterização do ilícito penal, o juiz não tem liberdade de decisão (opção normativa), como, atrás, restou esclarecido.

No tocante à individualização da pena, cumpre distinguir dois momentos: em primeiro lugar, mercê do *nulla poena si lege*, o réu não pode ser submetido senão ao esquema preestabelecido, antes da prática do delito. Quando o magistrado, nos limites da cominação legal, fixa o *quantum* definitivo, sem dúvida, atua discricionariamente. Não pode ultrapassar o *quantum* máximo, nem impor sanção mais severa, seja relativamente à espécie como à quantidade cominada. A discricionariedade, contudo, precisa ficar bem delimitada. A lei, ao registrar o máximo da cominação, limita a discricionariedade; configura liberdade de ação nos limites da definição legal.

A individualização da pena é atividade complexa. Registra dupla colocação. A extensão da pena é preestabelecida, antecipadamente registrada na lei. Todavia, a busca material (não pode ser simplesmente formal) é deixada à livre investigação do juiz. Somente assim, alcançar-se-á, materialmente, a individualização - projeção do fato delituoso *in concreto*.

Neste ponto, ou melhor dizendo, a extensão do instituto reclama algumas considerações. Antes de enfrentá-las diretamente, porque antecedente necessário, cumpre vincular ao seu antecedente político.

6 - O princípio da anterioridade do crime e da pena, repita-se, decorre do iluminismo. Insista-se preocupado com o direito de liberdade.

A Escola Positiva e as ramificações criminológicas, notadamente de assento sociológico, lançaram preocupação de interesse social. A lei penal precisa compreender também o sentido social da lei. Não basta a lei. Impõe-se aferir o seu significado e promover a crítica da legislação para indagar se outros delitos não deveriam ser incorporados à lei penal. Nesse sentido, modernamente, a Escola de Chicago, com acento pragmático, buscando, ao lado da investigação da etiologia do crime, oferecer a solução adequada ao interesse social. Nesse contexto, surgiu a figura do crime do colarinho branco, recepcionado por todas as legislações.

A Criminologia moderna opera também a crítica do quadro das sanções penais. E o Juiz, quando dimensiona a sanção ao caso concreto, desenvolve raciocínio e busca subsídios em conclusões criminológicas. Nesse quadrante, a operação judicial é também discricionária, entretanto, distinta da anterior. O poder discricionário, aqui, é mais amplo e obedece a método distinto. Lá, projeta-se um fato qualificado jurídico-penalmente. O fato, ademais, é anterior ao julgamento, embora para a individualização da pena, como circunstância, possa ser ponderado também o comportamento posterior do delinqüente.

A definição e a quantidade da pena, ao contrário, assentam, apesar de referidos a fato acontecido, em juízo de probabilidade. E mais, o que é importante: conjugado com o interesse público.

7 - Insista-se. O *nullum crimen sine lege* busca diretamente o interesse individual e, indiretamente, o interesse da sociedade. O *nulla poena sine lege*, ao contrário, volta-se, diretamente para o interesse da sociedade e, indiretamente, para o interesse individual. Aliás, nessa linha, o disposto no art. 59 do Código Penal, referindo, explicitamente, que a sanção penal se destina à reprovação do crime e à prevenção do crime. Exigência, aliás, do princípio da proporcionalidade.

A prevenção na espécie é específica. A prevenção genérica se efetiva com a publicação da lei penal.

Prevenção implica juízo de valor e juízo de probabilidade. O trabalho é com objeto certo, determinado, fixado, com pormenores na sentença condenatória. Trabalha-se, então, com o esquema normativo, o delinqüente, a sociedade e o juízo de probabilidade.

O Juiz (adiante serão feitas considerações específicas), ao fixar a pena recomendada, trabalha com caso concreto. Diferente do legislador que pensa hipoteticamente. O legislador raciocina com arroba; o Juiz trabalha com gramas, quando não miligramas.

O Juiz desenvolve atividade discricionária. *Insista-se*. Diferente de quando define o crime, limitado à adequação fática ao modelo legal. Aqui, ao contrário, porque desenvolve raciocínio diferente, voltado para outra finalidade, devendo fazer a subsunção da pena ao interesse social deve, necessariamente, promover a crítica da pena cominada ao fato *sub judice* em função do interesse da sociedade. O referencial, como assinalado, é a prevenção da *criminalidade*.

O raciocínio encontra um limite: a pena e a respectiva quantidade não podem ser superior à cominação legal. Assim impõe o *princípio político*.

8 - Em arco genérico, pode-se, quanto à *prevenção*, entendida como política de eliminação, ou redução da criminalidade, distinguir o delinqüente em três categorias: a) não evidencia probabilidade de reincidir; b) evidencia probabilidade de retornar à criminalidade; c) possibilidade de retorno à delinqüência. Essas categorias mostram personalidades diferentes.

A pena deve ajustar-se ao condenado. Caso contrário, continuar-se-á a raciocinar e tomar decisões meramente formais. Importa, isso sim, decisão de cunho material: pondera, leva em conta o fato delituoso e a experiência. Só assim, ter-se-á sentença de conteúdo.

A pena *in abstrato* tem como referencial a necessidade de evitar o retorno do delinqüente ao crime.

Se isso ocorrer, cumprir-se-á a finalidade da pena. Caso contrário, a sanção aplicada restou no plano formal.

A pena cominada é referência para concretizar a finalidade da sanção. Conseqüência lógica, deverá, no caso concreto, alcançar esse propósito.

O legislador promove o parâmetro *in abstrato*; o juiz o realiza *in concreto*.

Colocam-se, aqui, dois problemas: a) um de natureza política, de garantia individual, como registrado, conquista do iluminismo. A pena definida em lei registra, de modo absoluto, o máximo da restrição ao exercício do direito de liberdade. Não pode ser acrescido de um dia se quiser. A pena aplicada na sentença, para a resposta jurídica não restar em plano meramente formal, atende as particularidades do caso *sub judice*. De duas, uma: a) a pena cominada, em função da hipótese em julgamento, atende à finalidade da sanção; b) ocorre o contrário: não atende a tal finalidade.

Evidente, pelas razões expendidas, não pode ser buscada sanção mais grave, seja quanto à qualidade como à quantidade.

A hipótese inversa encerra as considerações que seguem: a) se idôneas, próprias para alcançar o fim proposto, tudo bem. Se, ao contrário, houver dissonância entre a espécie e o *quantum* cominado, repita-se, para o julgamento não se reduzir a mero raciocínio, no plano formal, é legítimo (não se reduz ao legal) ao magistrado, respeitado o teto da cominação, aplicar a pena recomendada na hipótese em julgamento, seja mudando a espécie, como aplicando-a abaixo do mínimo legal. Embora repetição, insisto, é a única forma de a sentença não se reduzir ao jogo burocrático de silogismo sem conteúdo. E mais. É única maneira de a sanção penal alcançar sua finalidade: atender interesse da sociedade, de modo a que o crime não seja repetido.

9 - Certo, levantar-se-á a objeção de a segurança jurídica ser comprometida, deixando nas mãos do juiz excessivo poder de decisão.

A interrogação é relevante. Nenhuma tese, no plano da experiência jurídica, poderá ser acolhida, se, na prática, revelar-se ineficaz, ou inconveniente.

O tema reclama algumas ponderações.

Em nosso momento histórico, resultante de lutas e agruras, conferiu-se importância à divisão dos Poderes. Formalmente, iguais e independentes entre si. A realidade, porém, é outra. Há evidente predominância do Poder Executivo. Sem medo de errar, procede uma observação: é tanto mais predominante, quanto maior a distinção econômico-social das pessoas. O Poder Legislativo, nesse contexto, também projeta a desigualdade. E, para concretizá-la e garanti-la, são elaboradas leis. Tantas vezes, ratificam, consolidam a distinção.

10 - O Direito, entretanto, não se esgota na lei. O Direito é sistema de princípios (valores); definem, orientam a vida jurídica (inter-relação de condutas). A lei nem sempre traduz, projeta esse comando. Não raro, a lei busca impedir, ou, pelo menos, retardar a eficácia do princípio. Nem sempre o concretiza. O salário mínimo, na Constituição da República (art. 7º, IV), é enunciado como capaz de atender as necessidades básicas do trabalhador e de sua família, *"com moradia, alimentação, educação, saúde, lazer vestuário, higiene, transporte e previdência social"*. A lei ordinária que fixa valor, evidente, não se ajusta ao comando da Carta Política. Observe-se o mesmo quanto ao salário-família para atender a descendentes (item, Xll). O funcionário público, todavia, recebe, a esse título, menos de um real!

Há, portanto, evidente, não raro, descompasso entre o princípio e a lei.

Insista-se. O Direito não se confunde com a lei. A lei deve ser expressão do direito. Historicamente, nem sempre o é. A lei, muitas vezes, resulta de prevalência de interesses de grupos, na tramitação legislativa. Apesar disso, a Constituição determina: *"ninguém é obrigado a fazer ou deixar de fazer coisa alguma senão em virtude da lei"*. Aparentemente, a lei (sentido material) seria o ápice da pirâmide jurídica. Nada acima dela ! Nada contra ela ! A Constituição, entretanto, registra também voltar-se para *"assegurar o exercício dos direitos sociais e individuais, a liberdade, a segurança, o bem estar, o desenvolvimento, a igualdade e a justiça como valores supremos de uma sociedade fraterna, pluralista e sem preconceitos, fundada na harmonia social..."* (Preâmbulo). Ainda que não o proclamasse, assim cumpria ser. Não se pode desprezar o patrimônio político da humanidade! A lei precisa ajustar-se ao princípio. Em havendo divergência, urge prevalecer a orientação axiológica. O Direito volta-se para realizar valores. O Direito é trânsito para concretizar o justo!

11 - O Judiciário, visto como - Poder - não se subordina ao Executivo ou ao Legislativo. Não é servil, no sentido de aplicar a lei, como alguém que cumpre uma ordem (Nesse caso, não seria Poder). Impõe-se-lhe interpretar a lei conforme o Direito. Adotar posição crítica, tomando como parâmetro os princípios e a realidade social. A lei, tantas vezes, se desatualiza, para não dizer carente de eficácia, desde a sua edição.

O Juiz é o grande crítico da lei; seu compromisso é com o Direito! Não pode ater-se ao positivismo ortodoxo. O Direito não é simples forma! O magistrado tem compromisso com a Justiça, no sentido de analisar a lei e constatar se, em lugar de tratar igualmente os homens, mantém a desigualdade de classes. O juiz precisa tomar consciência de que sua sentença deve repousar em visão ontológica.

Tantas vezes, a lei se desatualiza, ou é inadequada para conferir o equilíbrio do conteúdo da relação jurídica. Quando isso acontece, afeta a eficácia.

Em havendo discordância entre o Direito e a lei, esta precisa ceder espaço àquele.

Cumpre, então, ao Juiz gerar a solução alternativa. Explique-se: criar a norma adequada para o caso concreto. A lei deixará de ser expressão do Direito. Aplicá-la será injustiça. Impõe-se gerar a norma justa (proporcionalidade reclamada).

Insista-se: o juiz tem dever de ofício de recusar aplicação de lei injusta.

O juiz precisa tomar consciência de seu papel político; integrante de Poder. Impõe-se-lhe visão crítica. A lei é meio. O fim é o Direito. Reclama-se do magistrado, quando necessário, ajustar a lei ao Direito.

Há, é certo, exemplos dignificantes.

A redação anterior da Lei de Introdução ao Código Civil dispunha que a sucessão de bens obedecia à lei do casamento. O Brasil recebera imigrantes de várias origens, como Itália, Portugal,

Japão e países árabes. Quando o marido falecia, casado com o regime da separação de bens, a viúva não participaria da meação. O Supremo Tribunal Federal, com notável sensibilidade, criou jurisprudência de que, no tocante ao patrimônio constituído, entre nós, aplicar-se-ia a lei brasileira. Com isso, evitou flagrante injustiça. Vingou, na espécie, o regime da comunhão universal.

Os tribunais, outrossim, foram sensíveis à concubina. Sem lei. Rigorosamente: contra o sentido literal da lei, a pouco e pouco, quanto aos bens, reconheceram o direito da mulher ao patrimônio, consoante a colaboração dada para constituir a fortuna.

Mais recentemente, sufragaram a correção monetária (sem lei) para evitar o enriquecimento injusto do devedor que não honrasse sua obrigação, no tempo e modo convencionados.

Ainda. Autorizaram a revisão do valor de alugueres, antes do termo legal, para garantir o equilíbrio econômico do contrato.

Tem-se, ainda, de reconhecer o direito de cidadania de reivindicar direitos inscritos na Constituição, cuja concretização legislativa, no entanto, cai no esquecimento, e o Executivo não cumpre o seu papel.

O Judiciário precisa rever a idéia de normas da Constituição não-auto-aplicáveis, dependentes de regulamentação. Na falta de lei específica, invoquem-se os princípios. A solução do caso concreto virá naturalmente. Para homenagear os positivistas, registre-se a viabilidade (posta em lei) de recorrer-se também à analogia e aos princípios gerais do direito. Caso contrário, a Carta Política (vai para treze anos) se restringe a mero propósito.

O Juiz precisa tomar consciência de que a efetiva igualdade de todos perante a lei é um mito. A realidade comprova: a isonomia não se realiza às inteiras. Os órgãos formais de controle da criminalidade, de um modo geral, alcançam pessoas social, econômica e politicamente desprotegidas. Só elas são presas pelas malhas da justiça penal!

O Poder Judiciário, urge registrar, precisa-se ponderar, não é neutro. Fato e norma estão envolvidos pelo valor. Traduzem significado. Indicam direção. As proclamações dos Direitos Humanos não acontecem por acaso, não se restringem a simples enunciado acadêmico. Concretizam, isso sim, reivindicações, exigências em homenagem ao homem parâmetro para realizar o justo.

E mais. O Judiciário tem importante papel político. As decisões precisam traduzir o Direito da história (a história do Direito orienta nesse sentido, apesar das inúmeras resistências). A jurisprudência não pode reduzir-se a mero somatório de julgados. As decisões corretas devem estar finalisticamente orientadas para o justo.

Caso contrário, o magistrado, de juiz, passa a servidor burocrático, mero fazedor de estatística!

No Brasil, o problema ganha particular importância. O acesso ao Judiciário não é ensejado a todos. Aliás, e com razão, se diz: O Código Civil é para o rico; o Código Penal, para o pobre! Com singular sensibilidade, o Ministro Sepúlveda Pertence, com a responsabilidade de Presidente do Supremo Tribunal Federal, afirmou: "*o pobre só tem acesso à Justiça, como réu.*" Poucas vezes, com poucas palavras, foi enunciada tão lastimável verdade!

A sentença precisa ponderar as conquistas históricas. Em particular, num país, que ostenta lei (alienação fiduciária) impondo a prisão civil do devedor inadimplente!

O juiz é agente de transformação social. Lei iníqua, impeditiva de realização plena do Estado de Direito Democrático precisa ser repensada.

O juiz, repita-se, deve recusar aplicação à lei iníqua, injusta. Impõe-se-lhe invocar princípios. Só assim a interpretação será sistemática. Criar, se necessário, a norma para o caso concreto.

O chamado Direito Alternativo (denominação imprópria), portanto, é preocupação com o Direito. Infelizmente, entre nós, impõe-se utilizar o pleonasmo Direito justo! Como se o Direito pudesse afastar-se da Justiça!

A solução alternativa rompe o conservadorismo acomodado; enseja o tratamento jurídico correto. Confere, sem dúvida, eficácia à vigência da norma jurídica.

A norma alternativa não é aventura, opinião pessoal do magistrado, discordar por discordar. Resulta da apreensão de conquistas históricas, acima de interesses subalternos. Projeta orientação reclamada pelo Direito. Concreção da justiça!

A trincheira de hoje será o galardão de amanhã!

O juiz, portanto, como agente político, ao promover a crítica da lei, não se substitui ao legislador. Ao contrário, ajusta a norma à solução do caso em julgamento.

Se assim não for, infelizmente, continuar-se-á a projetar sentenças restritas ao exame meramente formal. É preciso rever o método. A sentença precisa (sem afrontar o Direito) expressar utilidade social.

A literatura penal moderna, afinada com as postulações deste final de século, batem veementemente contra as soluções meramente formais, lembrança ainda da Escola da Exegese.

Ignacio Muflagorri, *in Sanción Penal Y Política Criminal*, Instituto Editorial Reus, S.A., Madri, 1977, pág. 213, escreve:

"A sanção penal se coloca mais como resposta que a normatividade penal oferece para a pacificação social, que como retribuição abstrata, mais ou menos punitiva, em concreto, a um delito cometido. Sua justificação se situa na necessidade para conseguir os fins jurídico-penais, sendo por isso a pena uma instituição eminentemente dinâmica e finalista."

A preocupação do papel dos juízes no mundo contemporâneo tem conduzido a profícuas reflexões. Cumpre reagir ao papel desempenhado pela magistratura na modernidade - sem exagero, chancela do trabalho do legislador. Nesse período, como conseqüência, preocupação da exegese de busca dos elementos históricos que conduziria o legislador a elaborar as leis. O juiz, então, para ser fiel à sua função, precisaria auscultá-los a fim de traduzir, com precisão, a vontade veiculada pelo Poder Legislativo.

12 - O Direito Penal, nesse contexto, exerce importante missão social. Mais uma vez: realizar o justo, adaptar-se à necessidade e fornecer a solução socialmente útil.

As idéias políticas (tantos são os matizes!) estão presentes na elaboração e na aplicação das leis. As leis penais não ficam alheias à essa conotação.

O Direito Penal, parte do todo, recepciona as respectivas conseqüências. Atenção: na elaboração da norma, na sua aplicação e também na execução. A todo instante, orientações políticas se fazem evidentes. O Direito está sempre ligado à Política. Quando não houver coincidência de orientações, forma-se o atrito. Tanto mais profundo quanto seja a distância entre o Direito e a Política. Impõe-se, por isso, interpretação constante das normas jurídicas. Nesse particular, a atuação do Judiciário e do Ministério Público ganha significativa importância. Sem exagero, importância ainda não percebida por um e por outro.

A Política, particularmente em países de evidente contraste de classes sociais, caminha lentamente. Assim o é pela sua natureza; modificá-la significa tocar no mencionado contraste de classes sociais. O magistrado, então, deverá exercer, concretizar a razão de sua atividade conferir a solução justa ao caso concreto; para isso, se a lei não ofertar a resposta adequada, com esteio no Direito, dar a solução justa à hipótese em julgamento. Especificamente, no âmbito do Direito Penal, aplicando a pena, conforme sua necessidade visando ao interesse público.

13 - Útil registrar a observação de Elisa Smith, *in Las ideologias y el derecho* (Editorial Astrea, Buenos Aires, 1982, p. 152):

"7º) Se todo ato de normatização jurídica que expressa a denominada 'vontade do Estado' responde a uma determinada atitude política - à atitude política do grupo que é o núcleo do poder estatal - deve inferir-se que as normas criadas por esses atos em determinado momento histórico são, em maior ou menor medida, o produto de certa concepção da vida social e de suas circunstâncias históricas concretas.

E não havendo, no fundo, ato normativo realizado por órgão de Estado que não pressuponha um certo ponto de vista político, com sua concomitante doutrina, afirmamos que o direito, enquanto se traduz como sistema de atos estatais produtivos de normas jurídicas, é uma técnica político-social.

Deve admitir-se, então, a existência de um fundo ideológico, tanto na base da estrutura de toda a ordem jurídica, como em cada instituição integrativa dessa ordem".

A ideologia acompanha o jurista, mesmo que ele não sinta.

O magistrado, então, precisa ser sensível a esse pormenor. Se assim não for, a sentença será mero ato burocrático. Esvazia-se, pois, de seu conteúdo. E para arrematar - como a sentença penal condenatória tem sentido teleológico -, evidente, só se justifica se o dispositivo for idôneo a alcançar esse fim.

Urge, então, ao Juiz, sopesando o esquema normativo e a realidade da sociedade, expedir a solução que se revele justa. Não faz sentido uma sentença divorciada da realidade em que vai ser executada.

Infelizmente, esse descompasso conduz a flagrante injustiça: o condenado socialmente protegido (situação minoritária) cumprirá a execução em situação mais favorável do que o determinado na sentença; por sua vez, o condenado socialmente desprotegido (situação majoritária) será submetido à situação jurídica diversa da condenação.

O fato nunca poderá ser esquecido do juiz!

Introducción al estudio de los principios cardinales del Derecho Penal

Manuel de Rivacoba y Rivacoba

1. La doctrina penal de este tiempo se refiere con alguna frecuencia a ciertos principios del Derecho punitivo a los que reconoce o confiere gran importancia y que enumera en catálogos relativamente semejantes, pero de ningún modo coincidentes, antes bien, de diversa extensión, diferente contenido y distinto orden. Aparte del proceder tradicional, que no por serlo deja de perdurar y ser común en nuestros días y que se ocupa de algunos principios por separado en los puntos que estima oportunos dentro del sistema, sin conectarlos entre sí ni, menos, integrarlos en un conjunto;[1] tres maneras principales de enfocar la materia se observa en el pensamiento actual: a) una, que se aboca a estudiarlos uno por uno y según un orden lógico, sin entregarse, empero, a ninguna reflexión ni hacer ninguna advertencia acerca de su origen, carácter y relaciones, tomándolos simplemente como aparecen o se los descubre en un ordenamiento determinado, con lo que su inherencia a él y, por lo que hace al plano del conocimiento, su valor dogmático, exento de pretensiones ni posibilidades más amplias o profundas, resultan evidentes;[2] b) una segunda, que en realidad puede y debe ser tomada como una variante de la anterior y que los engloba y considera bajo un sucinto epígrafe o un breve párrafo en que se pone de relieve su pertenencia y, por tanto, se limita su radio de

---
[1] Objeto de este tratamiento aislado y privilegiado son de ordinario los principios de legalidad y de culpabilidad.
[2] Asi, señaladamente, Ferrando Mantovani, *Diritto penale*, Parte generale, Padova, Cedam, 1979, passim.

acción a un ordenamiento particularizado,[3] y c) la tercera, que, con mirada más penetrante hacia el trasfondo de los ordenamientos y ambición más preocupada y exigente por extraer de los principios sus consecuencias y aplicarlas, los considera características que individualizan y perfilan los Derechos penales propios de una determinada cultura jurídica, con lo cual, si bien se amplía su significación y la esfera de su validez, situándolos en una perspectiva de política criminal, y por destacada que sea a deba ser su impronta en legislaciones más o menos numerosas y más o menos semejantes o afines, sellándolas con una serie privativa de imperativos diferenciadores, tampoco asumen una prestancia constitutiva y señera, y no pasan de tener un realce empiricocultural, y, por ende, histórico, que como ha venido en una época puede irse y desaparecerá en otro momento.[4]

---

[3] Ejemplo señero de esta tendencia es Gonzalo Rodríguez Mourullo, *Derecho penal*, Parte general, Madrid, Cívitas, 1977, p. 49, con la rúbrica "Principios informadores del vigente Derecho Penal español", tratando sin más la materia a continuación, p. 49-55.

[4] Elocuentemente en esta corriente, Giuseppe Bettiol, *Instituciones de Derecho penal y procesual*, Curso de lecciones para estudiantes de ciencias políticas, trad. de Faustino Gutiérrez-Alviz y Conradi, Barcelona, Bosch, 1977, p. 95: "Se hace preciso individualizar los principios fundamentales del Derecho penal vigente, en el actual momento histórico, en los países que responden a un tipo de cultura «occidental» y, portanto, a un planteamiento político democrático «personalista»; y, comoquiera que las diferencias entre los códigos de los respectivos países son ahora "mínimas", entiende "que bien podemos hablar de una plataforma legislativa común". Con pensamiento análogo, José Antonio Sainz Cantero, *Lecciones de Derecho penal*, Parte general (publicados, 3 vols.), tomo I: Introducción, Barcelona, Bosch, 1979, p. 36: "La moderna política criminal viene postulando, y la doctrina admitiendo con carácter general, una serie de principios que configuran en definitiva la naturaleza y esencia del Derecho penal en la actualidad". Y con un propósito monográfico, Nilo Batista, *Introdução crítica ao direito penal brasileiro*, 3ª ed., Rio de Janeiro, Revan, 1996, p. 61: "Existen efectivamente algunos principios básicos que, por su amplia recepción en la mayoría de los ordenamientos jurídico-penales de la familia romanogermánica, por la significación política de su aparición histórica o de su función social, o por la reconocida importancia de su situación jurídica – condicionadora de derivaciones y efectos relevantes -, constituyen un soporte indeclinable, con valor ilimitado para la comprensión de todas las normas positivas"; y añade en seguida, p. 61-62: tales principios, reconocidos o asimilados por el Derecho penal a través de norma expresa o por el contenido de muchas normas adecuadas a ellas, "no dejan de tener un sentido programático, y aspiran a ser la plataforma mínima sobre la cual se pueda elaborar el Derecho penal de un Estado democrático de Derecho". También para Hans-Heinrich Jescheck, *Tratado de Derecho penal*, Parte general, trad. de José Luis Manzanares Samaniego, Granada, Comares, 1993, p. 17-23, son *principios de política criminal*, reduciendo la materia, empero, sin ninguna precisión de carácter global sobre

Completan y matizan este panorama otras dos líneas doctrinales, que en sus raíces y pretensiones no difieren singularmente de la última de las anteriores, pero que sin duda integran elementos originales y ostentan personalidad propia. Una de ellas vincula los principios a las concepciones de la Ilustración y con buena lógica los hace depender de las prescripciones constitucionales, como limitaciones de la acción del Estado en materia penal y garantías de los derechos individuales, o, mejor, derechos fundamentales del hombre.[5] Y, aunque sin reducir a la Constitución el sentido de los principios, mantiene un fondo común de ideas con la línea precedente la que los ve y los muestra como límites del Derecho penal.[6] La cercanía entre ambas líneas queda bien de manifiesto en la

---

ellos, a sólo tres principios: el de culpabilidad, el del Estado de Derecho y el de humanidad. Por lo demás, yo mismo he utilizado varias veces la noción con designios políticocriminales.

[5] Destacadamente, Luiz Luisi, *Os princípios constitucionais penais*, Porto Alegre, Fabris, 1991. Asimismo, Cezar Roberto Bitencourt, *Lições de Direito penal*, Parte geral, 3ª ed., revista e ampliada, Porto Alegre, Livraria do Adogado, 1995, p. 30 (4ª ed., Revista, ampliada e atualizada, con el nuevo título *Manual de Direito penal*, Parte geral, São Paulo, Revista dos Tribunais, 1997, p. 35). Cfr. también Luiz Vicente Cernicchiaro, in Luiz Vicente Cernicchiaro y Paulo José da Costa Jr., *Direito penal na Constituição*, 3ª ed., revista e ampliada, São Paulo, Editora Revista dos Tribunais, 1995. Con un pensamiento semejante, Lorenzo Morillas Cueva, *Curso de Derecho penal español*, Parte general, Madrid, Marcial Pons, 1996, p. 23-43, los concibe como "principios delimitadores del Derecho penal en un Estado social y democrático de Derecho", y establece una larga congerie de ellos. Claro es que esta comprensión de los principios supone que las constituciones se hallen inspiradas por un espíritu liberal y democrático, lo que no siempre ocurre ni lógicamente tiene por qué ocurrir, y, en todo caso, relativiza y restringe mucho su alcance y efectividad.

[6] En términos muy precisos y expresivos, Miguel Polaino Navarrete, *Derecho penal*, Parte general, tomo I (único publicado): Fundamentos científicos del Derecho penal, Barcelona, Bosch, 1983, p. 127-132 (en la 3ª ed., Barcelona, Bosch, 1996, ha variado notablemente su sistema). Francisco Muñoz Conde, *Introducción al Derecho penal*, Barcelona, Bosch, 1975, p. 58-98, los trata como "principios limitadores del poder punitivo del Estado", y los restringe a dos: el principio de intervención mínima y el principio de intervención legalizada, de cada uno de los cuales se desprenden diversas consecuencias. Santiago Mir Puig, *Introducción a las bases del Derecho penal*, Concepto y método, Barcelona, Bosch, 1976, p. 124-164, habla de "límites del Derecho penal subjetivo". Juan Bustos Ramírez, *Manual de Derecho penal*, Parte general, 3ª ed., aumentada, corregida y puesta al día, Barcelona, Ariel, 1989, p. 46-69, los concibe como límites, materiales o formales, del *ius puniedi*; y para Eugenio Raúl Zaffaroni, en obra en preparación, cuyos originales hemos consultado por gentileza del autor, son *limitadores*, no del Derecho penal, sino *del poder punitivo*. Tampoco tales teorías declaran la razón de su intelección de los principios ni el marco sólo dentro del cual ésta es aplicable.

evolución de unos mismos autores que en pocos años va desde sostener que "los llamados *principios penales*" son "expresión sintética" de "los *límites del «ius puniendi»*",[7] hasta, sin abdicar de este punto de vista,[8] denominarlos y estudiarlos como "*principios constitucionales del Derecho penal*"[9] [10].

Ahora bien, de ninguna de estas maneras se explica las continuadas y a menudo sacrificadas tendencias, no sincrónicas, pero sí indudables y persistentes, que cabe observar a lo largo de la evolución del Derecho criminal por cobrar conciencia cada día más clara de tales principios, por delinear con rasgos más depurados y perfectos sus respectivas nociones y por hacer que las leyes se conformen mejor a sus demandas; ni se los contempla como criterio y módulo de valor abstracto y permanente para razonar y afirmar la verdadera superioridad de unos modos de concebir y de configurar semejante rama jurídica sobre otros, ni, aún menos, se los entiende como conceptos a que responde y en que se asienta la naturaleza y la calidad de lo penal, o sea, que sustentan y acotan en lo normativo el ámbito de los delitos y sus puniciones y que, en consecuencia, condicionan y rigen en lo cognoscitivo la ciencia que lo estudia, o, en otros términos, que imbuyen a las distintas instituciones penales su índole peculiar y las hacen congruentes entre sí y que dotan de coherencia a las construcciones de los dogmáticos y de unidad armónica al sistema.

2. Sin embargo, reconociendo el subido valor de tales concepciones de los principios del Derecho penal y el de las funciones que así entendidos cumplen, su misma y sola presentación delata la

---

[7] Manuel Cobo del Rosal y Tomás Salvador Vives Antón, *Derecho penal*, Parte general, 1ª ed. (completa), Universidad de Valencia, 1984 p. 60, considerándolos particularizadamente a continuación, p. 61-94.
[8] Cobo y Vives, *Derecho penal*, Parte general, 2ª ed., Valencia, Tirant lo blanch, 1987, p. 43: "El *ius puniendi* se halla sujeto a una serie de límites, que cobran una expresión sintética en los diversos *principios penales*".
[9] Ibidem, p. 45-67.
[10] Con un enfoque también limitativo, pero muy original y bastante difuso o confuso, Alessandro Baratta, *Principios del Derecho penal mínimo (Para una teoría de los derechos humanos como objeto y límite de la ley penal)*, trad. de Beatriz Lenzi, en la revista "Doctrina Penal", de Buenos Aires, Depalma, año 10, 1987, p. 623-650; y, posteriormente, con un criterio algo heterogéneo, Juan Antonio Martos Núñez, los *Principios penales* (en la *Nueva Enciclopedia Jurídica*, Barcelona, Seix, tomo XX, 1993, p. 503-537), p. 503 dice: "Los principios informadores no sólo responden a exigencias dogmáticas de la Ciencia penal y el Derecho judicial, sino que, además, expresan las exigencias y garantías de un *Estado social y democrático de Derecho*".

ausencia de solidez en aquéllas y el carácter adventicio de éstos, o sea, no una configuración errónea, sino una falta de razón suficiente que explique su existencia y sus limitaciones, y a la vez suscita la necesidad de ahondar en la materia hasta encontrar las raíces últimas, que en cierto modo son las primeras, de esta rama jurídica en un sentido propiamente humano. Se trata, pues, de una indagación de lo más íntimo y constitutivo, que es tanto como decir lo necesario, lo más firme, o, en otras palabras, los fundamentos primigenios y las líneas maestras de su entidad y su desarrollo en el tiempo, y también de su comprensión, siempre, como cuanto concierne al Derecho, en referencia y conforme a una idea de humanidad.

La existencia y la consiguiente dilucidación de ciertos principios que informan y mantienen la entidad de un ordenamiento punitivo y que a la vez condicionan y rigen su comprensión, siendo así constitutivos tanto del ordenamiento como de la dogmática penal, permitiendo su identificación como tales y pudiendo muy bien ser llamados por ello cardinales, no tienem carácter empírico ni consienten ser investigadas y establecidas mediante la observación. De outro modo, no serían sino hechos y por ende contingentes, y, aunque servirían para perfilar y distinguir cada ordenamiento en particular y su correspondiente dogmática, no asegurarían su naturaleza penal. Por lo demás, toda entidad há de asentarse en la existencia de principios que la fundan y al propio tiempo, sin perjuicio de sus relaciones con otras, impiden su confusión con ellas, y todo saber racional, incluso el no científico, se justifica y elabora por la referencia de sus conocimientos a nociones previas, de carácter más abstracto, o sea, de valor más universal.

Esto indica que tales principios han de consistir en criterios formales y aprioristas, congruentes y complementarios entre sí; es decir, en otros términos: que son independientes de y previos a cualquier experiencia jurídica, y que proporcionan sustento lógico suficiente para la entidad y la comprensión de lo penal. O expresado todavía de distinto modo: son nociones abstractas que condicionan y rigen la realidad de los diversos ordenamientos punitivos y, a la vez, la ciencia que los estudia, o sea, la dogmática penal, o, en otras palabras, son constitutivos. Les incumbe, pues, un cometido entitativo y otro cognoscitivo, y tienen un sentido y valor intemporal.

3. A pesar de que la *terminología* no posee sino una importancia secundaria, tampoco resulta desdeñable examinar las diversas denominaciones de una misma realidad, pues denotan formas diferentes de entenderla o a lo menos suelen poner el acento en aspectos distintos o en funciones especializadas.

Estos principios reciben los nombres de "principios básicos",[11] "principios fundamentales",[12] "principios informadores",[13] "principios constitucionales"[14] y "principios limitadores"[15] del Derecho penal;[16] todos los cuales dejan bien en claro la significación capital de los principios para el Derecho punitivo, siquiera sea sin ninguna especificación ulterior.[17]

A mí juicio, el título o nombre más apropiado y conveniente es el de *principios cardinales*, por conservar viva y hacer efectiva la noción de fundamentos en que se asiente y sobre los cuales se eleve el Derecho penal, la de quicio que le dé firmeza y a cuyo alrededor gire, y la de pilares o columnas que lo mantengan y contengan en su ser y su perfil, guardándole de deformaciones y desviaciones o, en su caso, separándole de ellas celosamente.

4. De la mera noción y naturaleza de estos principios se siguen lógica e indefectiblemente sus caracteres, a saber: su formalismo y su apriorismo. a) Formalismo, porque son representaciones ideales que carecen de todo contenido, señalando, no lo que hayan de prescribir las legislaciones, sino cómo o con arreglo a qué condiciones y limitaciones hayan de prescribirlo para merecer el calificativo de penales; b) apriorismo, porque, en consecuencia, no dependen ni son aprehensibles, no se obtienen, a partir de la realidad jurídica, sino que condicionan y acreditan su conocimiento, sirviendo de

---

[11] Así, en Nilo Batista, op. cit., p. 61-64.
[12] Según Bettiol, loc. cit., y Bitencourt, loc. cit.
[13] De esta suerte, Rodríguez Mourullo, loc. cit.; Sainz Cantero, loc. cit., y Martos Núñez, loc. cit.
[14] Expresión preferida por Luisi, op. cit.
[15] Por ejemplo, Muñoz Conde, op. cit., p. 58. Parecidamente ("principios delimitadores"), Morillas Cueva, op. cit., p. 23.
[16] Sin perjuicio de denominarlos "principios fundamentales", Bitencourt, locs. cits., los llama asimismo "principios limitadores" (y más en concreto, posteriormente, "principios limitadores del poder punitivo estatal") y "principios reguladores del control penal".
[17] Esto es, sin distinguir bajo la expresión común de *Derecho penal* su referencia a una parcela determinada de la realidad normativa o a la consideración teórica de ella; proceder poco cuidadoso del rigor conceptual y muy dado a equívocos.

criterio y módulo para establecer o deducir lo que en verdad sea penal.

Son nociones vacias; el contenido proviene de y pertenece a la realidad. Y su existencia y valor son ajenas y previas en sentido lógico a tal realidad.

De ahí, que los principios no tengan realidad ni sean realizables; simplemente, regulan y hasta cierto punto informan la realidad y permiten conocerla. Es la realidad la que, dentro de lo que en cada constelación de circunstancias le sea factible, ha de guiarse por ellos y acercarse a sus postulados, en un proceso dialéctico sin fin y a conciencia siempre de la distancia insalvable que media entre una entidad empírica y una representación pura, las separa cada una en su plano y hace que, por más que la primera tienda con constancia y muchas veces con afán hacia la segunda como hacia su norte y plenitud, ésta resulte para aquélla permanentemente inasequible. Nilo Batista habla de la "naturaleza axiomática" de los principios y de "la amplitud de su expansión lógica";[18] y Zaffaroni los considera "orientadores", *"reglas de realización progresiva o principios inacabados (unfinished).*[19]

Su formalismo y su apriorismo, que les hace independientes y anteriores, en su entidad y validez, de toda realización efectiva y hace también que su conocimiento sea previo al conocimiento empírico y lo condicione, o, a lo menos, que éste lo presuponga, no impiden, sino que más bien requieren, su proyección en las diversas legislaciones penales, las cuales los concretan y les dan eficacia en latitudes y tiempos diferentes, con modalidades más o menos adecuadas y un nivel o una calidad más o menos depurada, de conformidad con la singular situación cultural en que aquéllas aparecen. Por ello, siendo, como son, principios constitutivos del Derecho penal, permiten concluir ante cada regulación de la materia el grado preciso de su auténtica naturaleza y perfección punitiva.

5. Los principios, es decir, conceptos de su índole y sus características, tienen que ser conceptos funcionales, o sea, que consisten sólo y se agotan en el cumplimiento de unas funciones determinadas: ante todo, una constructiva, y outra, comprensiva; y, dado que se aplican a una realidad de cultura, histórica, que fluye y

---

[18] Op. cit., p. 62.
[19] Op. cit.

se modifica en el tiempo, de estas dos y principalmente de la última se deriva una tercera, crítica y prospectiva.

a) En primer término, los principios son meras representaciones intelectuales, en sí y por sí vacías e inertes, que, en cambio, cuando y en la medida en que inspiran a ciertas leyes o un grupo de leyes e incluso un sector individualizado de la legislación que se adecuan a sus postulados o dictados, obrando como forma pura que se infunde en ellas como materia y recibe de ellas un contenido, las rigen y constituyen en penales y son leyes y hasta un ordenamiento penales, acreditando su verdadera naturaleza penal.

b) Por tanto, condicionan la indagación y la comprensión científica de los distintos ordenamientos existentes, comenzando por esclarecer la interpretación de sus normas, resolviendo sus contradicciones y organizando, con un sentido parcial, los conocimientos de las normas relativas a una misma institución en la respectiva construcción jurídica, y, con un sentido total, las distintas construcciones jurídicas en un sistema armónico y completo.

c) Y, en fin, puesto que el Derecho, y dentro de él señaladamente el Derecho penal, está en continuo movimiento y transformación, y, por otra parte, que el conocimiento racional, y, por ende, el científico, es de suyo un saber crítico, uno y outro dato convergen en originar una mirada crítica que pone de relieve las deficiencias y los inconvenientes del Derecho que y como es, las deficiencias y los inconvenientes de orden técnico y con preferencia los teleológicos y los axiológicos, alumbrando los medios de subsanarlos con el objeto de que en lo futuro aquél se ajuste a lo que y como debe ser y recomendando en definitiva las correspondientes propuestas de cambio y de mejora, de perfeccionamiento. Por cierto, "también la aprobación de lo existente puede ser razonada y certera, y en ningún caso resulta infecunda, por cuanto puede estimular la posición contraria", y el hecho de que las modificaciones posteriores en el terreno de las normas no se atengan en muchas ocasiones a las soluciones aconsejadas anteriormente en el plano teórico, no arguye contra el papel dinámico y creador que la doctrina en su aspecto o momento crítico y prospectivo desempeña en las mudanzas del Derecho punitivo, con aspiraciones de mejorarlo y perfeccionarlo, ya que, cuando menos, siempre contribuye a formar o expandir el clima intelectual y social para los cambios jurídicos.[20]

Estas tres funciones bien pueden y deben ser llamadas, respectivamente, constructiva o fundamentadora y reguladora de la legis-

---

[20] Rivacoba, *Elementos de criminología*, Valparaíso, Edeval, 1982, p. 60-61.

lación punitiva, comprensiva o fundamentadora y reguladora de la dogmática penal, y crítica y prospectiva o fundamentadora y reguladora de la política criminal.[21] Y, aplicadas a un conjunto normativo o a un aspecto o punto jurídico más o menos amplio o limitado, permiten calibrar su genuina entidad y calidad penal.

6. Todo este discurso no pasaría de ser un juego o una combinación de conceptos ingeniosa o abstrusa, y resultaría intranscendental, si no estuviese fundado en y se dedujera de ideas bien claras y más generales. Pues bien, tratándose de principios jurídicopenales, han de derivarse de las nociones de hombre y de Derecho, supraordinada la primera a la segunda, en su significación más abstracta y general, y semejante proceder será inobjetablemente puro por mantenerse ajeno en absoluto a cualquier observación empírica.

Sin pretender definir aquí al ser humano, costará poco convenir en que se trata de un ser de razón, apto para los valores, que se representa y se propone fines, se sirve de las cosas y ordena su conducta para alcanzarlos, y se considera titular de un destino personal e instransferible, lo que, dicho con otras palabras, se significa con las expresiones usuales de que es fin en sí y sujeto de dignidad, no subordinable, por tanto, a nadie, sino igual, en tal calidad, a todos;[22] ser, por lo demás y en concordancia con lo anterior, que se reconoce en sus semejantes y se realiza en sociedad. Y no suscitará hoy graves objeciones la concepción del Derecho como "un ordenamiento predominantemente objetivo de regulación del comportamiento exteriorizado e interindividual de los hombres, mediante normas cuya prescripción, sancionada con la legítima posibilidad del empleo de la fuerza organizada de la sociedad y ejercida con exclusividad por el Estado o por instituciones a que éste se haya subordinado, se orienta a la consecución de fines valorados por cada comunidad según el correspondiente estadio de su evolución cultural;[23] concepción de claros designios

---

[21] Lo cual dista mucho de significar que la dogmática penal no comprenda la política criminal y que ésta sea ajena a ella, susbstantiva y autónoma. Cfr. Ibidem, p. 55-64.
[22] "Lo que es fin en sí excluye toda ordenación jerárquica. Por eso, el concepto de persona es un concepto de igualdad". Gustav Radbruch, *Filosofía del Derecho*, trad. por José Medina Echavarría, Madrid, Editorial Revista de Derecho Privado, 1933, p. 170.
[23] Aunque Max Ernst Mayer, *Filosofía del Derecho*, trad. por Luis Legaz Lacambra, Barcelona, Labor, 1937, p. 120, advierte, con razón, que "todavía no ha habido un

realistas, que se atiene al concreto elemento de la tendencia de lo jurídico hacia fines determinados, que implican la protección de aquellos bienes a cuya preservación considera la comunidad ligada las bases de su subsistencia, y, sin excluirlos, tampoco se pierde o entretiene en ningún *tópos ouránios* de valores supremos y absolutos, o sea, imprecisables e inasequibles. La imagen del hombre como ser de razón y, sobre todo, de valores y de fines, y la del Derecho como regulación de las condutas que prevenga o resuelva conflictos y garantice la convivencia con arreglo a fines valorados de interés comunitario, suscita de inmediato el problema de la libertad, cuya realidad psicológica parece tan inverificable cuanto es indesmentible y efectivo su carácter de postulado, sin el cual carecen de sustento y de sentido, no ya sólo el Derecho penal ni aun el Derecho en general, sino todo el complejo de las valoraciones y las finalidades, las normas y las sanciones, y, así como no cabe demostrar el hecho de la libertad, tampoco cabe negar el hecho, que la experiencia confirma cotidianamente, de que el individuo humano concibe la libertad y se considera o se siente libre, aspira a serlo más cada día y a partir de esta convicción o esta vivencia prefiere y pretiere, se plantea metas y exigencias, crea un mundo distinto y por encima del mundo de la naturaleza y se mueve en el reino de la cultura.[24]

Ahora bien, si de semejantes nociones se deducen principios que a su vez sustentan y estructuran uno o varios ordenamientos punitivos, simultáneos y sucesivos, nadie dudará que en todos ellos se da un Derecho penal fundado antropológicamente; y es más: sólo tomándolas por base se puede dar y se puede comprender un Derecho penal de y para los hombres. Lo cual, como es lógico, no

---

jurista ni un filósofo que haya acertado a formular una definición del Derecho unánimemente aceptada", y que "esto es raro, pero explicable", pues a su juicio "el motivo principal consiste en que es imposible comprender y explicar satisfactoriamente las diversas formas manifestativas del Derecho en una única fórmula", nuestro antiguo discípulo y ya brillante profesor José Luis Guzmán Dálbora ha acuñado con inteligencia y elegancia esta afortunada síntesis.

[24] Cfr. Rivacoba, *Configuración y desfiguración de la pena*, Santiago de Chile, Instituto de Chile (Academia de Ciencias Sociales, Políticas y Morales), 1980, p. 13-14. Por otra parte, Radbruch, *Introducción a la ciencia del Derecho*, trad. de Luis Recaséns Siches y prólogo de Fernando de los Rios, Madrid, Revista de Derecho Privado, 1930, p. 9, habla del Derecho y la cultura en general como "reino intermedio entre el polvo y las estrellas, el reino del humano anhelar y crear que se halla situado entre el reino natural del ser y el reino ideal de los valores puros", y reconoce "al Derecho, como fenómeno de cultura, como obra humana, partícipe de las leyes de causalidad de la tierra, pero partícipe también del impulso ascensional hacia las supremas alturas".

obsta a que dichos ordenamientos difieran luego, en mayor o menor extensión, por sus peculiares contenidos; antes bien, reclama esta diversidad, en la que se originan las respectivas elaboraciones dogmáticas. Y es fácil de percatarse de que no forman una serie de enunciaciones y exigencias aisladas, sino que constituyen un plexo continuo, en el que unos se desprenden de y se complementan con otros, no proporcionando sino en su conjunto sustentación lógica y orientación axiológica suficientes a los distintos ordenamientos;[25] los cuales, con todas sus diferencias entre sí, serán por igual y siempre ordenamientos de substancia y sentido plena y eminentemente humanos, o que equivale a decir auténtico y señero Derecho penal, y nunca primitivas expresiones reactivas o vindicativas, ni miserables instrumentos de aflicción y tortura ni vergonzantes medios de intimidación e imposición.

Por ello, los principios han de ser establecidos mediante una doble deducción: una, de carácter general que los vaya infiriendo desde las mecionadas nociones de hombre y de Derecho, según un cuidadoso orden lógico, y, luego, una propia de cada uno, que avance desde y lo apoye en los que les precedan. En estas páginas no podemos engolfarnos más que en la primera; el examen de la segunda pertenece al estudio de los diversos principios en particular.

1º. De las dos nociones antedichas se obtiene que la prohibición de ciertas acciones u omisiones por el Derecho y sus amenazas para el caso de incurrir en ellas de privación de bienes designificación social muy importante a seres racionales que, sobre la base de su conocimiento intelectual, sus valoraciones personales, su facultad discursiva y su margen de autodeterminación, conciben y se fijan fines y obran para alcanzarlos, han de ser intituídas y descritas con la mayor precisión posible, no en referencia a sucesos singulares y concretos, sino conceptualmente, en su sentido genérico, abstracto y general, sin aplicabilidad alguna a ocurrencias previas a su establecimiento, sólo para lo futuro, y con un designio de permanencia y de regulación universal, refractaria al arbítrio y al azar. A este pensamiento responde, entre las fuentes formales del Derecho, la

---
[25] "El criticismo kantiano nos ha probado que, si bien las formas de la cultura y del Derecho son absolutas y generalmente válidas, su contenido, no osbstante, depende de datos empíricos y es, por consiguiente, completamente relativo". Radbruch, *El relativismo en la Filosofía del Derecho* (en su libro misceláneo *El hombre en el Derecho*, trad. de Aníbal del Campo, Buenos Aires, Depalma, 1980, p. 95-102), p. 95-96.

ley;[26] y así surge, constituyendo el Derecho penal y limitándolo en su amplitud, el principio cardinal de la *legalidad*.

En su virtud, se abre en los hechos la vía al agente para, afirmado a la ley, conocer el carácter de sus actos según el Derecho y las consecuencias a que se expone con su obrar, o sea, la vía por la que se forja su certeza,[27] reflejo subjetivo, esto es, psíquico, de la idea de seguridad jurídica, la cual, a su vez, es base necesaria e inconmovible sobre la que se yergue airosa la libertad individual.

2º. Por su propia entidad, el Derecho no puede regular maneras de ser de los hombres, ni tampoco la manera como conformen su personalidad o su vida, ni hacer recaer sobre un hombre las consecuencias jurídicas que se sigan del obrar de otro o de acontecimientos naturales, sino únicamente los actos, positivos o negativos, que haya producido como individuo y que posean significación intersubjetiva, o sea, que hagan relación a otro, habiendo de abstenerse, pues, de cualquier investigación o medida acerca de cuantas actuaciones no tengan más significación que la meramente personal para el sujeto o que no hayan salido de su interioridad. Así aparece, con sus caracteres a la vez constitutivo y limitador del Derecho penal, el principio de *actividad*.

3º. El Derecho, por regular el comportamiento exteriorizado e intersubjetivo de los hombres, tiene que ocuparse de los objetos en que se ocupa este comportamiento por el valor que poseen y el interés que representan para los hombres mismos y para la sociedad que los agrupa, de la que reciben y a la que prestan medios de realización recíproca y sólo en cuyo seno puede aseverarse, en una acepción que sea más que simplemente biológica, que viven; objetos, pues, que los hombres consideran importantes y aprecian o estiman, elevándolos con ello de meras cosas a verdaderos bienes e incardinándolos en sede de cultura. Los hay de tanta monta y excelencia y estimados hasta tal grado, que no basta para preservarlos una protección de hecho, sino que se los protege jurídicamente, prescribiendo y proscribiendo conductas al efecto; y algunos revisten una significación tan eminente y despiertan un interés tan alto, sea para la subsistencia y organización de la comunidad o como medios o condiciones de vida y desarrollo de los individuos que la

---

[26] Cfr. Rivacoba, *División y fuentes del Derecho positivo*, Valparaíso, Edeval, 1968, p. 57, 58-59 y 95-108.

[27] Cfr. la magnífica obra de Flavio López de Oñate, *La certeza del Derecho*, trad. de Santiago Sentís Melendo y Marino Ayerra Redín, y prólogo a la edición en castellano por Eduardo J. Couture, Buenos Aires, Ediciones Jurídicas Europa-América, 1953.

componen,[28] que los atentados contra ellos ponen en movimiento la rama jurídica que expresa y concreta la desvaloración o reprobación más intensa de ciertas acciones u omisiones, sancionándolas con la mayor severidad. Por donde se ve que el Derecho penal, así como es respuesta a dichos ataques, no puede obrar, ni siquiera cabe imaginarlo, sin que medie significativa afectación de algún bien de esta índole, o sea, de un bien jurídico de notable entidad, y se hace patente el principio de *ofensividad*.

4º. Porque el Derecho regula ciertos sectores del comportamiento humano y por la índole o condición del hombre como ser de razón y de valoraciones, el Derecho penal tiene que requerir que los actos que haya de condenar, además de ofender simpre un bien jurídico, sean obra, no únicamente en lo físico, sino también en lo anímico, del sujeto, o, manifestándolo con mayor exactitud, que el sujeto tenga dominio de ellos como tal, como ser de conocimiento y de voluntad, y también de valoraciones, que conoce o puede conocer y quiere o acepta el acto en su entidad objetiva y en su significación antijurídica, y que puede hacer del deber jurídico motivo de su obrar y obrar así conforme a Derecho. O en resumen: el Derecho punitivo no puede prescindir de la dimensión subjetiva que inspire las actuaciones a que se refiere, dirigida hacia el autor; pensamiento y exigencia, constitutivos y limitadores del ámbito de lo penal, que son lo que caracteriza el principio de *subjetividad*.

En un análisis más detenido y profundo, los principios que le siguen, y especialmente el de subjetividad, extraen y aplican las virtualidades ínsitas en el de legalidad, pues las acabadas descripciones de los delitos y sus penalidades acotan, por un lado, el repertorio de las acciones y omisiones que integran el Derecho criminal o penal y el de sus respectivas sanciones, concretan, por outro, la serie de bienes jurídicos cuya ofensa éste desaprueba y sanciona, circunscribiendo con ello en su extensión y volumen la facultad punitiva, y, en particular, suministran los presupuestos necesarios para los conocimientos y la motivación de los individuos en su obrar.

5º. La conjunción de las nociones de hombre y de Derecho hace que éste haya de tomar y tratar a los seres humanos en su identidad radical, sin hacer acepción de personas, mas, como, por outra parte, no se refiere exclusiva ni principalmente a realidades homogéneas, susceptibles de determinaciones iguales o en que unas sean partes de o mensurables por otras, es ecir, de identidades o equiparacio-

---

[28] Interés, en este sentido, siempre comunitario.

nes, de conmensuraciones y de magnitudes comprendidas o comprensibles matemáticamente unas en otras, sino que por lo común há de referirse a entidades de carácter axiológico, entre las cuales se cuentan de manera señalada los delitos y las penas y en las que sólo caben las equivalencias y las proporciones estimativas, no le queda otro recurso, en un esfuerzo o como medio para acercarse o asimilarse a la igualdad, que utilizarlas, y, cuando las primeras no sean del caso, servirse de las segundas, esto es, establecer relaciones de aprecio o estimación que expresen y compensen las diferencias de valor según criterios objetivos y estables y con la mayor exactitud o aproximación posible, siendo de reconocer la innegable y a menudo extrema dificultad de las tareas y los juicios valorativos. Con lo cual se hace presente, siempre con los consabidos rasgos constitutivo y limitador, el principio de *proporcionalidad*.

6º. Finalmente, comoquiera que la noción de Derecho se halla subordinada a la de hombre, aquél ha de orientarse en todas sus manifestaciones a éste, o, expresado en términos más abstractos, a la humanidad, entendida, no como conjunto total de seres humanos, sino como representación constitutiva de carácter ideal. Por consiguiente, cuanto la regulación de las conductas exteriorizadas e interindividuales, para organizarlas en un orden que precisamente las haga posibles y garantice su coexistencia, haya de restringir la libertad de los individuos y les formule y los someta a exclusiones más regurosas (y, por su propia naturaleza y razón de ser no hay en el ordenamiento jurídico exigencias ni exclusiones más graves que las penales), menos podrá perder de vista y dejar de reconocer jamás que quien infringe sus prohibiciones, es decir, el delincuente, y haya de ser objeto de su sanción, o sea, el penado, es y no puede sino seguir siendo un hombre, sujeto siempre de dignidad, que vive en convivencia y se realiza en sociedad, y que como tal tiene que ser tratado;[29] concepción que consagra en el Derecho punitivo el respeto al ser humano y elimina o proscribe de él cualquier disposición o trato que mutile, desfigure o anule al hombre, sea en su personalidad física, sea en la moral o la social.[30] Pero sería erróneo pensar

---

[29] El lector advertirá que, sin atenerse absolutamente a él, este pensamiento se origina y basa en el de Rudolf Stammler, *Tratado de Filosofía del Derecho*, trad. de Wenceslao Roces, Madrid, Reus, 1930, p. 257-259. Al respecto, cfr. asímismo otras obras del propio autor.

[30] Radbruch, *Filosofía del Derecho*, cit. p. 212, recuerda la frase de Goethe: "Tanto si se ha de castigar como si se ha de tratar con dulzura, debe mirarse a los hombres humanamente". Y cfr. Rivacoba, *Configuración y desfiguración de la pena*, cit., p. 19-20, y *función y aplicación de la pena*. Buenos Aires, Depalma, 1993, p. 83.

que semejante orientación del Derecho penal venga impuesta o declarada por simples afecciones sensibles y filantrópicas ni por consideraciones humanitarias, pues se encuentra anclada en fundamentos más sólidos y se deriva de raíces más hondas según una inferencia estrictamente lógica, y, por outra parte, la relación con el delincuente y con el penado como hombre requiere de los demás ejercer y poner a contribución las capacidades que laten en todos los hombres para serlo de manera más plena y auténtica cada vez[31] o, en otras palabras, responder a la idea de humanidad y regirse por la exigencia y aspiración de una comunidad o convivencia pura, o sea, absoluta.

Así, enriqueciendo a uno y a otros, a todos, se delinea y destaca el principio de *humanidad*, que, si ha de ser entendido correctamente, no se origina en ninguna previsión política o consitucional, sino que es previo a cualquiera de ellas, y que, de forma idéntica a los principios anteriores, constituye y limita el Derecho penal, pero, al mismo tiempo, es el punto de convergencia ideal de todos en una unidad lógica y funcional. Y aquí es oportuno señalar que en la serie de los principios, deducidos conforme a un riguroso proceder lógico, el primero y el último ponen al Derecho penal en relación inmediata con las ideas, hablando con propiedad, de Derecho, respectivamente, la de seguridad jurídica y, todavía más plena y abarcante, la de humanidad.[32]

Al cabo de estas reflexiones, ya cabe definir *los principios cardinales del Derecho penal como una serie de criterios abstractos, derivados directamente de las meras nociones de hombre y de Derecho, congruentes y complemetarios entre sí, que informan ciertas disposiciones, secciones o instituciones punitvas y, por tanto, en su conjunto, también el ordenamiento penal, y que, en consecuencia, permiten su comprensión sistemática.*[33]

7. Los principios, no por carecer de cualquier contenido (formalismo) y ser independientes de toda experiencia jurídica (apriorismo), ni por su obtención mediante un razonamiento deductivo,

---

[31] En la conocida terminología escolástica, pasan de la potencia al acto.
[32] Cfr. Mayer, op. cit., p. 196, 199-200, 204 y 210-212.
[33] Martos, loc. cit., los define como "aquellos presupuestos tecnicojurídicos que configuran la naturaleza, características, fundamentos, aplicación y ejecución del Derecho penal". Y añade: "Constituyen, por tanto, los pilares sobre los que descansan las instituciones jurídicopenales: los delitos, las faltas, las penas y las medidas de seguridad, así como los criterios que inspiran las exigencias político-criminales".

sin la introducción de ningún elemento ni necesidad de ninguna corroboración de carácter inductivo, carecen también de eficacia; al contrario, su índole y su razón de ser los constituyen en criterios condicionantes y ordenadores, es decir, en categorías, que rigen y mensuran el pensamiento y el conocimiento penal y el propio Derecho penal, proyectándose así en la teoría y en las leyes punitivas y explicando que aquélla los demande y éstas se acomoden a sus requerimientos según el grado y las características de su desarrollo cultural en un horizonte de humanidad, o sea, de convivencia pura. Con lo cual se explica, además, la pronunciada línea de esfuerzos constantes o intermitentes que afloran en la doctrina y en las legislaciones, y también sus avances y retrocesos, por cocebirlos y formularlos y por consagrarlos con progresiva perfección, fidelidad y efectividad.

Claro es que puede haber y que ha habido y hay regímenes punitivos que no responden en ningún aspecto ni medida a estos principios, pero por ello mismo conforman un Derecho penal no antropológicamente fundado, contrapuesto al que se suele denominar Derecho penal liberal, el protector – por decirlo con las elegantes palabras de Carrara – "della libertà umana cosi esterna, come interna".[34] Y a poco que se ahonde en su análisis habrá que concluir que, a despecho de sus apariencias y de su nombre, les falta radicalmente la esencia de lo jurídico, porque, muy a la inversa de constituirse en medio para ordenar y asegurar la convivencia y defender la libertad individual en concurso y armonía con la libertad de todos, no pasan de ser dictados del arbitrio y rudos instrumentos de opresión y represión, en manos del mero poder sin legitimidad ni autoridad.

8. Luego de cuanto precede, apenas hace falta enunciar estos principios. Son, por su orden: principio de legalidad, principio de actividad, principio de ofensividad, principio de subjetividad,[35] principio de proporcionalidad y principio de humanidad.

9. Tampoco habrá dificultad para comprender que estos principios y la teoría acerca de ellos se hallan completamente al margen

---

[34] *Programma del corso di Diritto criminale*, Parte generale, 1859, Prolegomeni.

[35] Por razones que no son de este lugar, se considera más apropiada y precisa la denominación *principio de subjetividad* que la usual y tradicional *principio de culpabilidad*, si bien en el fondo no haya inconvenientes para tomarlas y emplearlas como sinónimas.

de las tablas de principios que figuran a la cabeza de algunos documentos legislativos de reciente data, como el lamentable Proyecto de Código penal tipo para Iberoámerica, de 1963-1979,[36] o, por su inspiración, los Códigos colombiano, de 1980,[37] y peruano, de 1991;[38] tablas que más que de principios son de expresión de ideales, aspiraciones o intenciones, no concretadas después y a menudo desmentidas en el articulado de dichos cuerpos,[39] ni otro efecto, en definitiva, que el de turbar o enturbiar su intelección y su aplicación.

10. Frente a regímenes punitivos que sean extraños o contrapuestos a tales principios se hace imperativo para la doctrina basada en y conforme con ellos denunciarlos con insistencia y severidad y postular con apremio su substitución por leyes que sean respetuosas de la dignidad humana y de su propia y verdadera entidad jurídica. Aparte de esto, nada de sorprendente tiene que cuerpos legales informados por los auténticos principios cardinales incurran en su desconocimiento o negación, es decir, que se desvíen de sus exigencias o las contradigan, al regular determinadas instituciones, lo que una dogmática acuciosa descubrirá y pondrá de relieve sin excesivas dificultades, proponiendo de inmediato la

---

[36] Respecto a él, cfr. Zaffaroni, *La reacción penal en el Código penal tipo latinoamericano frente a la Convención latinoamericana de derechos humanos y las actuales demandas de la política criminal continental*, en su libro misceláneo *Política criminal latinoamericana. Perspectivas, disyuntivas*, Buenos Aires, Hammurabi, 1982, p. 115-123, y Rivacoba, *Pensamiento penal y criminológico del Código penal tipo para Iberoámerica*, en la obra colectiva *Estudios jurídicos sobre la reforma penal*, Universidad de Córdoba, 1987, p. 215-244, y en las revistas "Doctrina Penal", cit., año 10, cit., p. 713-734, y "Derecho Penal y Criminología", de Bogotá, Universidad del Externado de Colombia (Instituto de Ciencias Penales y Criminológicas), volumen XI, número 37, enero-abril de 1989, p. 55-74.)
[37] Sobre él, cfr. Rivacoba, *El nuevo Código penal de Colombia (1980)*, en "Doctrina Penal", ver. cit., año 4, 1981, p. 85-159, y en la "Revista del Colegio de Abogados Penalistas del Valle del Cauca", de Cali (Colombia), número 5, 2º semestre de 1981, p. 21-42.
[38] En relación con él, cfr. Guzmán Dálbora, *El nuevo Código penal del Perú (1991)*, en "Doctrina Penal", rev. cit., año 14, 1991, p. 631-731, y en lo concerniente específicamente a los que el propio Código llama *principios generales*, p. 638, 659 y 671.
[39] Obviamente, en un texto legislativo lo que tiene verdadero carácter jurídico y, por tanto, ha de prevalecer sobre cualesquiera declaraciones es su contenido normativo, sus prescripciones de conducta. Aquéllas, al igual que las rúbricas correspondientes, pueden a lo sumo servir de elemento intrínseco de interpretación de éstas.

debida corrección.[40] Con todo, será más frecuente o insidioso, y entrañará mayores riesgos para la reconstrucción científica, la deformación que, bajo apariencias de fidelidad a sus exigencias, de hecho los desfigure y recorte en su genuíno sentido y alcance.

 Introducidos mediante este análisis en el estudio de *los principios cardinales del Derecho penal*, *lo que ahora procede es internarse en el de cada uno, examinando por separado su deducción próxima de los que le preceden inmediatamente, y su conexión con ellos; el proceso histórico de su conformación y aparición en las legislaciones, y también en la doctrina, y el grado de fidelidad con que las unas lo realizan y el de acierto con que la otra lo formula; su respectivo significado político; las funciones que cumple, y las consecuencias de muy varia especie que por lógica se derivan de su entidad y finalidad privativa, así como, en fin, sus negaciones o deformaciones.*

---

[40] Por donde se aprecia y confirma que una dogmática que lo sea propiamente, no una exégesis disimulada o presuntuosa ni una reconstrucción del ordenamiento temerosa y complaciente, incluye una consideración crítica de éste y se completa a sí misma y culmina en la política criminal.

Impressão:

Pallotti GRÁFICA EDITORA IMAGEM DE QUALIDADE
SANTA MARIA - RS - FONE (55) 222.3050

Com filmes fornecidos